本书由河北省"双一流"建设项目——河北经贸大学"马克思主义理论学科"经费资助出版

申玉山 著

A History of No Man's Land in North China

华北"无人区"研究

鼓楼史学丛书·区域与社会研究系列

中国社会科学出版社

图书在版编目（CIP）数据

华北"无人区"研究/申玉山著. —北京：中国
社会科学出版社，2017.10
ISBN 978 - 7 - 5203 - 0990 - 5

Ⅰ.①华⋯　Ⅱ.①申⋯　Ⅲ.①侵华—史料—日本
Ⅳ.①K265.606

中国版本图书馆 CIP 数据核字（2017）第 223036 号

出 版 人	赵剑英
责任编辑	宋燕鹏
责任校对	王　龙
责任印制	李寡寡

出　　　版	中国社会科学出版社
社　　　址	北京鼓楼西大街甲 158 号
邮　　　编	100720
网　　　址	http：//www. csspw. cn
发 行 部	010 - 84083685
门 市 部	010 - 84029450
经　　　销	新华书店及其他书店

印　　　刷	北京君升印刷有限公司
装　　　订	廊坊市广阳区广增装订厂
版　　　次	2017 年 10 月第 1 版
印　　　次	2017 年 10 月第 1 次印刷

开　　　本	710×1000　1/16
印　　　张	15.75
插　　　页	2
字　　　数	250 千字
定　　　价	65.00 元

前　言

　　人为制造"无人区"，是抗日战争时期侵华日军对中国人民犯下的一个人神共愤、令人发指的反人类战争罪行。

　　抗日战争时期，侵华日军为了封锁、扼杀华北地区的敌后抗日武装斗争，隔绝、切断抗日根据地之间、抗日武装队伍和广大人民群众之间的联系，灭绝人性地推行杀光、抢光、烧光的"三光"政策，在华北地区大规模、有计划地制造了大片的"无人区"。日军制造"无人区"的罪恶，是日本侵略者精心策划、有组织地对中国人民展开的一场长期性的大屠杀。这不仅表现在它的残暴性、野蛮性，更表现在它"是日军有计划、有体系、有目的的一种追求"，"是日军'南京大屠杀''七三一细菌部队''三光作战'等集大成之作"。

　　制造"无人区"，最初是日本侵略者为镇压中国东北地区风起云涌的抗日斗争而采取的恶毒施策，日本关东军是罪恶的始作俑者。华北日军是后来者、仿效者。侵华日军在华北制造"无人区"，从时间分布来看：1941年秋季以前，虽然伪满日军已经开始在长城沿线制造"无人区"，但还只是小规模的、试探性的行动。1941年秋季以后，无论伪满日军，还是在华北的日军，都把制造"无人区"作为既定政策，开始大规模、有计划地实施，并在随后的1942年、1943年达到高潮。此后，侵华日军的这一罪恶行径一直延续到1945年抗日战争胜利才算告一段落。

　　从空间的分布来看：被日军视为"华北治安最大隐患"的晋察冀边区，是侵华日军在华北制造"无人区"的重灾区，尤其是山西、河北（包括今天的北京、天津两市）两省。侵华日军在这里制造了两个最大的"无人区"：一是长城线上"无人区"，这是侵华日军在华北最早开始制造的"无人区",也是面积最大、存在时间最长,现在为世人所熟知的"无人区";二是冀晋边界"无人区"。此外,在华北大地上,侵华日军还在山西、绥远、山东等地制造了大大小小若干块"无人区"。

学术界对于"无人区"的研究始于20世纪50年代,但在此后的几十年里一直没有对此进行深入研究,不仅成果寥寥无几,而且往往只是连带提及,停留在单纯介绍性文字的层面上。如郭士杰著《日寇侵华暴行录》(联合书店1951年版)对侵华日军制造"无人区"的罪行进行了初步介绍。直到20世纪80年代以后,"无人区"研究才逐渐受到学术界的关注。这一方面是得益于一些档案史料的发掘和整理,另一方面则是由于"无人区"的亲历者——陈平的不懈努力,发表了"无人区"研究的首篇论文《一个特殊的战略地带——"无人区"》(《河北文史资料选辑》第12辑,河北人民出版社1983年版)。作者根据自己30年来通过调查、搜集来的资料,结合自己的亲身经历,第一次向世人揭露了日军在侵华战争中制造"无人区"的残暴罪行。

此后,一些学者开始对"无人区"专题研究产生兴趣,并且扩大了研究的广度和深度。但多集中在对伪满"集团部落"的考察研究上。例如,韩学平的《试析中共东北党组织反对日伪"集团部落"斗争失利的原因》(《世纪桥》1994年第1期),车霁虹的《沦陷时期日本帝国主义在东北建立的"集团部落"》(《北方文物》1995年第3期)、《日本帝国主义在黑龙江建立"集团部落"剖析》(《黑龙江社会科学》1994年第6期),周圣亮的《日本侵华历史的罪证:集团部落》(《理论建设》1995年第4期)、《党领导的东北抗战与日伪"集团部落"的推行》(《中共党史研究》2002年第1期)、《东北抗日联军反"集团部落"斗争》(《黑龙江党史》1998年第3期),李淑娟的《从集团部落看日伪统治下的东北农民》(《史学月刊》2005年第6期),崔明玉的《日伪在延边地区的"集团部落"建设及其影响》(硕士学位论文,延边大学2006年),李倩的《沦陷时期日本在吉林建立"集团部落"剖析》[《东北师范大学报》(社会科学版)2006年第3期]等,从不同方面考察了日伪的集团部落政策以及设立情况。

　　在对华北"无人区"的研究方面，主要集中在长城沿线"无人区"的研究上。如有的论文考察了日军制造无人区的区域，如刘斌的《侵华日军在辽西制造的"无人区"》（《兰台世界》2004 年第 4 期），申玉山的《论侵华日军在河北制造的"无人区"》[《河北师范大学学报》（社会科学版）2005 年第 2 期]；有的论文集中论述了日军制造"无人区"的战争罪行，如彭明生的《千里无人区汇集成中国最大的万人坑》（《承德民族师专学报》2006 年第 3 期），田苏苏的《日军在中国华北的战争犯罪述论》[《河北师范大学学报》（社会科学版）2005 年第 4 期]；考辨性的论文有申玉山、赵志伟的《侵华日军在华北制造"无人区"若干史实考辨》[《山西大学学报》（社会科学版）2005 年第 5 期]，申玉山的《侵华日军长城内侧制造"无人区"新罪证》（《党史博采》2004 年 9 月）等。一些有影响的学术著作出版面世，如陈平的《千里"无人区"》（中共党史出版社 1992 年版），姬田光义的《又一个三光作战》（日本青木书店 1989 年版，与陈平合著）、《何谓"三光作战"》（岩波书店 1995 年版），仁木富美子的《无人区·长城线上的大屠杀——兴隆惨案》（青木书店 1995 年版）。

　　与此同时，有关"无人区"的文献资料的编纂整理工作也取得了很大的进展。最为全面的史料是陈平主编的《长城线上千里"无人区"》（中央编译出版社 2005 年版），它是作者几十年搜集资料的结晶，许多资料鲜为人知。该文集是集历史文献资料和中外学者的研究成果于一体，由于收集资料全面、史料价值极高，是研究长城线上"无人区"的必备资料。此外，陈建辉主编的《人间地狱"无人区"》（中央编译出版社 2005 年版），中共承德地委党史资料征集办公室编辑的《暴行与血泪》（1985 年印），这些资料集也从不同侧面反映了侵华日军在长城沿线地区实行"集家并村"、制造"无人区"的史实。

　　综上所述，对于侵华日军制造"无人区"的专题研究，虽然在史料的搜集整理、史实的考证、日军暴行、集团部落政策等方面都取得了一定进展，但在总体上，相对于侵华日军暴行的其他方面的研究，仍显滞后。如在广度上，研究者多把目光放在了东北三省，对于华北地区又绝大多数集中在长城沿线，对于日军在其他地区制造"无人区"的罪行鲜有论及。在深度上，既有研究大都集中在对日军制造"无人区"的事实性、残暴性的考证、考察上，而对日军在东北、华北制造"无人区"差异性缺少比较研究，对侵华日军的"无人区化"政策给当地的经济、生态带来的巨大影响，乃至对战后的恢复与重建工作带来的隐性的、历时性的影响，缺少深入的分析和探讨。基于此，本书选取侵华日军在华北制造"无人区"的罪行作为研究对象，力求在上述广度、深度上有所突破，借以推动"无人区"研究的进一步深入，全面探讨和揭示侵华日军制造"无人区"的反人类战争罪行。

目　　录

第一章 "无人区"的缘起

人为制造"无人区",是侵华日军对中国人民犯下的一个人神共愤、令人发指的滔天罪行。最初是日本侵略者为镇压中国东北地区风起云涌的抗日斗争而采取的恶毒施策,日本关东军是罪恶的始作俑者,华北日军是后来者、仿效者。

第一节 日本关东军的"发明"

一 侵华急先锋

"关东"作为一个地理概念,中、日两国都有这样的称谓。在中国,指的是地处中国东北方,山海关以东包括辽宁省、吉林省、黑龙江省、内蒙古自治区的东四盟市的广阔地区,自古以来就泛称"东北",而明以后又俗称"关东",清朝后又称为满洲东三省,直到当代仍在民间盛行。在日本,则通常指本州以东京、横滨为中心的关东地方,包括东京都、神奈川县、千叶县、琦玉县、茨城县、栃木县、群马县,位于日本列岛中央,为政治、经济、文化中心。日本关东军所指的"关东",却并非完全地理意义上的概念。它既不是日本的"关东",也不是中国的"关东",而仅是指中国东北辽南旅大地区,也就是现在的旅顺、大连地区,即当年日本从俄国手中攫取的租借地。

1898年,沙俄政府强迫腐败无能的清政府把中国旅顺和大连湾"租借"给俄国,并将这块租借地划为俄国的一个州——"关东州"。1904—1905年以争夺中国东北权益为目的的日俄战争最终以日本战胜而告终,俄国不得不将自己在中国东北南部地区(南满)的一切特权拱手转让给日本。即俄国"将旅顺、大连湾及附近领土领水租借权,与关联租借权"及组成的一切特权,以及租借地"效力所及地之一切公共房屋财产","长春、旅顺间之铁路及一切支线……无条件让与日本"。随后,日本为巩固和维护其在中国东北南满地区的殖民统治,在旅顺设立了关东都督府,下设民政部和陆军部。借口保护南满铁路权益,日本侵略者专门成立了一支所谓的"满铁"守备队,另外还留驻南满一个师团。两部兵力大约两万人,实际成为"关东军"的前身。1919 年 4 月 12 日,日本将关东都督府改为关东厅,以原陆军部为基础,另组成了关东军司令部,实行军政分治:关东厅为司法、行政最高机关;关东军司令部则为最高军事机关统帅,驻扎在中国东北的日军各部,直属日本天皇指挥。由此,日本关东军正式成立。此后,随着日本扩大侵略战争的需要,特别是 1931 年"九·一八"事变后日本关东军的兵力急速扩增。1931 年关东军仅有 3 个师团,1932 年达到 6 个,1933—1936 年保持 5 个师团的兵力,1937 年达到 7 个,1938 年 9 个,1939 年 11 个,1940 年 12 个。及至日本偷袭珍珠港前,关东军的总兵力已经达到 31 个师团,人数上升到 85 万人,号称百万。

自成立之日起,关东军就当仁不让地充当了日本侵略中国的急先锋。从 1919 年成立到 1931 年发动"九·一八"事变,关东军在中国东北不断地策划阴谋,制造事端。像策动"满蒙独立"、挑起"宽城子事件""万宝山事件""南岭事件",皇姑屯炸死张作霖,发动"九·一八"事变,全面侵占中国东三省,扶植成立傀儡政权"伪满洲国"等,关东军扮演的都是幕后主使和直接参与者的角色。

不仅如此,在侵占东北后,关东军还将侵略魔爪伸向了关内,紧锣密鼓地做好入侵热河的准备。1933 年 1 月 3 日,关东军故伎重演,挑起了"山海关事件",贼喊捉贼,诬蔑是中国军队所为,悍然对热河发动进攻,仓促应战的国民党军一触即溃,关东军轻而易举地侵占了热河全境。至此,华北地区的热河省也被划入了"伪满洲国"的版图。

二 所谓"治标"与"治本"

日本帝国主义的野蛮侵略,激起了中国东北各阶层人民激烈的反抗斗争。"九·一八"事变以后,在中国共产党的抗日号召下,从黑龙江畔，到长白山下，在东北广阔的黑山白水间，轰轰烈烈的抗日救国斗争此起彼伏，风起云涌，遍地开花。在广大人民群众的反日浪潮的影响下，以马占山为代表的一些爱国的、有民族气节的东北军部分官兵也纷纷揭竿而起，自发地组织起"义勇军、救国军、自卫军"等各种名称的抗日队伍（统称为抗日义勇军），义无反顾地奔赴抗日疆场，以血肉之躯与穷凶极恶的日本侵略者浴血奋战。与此同时，中国共产党直接领导下的东北抗日武装力量也以崭新的思想风貌和战斗风格，活跃在抗日的战场上，不断发展壮大。他们高举抗日救国旗帜，密切地和人民群众结合在一起，展开广泛的抗日游击战争，给日本侵略者以沉重打击。

日本侵占热河后，中国共产党进一步提出了在东北地区实行全民族反日统一战线的方针，联合和团结东北各种抗日武装队伍共同抗日，改编、组建东北人民革命军。此后，人民革命军各部执行反日统一战线的方针，实行符合实际的游击战争的战略战术，在艰苦的环境中英勇奋战，粉碎了日伪军的多次"讨伐"，发展壮大了自己的队伍，先后在南满、东满、北满和吉东地区建立了抗日游击队和游击区，并在敌人统治力量较弱、群众基础较好和自然条件有利的偏僻山区建立了一些抗日游击根据地，进一步扩大了游击根据地，东北抗日游击战争呈现出蓬勃发展的好局面。在此基础上，从1936年2月开始，东北抗日武装队伍第二次改、扩编，组建了统一的东北抗日军队——东北抗日联军，标志着东北游击战争迎来了新的高潮期。至1937年七七事变时，东北抗日联军已建成11个军，达30000余人，并开辟了东南满、吉东和北满3大游击区，抗联各军在辽、吉、黑广阔地区进行的大规模的游击战争，威胁着日伪统治，牵制了日伪军近40万的主力兵力，有力地配合了全国抗战。据黑龙江省抗日战争研究会统计，东北抗日联军对日作战次数10余万次。而据日伪统计机关统计：1935年39105次，1936年3617次，1938年13110次，1939年6547次，1940年3667次。日伪军伤亡人数，据抗联第二路军总指挥周保中将军推算：1931—1937年抗联歼敌103500人，1937—1945年歼敌82700人，共计186200人；牵制日军兵力：1937年20万，1940年40万，1941年为76万。

东北人民抗日斗争的蓬勃发展，引起了日本帝国主义的极大恐慌。

日本帝国主义将中国东北视为实施"大陆政策",进一步扩大侵华战争,称霸亚洲乃至世界的后方基地,因此"满洲国治安工作是大业中的基础性大业"①,必须全力"恢复"。为此,日本在中国东北采取了"治安第一主义",不惜动用军警宪特等力量,不择手段,对东北抗日运动进行残酷镇压。日本关东军充当了镇压东北抗日运动的首脑机关,既是策划者、指挥者,也是实施者。"在关东军统辖与指导之下,日、满两国各机关共同协力剿灭匪贼。"②"皇军为确保治安,连年奋斗,成为施策的骨干。"③

一开始,关东军试图使用占绝对优势的强大兵力,通过连续的军事进攻"讨伐",彻底剿灭、肃清抗日武装力量,"剿灭匪贼以讨伐为主"。强调"恢复治安的手段,有讨伐,有招抚,有政治工作。但军队恢复治安的唯一无二的手段是讨伐"④。然而,结果大大出乎他们的意料,残酷的军事镇压非但没有使抗日运动销声匿迹,反而呈燎原之势,声势越来越大。"大小匪团散在广大地区,巧妙地避开警戒网,威胁良民生活,阻碍王道乐土之建设。"而更让他们感到恐惧的是,抗日武装力量得到了广大东北民众的支持:

> 民众对匪贼的认识是极为良好的,并不像我们所认为有不共戴天之仇,甚至可说,三千万民众在精神上与匪贼无大差别者为数不少,大多数的民众还没有与匪贼完全分开,如果进行精神上争夺,假定匪数有三万,精神上的匪军之友军,不知有几倍或几十倍。这些匪贼精神上的友军,虽不敢持枪反抗我们,却是扶育匪贼之母

---

① 《在中央治安维持会第一次委员会上委员长(关东军参谋长)的致词》,1933年6月13日,中央档案馆等编《日本帝国主义侵华档案资料选编·东北大讨伐》,中华书局1991年版,第6页。

② 《关东军司令部关于治安维持之一般指导方针》,1933年6月,中央档案馆等编《日本帝国主义侵华档案资料选编·东北大讨伐》,中华书局1991年版,第3页。

③ 《关东军参谋部〈关于昭和十年度秋季治安肃正工作概况〉》(摘录),中央档案馆等编《日本帝国主义侵华档案资料选编·东北大讨伐》,中华书局1991年版,第11—12页。

④ 《关东军实施的"扫匪"手段概要》,1933年6月13日,中央档案馆等编《日本帝国主义侵华档案资料选编·东北大讨伐》,中华书局1991年版,第5页。

体。历来讨伐效果不大的最大原因，就在于此。①

尤其是中国共产党领导下的抗日武装的发展壮大，更使关东军如芒在背，忧心忡忡。"特别是共产思想之影响日益扩大和加深，实乃治安维持上极为忧虑之事。"②"满洲治安的最大症结是共产匪的存在。""痛感对付共匪，如只依靠武力讨伐，犹如只铲除地面之草，不能铲除其根。"③

单纯军事围剿失败的"教训"使关东军认识到，恢复伪满洲国的"治安"，要"治标"，更须"治本"，"标""本"兼治，才有可能扑灭东北大地上已经熊熊燃烧起来的抗日烽火。

那么，什么是"治标"？什么又是"治本"呢？

所谓的"治标"，就是在关东军统一指挥下，"日、满军警一体"有计划地对抗日重点地区实施大规模、血腥的讨伐作战，"扫荡各处匪徒，覆其巢穴"。"肃清匪化地区，或断绝匪团生存之路，使匪团势力衰弱、溃灭，以至最后达到不容一匪存在。"

所谓的"治本"，就是与军事讨伐紧密配合，严格实行"分离匪民"，切断抗日武装与人民群众之间的鱼水联系，使抗日运动成为无源之水，无本之木。"切断匪之粮道，使匪团失去宿营地，断绝匪之情报来源等。"④ 其措施主要包括"归屯并户"、建设"集团部落"、设定"无人区"、强化警备道路、通信网等，其中尤以"归屯并户"、设定"无人区"最为重要、最为毒辣。

关东军强调，"治标"与"治本"相辅相成，缺一不可。

治安肃正工作方法，虽仍沿用过去方式，但要特别警惕跟随匪

---

① 《关东军参谋部〈关于昭和十年度秋季治安肃正工作概况〉》（摘录），中央档案馆等编《日本帝国主义侵华档案资料选编·东北大讨伐》，中华书局1991年版，第12页。

② 同上。

③ 中央档案馆等编：《日本帝国主义侵华档案资料选编·东北大讨伐》，中华书局1991年版，第525页。

④ 同上书，第610页。

贼的行动而行动，要主动积极地确定肃正地区，将治标、治本、思想工作结合起来，全力彻底消灭匪贼，特别要摧毁共匪地盘及盘踞地，以期扩大永久性成果。……进行治本工作，特别是要组成集团部落、设定无人区、强化警备道路、通讯网等设施，力求治标、治本工作的统一。①

在加强治标工作的同时，进行治本工作，特别要利用集团部落，彻底分离匪民。②

进行猛烈、坚决、穷追的治标工作，与此相配合，更积极进行治本工作，以期今后治本工作的彻底。……治标工作与治本工作密切联系，这不限于一个时期，而是长期地使治标工作计划与治本工作计划相吻合，特别是建立集团部落、训练自卫团、建设警备道路、通信网等，都与治标工作有关，在各种工作中如两者不能协调，不仅减少治本工作的效果，而且使治标工作亦受影响，故应严戒。……治标工作与治本工作既是两项密不可分的工作，也是治安肃正工作之所必须，而且治本工作如不以超过治标工作的热诚来进行，不会收到效果。因此，担任此项工作者，应在发动治标工作之前，树立治本方策，以作治本工作的参考。治标工作的进展是刻不容缓的，须使两者相互协调，以完成治本工作。③

基于上述认识，关东军制订了恶毒的"治安肃正三年计划"（1936.4—1939.3），即关作命第778号及其附件《满洲国治安肃正计划大纲》，妄图"自昭和十一年四月以后三年内，领导日满宪警担任治安肃正工作，以期彻底肃清、镇压在满共产党"。依照这一计划，日本关东军先后组织发动了1936—1937年东边道独立"大讨伐"、1937—1938

① 《昭和十一年度第二期关东军治安肃正要领》，中央档案馆等编《日本帝国主义侵华档案资料选编·东北大讨伐》，中华书局1991年版，第217页。
② 《治安部一九三九年度治安肃正要领》，中央档案馆等编《日本帝国主义侵华档案资料选编·东北大讨伐》，中华书局1991年版，第236页。
③ 《昭和十一年度第三期关东军治安肃正计划要领》，中央档案馆等编《日本帝国主义侵华档案资料选编·东北大讨伐》，中华书局1991年版，第222—224页。

年三江"特别大讨伐"以及 1939—1941 年野副"大讨伐"等。在对这些地区的抗日力量特别是中国共产党领导的东北抗日联军实施严酷的血腥镇压的同时,日军特别强调与军事讨伐密切配合,全力进行所谓"治本"工作。

三 归屯并户

"归屯并户"、建立"集团部落"、划设"无人区",是日本关东军所谓"治本"工作的核心内容,是所谓"治安肃正"的关键所在。

村庄本是人们在长期生活和生产劳动中自然形成的人群聚居地。所谓"归屯并户"就是人为破坏原有自然村屯,强行驱逐原住民离开世代居住的家园,搬进所谓的"集团部落",原本的自然村落则被划定为"无人区",变成荒无人烟的原野。"分离匪民的具体工作,即实行并屯(建设防卫部落及聚家部落)和设立无人区,主要目的是从地理上将匪团与居民隔离开来。"①

自 1933 年提出建立"集团部落"方案算起,东北日伪推行"归屯并户"政策大致可以分为三个阶段。第一阶段,1933—1935 年,为试验推广期。第二阶段,1936—1939 年,为建立"集团部落"高潮期。第三阶段,1940—1945 年,为接续期。"无人区"形成的基本特征是:"集团部落"的实施、转移,以及高峰期的出现与军事围剿紧密联系。即随着"治标"工作的实行,"治本"工作亦随之展开。

"归屯并户",建设"集团部落"的构想,最早是由伪吉林省磐石县参事官前岛升于 1933 年 11 月提出的。当时该地区的抗日武装斗争十分活跃,日伪当局虽经多次武力讨伐,收效甚微,一筹莫展。因此,前岛认为:"若将分散于山林地区的农户集中于一地,可以截断匪贼的粮道,切断敌人的情报网,而对我方来说,则可成为讨伐队的据点,进行部落的联合防卫。"② 之后,继任前岛的参事官荒谷千次,经与额穆县参事官蛸井元义等人"研讨",制订出建设"集团部落"的计划,上报

---

① 中央档案馆等编:《日本帝国主义侵华档案资料选编·东北大讨伐》,中华书局 1991年版,第 329 页。

② [日]满洲国史刊行会编:《满洲国史·分论》(上),步平等译,黑龙江社会科学院历史研究所内部发行,1990 年版,第 316 页。

伪满中央政府和关东军。关东军认为这一方法对于强化"治安肃正"切实可行，决定先在伪间岛省的延吉、和龙、珲春3县进行试点。伪间岛省在朝鲜总督府的协助下，在上述三县以毁房、枪杀等残酷手段强制实行"归屯并户"，将原地居民强行迁入8个"集团部落"。同时，在"集团部落"内驻扎日伪军警，强迫民众加入自卫团，推行保甲制度和十家连坐，严防民众同抗日武装接触；实行严密的经济封锁，禁止粮食、食盐、被服等任何军需品外流。最终这种措置"收到很大效果"，伪满康德元年（1934）日伪正式在伪间岛省建设了36处防卫性"集团部落"。

伪间岛省建设"集团部落"试点工作的"显著成效"，使关东军"大受鼓舞"，决定在全东北范围内推广。在关东军的授意下，1934年12月，伪满民政部以第969号训令下达了《关于建设集团部落之件》的训令：

> 查我国幅员广阔，未尽开发荒僻之区，住户星散，以至国家凡百设施，均欠彻底，且难发挥村屯自治之机能。长此以往，则占全国过半之农村，将永守其原始生活而无向上之术，非徒人民不能浴国家之惠泽，且国家治安亦难期其完。欲救此弊，道固多端，然最适切者，莫如将此星散住户量为整理，使之结成集团村落，而完全归于县政统治之下。①

在此之后，东北日伪当局加紧建设"集团部落"。从1935年开始，逐步向抗日武装斗争活跃的伪奉天、安东、滨江等省推开。至是年底共建成1529个"集团部落"。1936—1937年两年，伴随着"治安肃正三年计划"的实施，日伪当局建设"集团部落"达到高潮，范围也扩大到东北全境，总计建成10646个。之后建设"集团部落"步伐有所减缓，1938年预计新建2531个，实际建成1933个，1939年进一步减少

---

① 中央档案馆等编：《日本帝国主义侵华档案资料选编·东北大讨伐》，中华书局1991年版，第174页。

为 872 个。至此，从伪满康德元年（1934）到伪满康德六年（1939）末，日伪在东北全境建设的"集团部落"共达 13451 处，[①] 350 余万民众被强制迁入，占东北人口总数的 14% 以上。1940 年以后，东北日伪当局又将建设"集团部落"的重点指向所谓的"西南国境线"，开始在热河省长城沿线实行"集家并村"，建立"集团部落"，截至 1943 年，日伪当局在承德、平泉、宽城、宁城等地区建立起"集团部落"667 个，被驱赶迁入的民众达 100 万之多。[②]

日本侵略者建立"集团部落"的同时，对于实行"归屯并户"，建立"集团部落"的地区，即指定为"匪区"，划为"无人区"，未经日伪当局允许，严禁人民进入居住、耕种，违者即按通匪罪论处，格杀勿论。伪满洲国国务院总务厅次长古海忠之 1945 年供认："实行所谓'匪民分离'政策，在南起宽甸、北至抚远长达 1000 余公里，广及 39 个县、旗以及热河省沿长城一带的广大地区，划分'无住地带'和'集团部落地带'，把 500 万以上的农民赶入'集团部落'，'集团部落'的总数达 14000 个。"[③]

应该说，日本关东军在东北推行"归屯并户"，建设"集团部落"，制造"无人区"的阴毒政策，取得了一定"成功"。它在给东北广大人民群众的生命财产造成难以数计的损失，给人民群众日常的生产、生活带来巨大不便的同时，隔离了抗日联军与人民群众的密切联系，断绝了抗日武装对民众的保护和民众对抗日武装的支援，使抗日武装在给养、宿营、兵员补充、情报等方面均遭受到极大的困难，各地的抗日武装力量接连被血腥绞杀。1940 年，"在东边道地区消灭了抗日联军（东北抗日联军杨靖宇部）后，更加助长了这种趋势，结果，至 1941 年春季，

---

① 中央档案馆等编：《日本帝国主义侵华档案资料选编·东北大讨伐》，中华书局 1991 年版，第 172—173 页。

② 王希亮：《日本对中国东北的政治统治》（1931—1945），黑龙江人民出版社 1991 年版，第 135—136 页。

③ 军事科学院外国军事研究部编：《日军暴行录——凶残的兽蹄》，解放军出版社 1994 年版，第 34 页。

在伪三江省地区消灭了赵尚志的部队，在伪滨江省地区消灭了陈翰章部队"①。东北人民的抗日武装斗争因此陷入了极端困苦的境地。

第二节　从东北到华北

一　华北敌后起波澜

当东北日伪推行"集家并村"、制造"无人区"的罪恶活动进入高潮，东北人民的抗日斗争遭遇严重困难之际，华北沦陷区的日本侵略者却正在为不断发展壮大的敌后抗日游击战争而大伤脑筋，束手无策，惶惶不可终日。

1937年七七事变拉开了日本全面侵华战争的序幕，但同时也促成了以国共两党合作为基础的中国全民族抗日统一战线的正式形成。战争初期，日本侵略军虽然凭借着军事上的绝对优势，在正面战场上攻城略地，势如破竹，迅速占领了包括华北在内的大半个中国，但随之而来的却是他们未曾料到的一场噩梦——陷入了中国共产党领导下的敌后人民抗日游击战争的汪洋大海而不能自拔。

全面抗战爆发后，根据国共两党达成的合作抗日协议，中国工农红军主力改编为国民革命军第八路军（简称八路军，后按全国统一的战斗序列改称第18集团军），由陕西东渡黄河，挺进华北抗日前线，连连告捷，有力地配合了国民党军队的对日作战。1937年11月太原失守后，随着华北地区正面战场作战的基本结束，中国共产党迅速做出了新的战略决策。根据中共中央和毛泽东的指示，八路军总部迅速作出了分兵发动群众，开展独立自主的敌后游击战争，创建敌后抗日根据地的部署，命令第115师一部在聂荣臻率领下，创建晋察冀边区抗日根据地，师部率主力南下创建以吕梁山为依托的晋西南抗日根据地；第129师由正太铁路南下开辟以太行、太岳山脉为依托的晋冀豫边区抗日根据地；第

---

① 中央档案馆等编：《日本帝国主义侵华档案资料选编·东北大讨伐》，中华书局1991年版，第498页。

120 师继续创建晋西北抗日根据地。

晋察冀边区是以山西五台山区为中心，包括平汉铁路以西、平绥铁路以南、同蒲铁路以东、正太铁路以北的广大地区，具有重要的战略地位。1937 年 9 月下旬，遵照毛泽东关于五台山脉地区应使之成为重要的游击战争区域之一，现在就宜于加紧准备的指示，罗荣桓率第 115 师工作团开赴冀西阜平、曲阳地区，着手进行创建抗日根据地的工作。10 月下旬，第 115 师主力奉命南下，但仍留独立团、骑兵营、师教导队、总部特务团和一部分随营学校学员等共约 3000 人，在聂荣臻率领下，继续发展晋察冀边区抗日武装和创建抗日根据地。为进一步打开局面，聂荣臻随即率留下的部队分别向察南、冀西、五台和定襄、平山和孟县等 4 个地区展开，并组成工作团配合中共地方组织宣传抗日，发动群众，成立战地动员委员会、抗日救国会以及农、青、妇等抗日群众组织，建立政权，大力扩充部队和组织游击队、自卫队、义勇军，抗日武装力量不断发展壮大。

1937 年 11 月 7 日，根据中共中央的决定，晋察冀军区成立，聂荣臻任司令员兼政治委员，下辖 4 个军分区，各军分区均建立了支队，每个支队下辖 3 个大队。晋察冀军区的成立，使该地区的部队迅速壮大，独立自主的山地游击战争也蓬勃发展起来，对侵占平汉、平绥、同蒲、正太铁路和北平、天津、张家口、太原、石家庄等大中城市的日军构成了严重威胁。11 月中旬，日军即调集 2 万余人分 8 路对晋察冀抗日根据地实施围攻，抗日军民经过近一个月的作战，粉碎了敌人的"8 路围攻"。至 12 月下旬，边区发展到 30 余县，部队发展到 2 万余人。

1938 年 1 月 10 日至 15 日，在河北阜平召开了晋察冀边区军政民代表大会，民主选举成立了晋察冀边区临时行政委员会。这是敌后由共产党领导建立的第一个统一战线性质的抗日民主政权，它的成立，标志着八路军首创的晋察冀抗日根据地基本形成。此后，晋察冀抗日根据地在敌后不但站稳了脚跟，而且在强敌围攻中不断发展壮大。中共六届六中全会主席团于 1938 年 10 月 5 日在致聂荣臻等人的慰问电中，赞誉晋察冀边区为"敌后模范的抗日根据地及统一战线的模范区"。

至 1938 年 10 月，八路军共作战 1500 余次，歼敌 5 万余人，收复大片国土，从山区到平原，建立了晋察冀、晋西北、晋冀豫、冀南、冀鲁边、大青山、晋西南和山东等大块抗日根据地，开辟了广阔的敌后战场，部队发展到 15 万余人，成为华北抗战的主力军和坚持长期抗战的中流砥柱。

华北敌后战场的开辟和抗日根据地的建立，像一把锋利无比的匕首插在日本侵略者的后背，使日本侵略者惊恐万状，坐卧不安，"认定共党势力为华北治安之最大隐患"①。为了扑灭华北敌后的抗日烽火，巩固占领区，侵华日军调集重兵，自 1938 年以后开始对以晋察冀根据地为重心的华北敌后抗日根据地发动了一次又一次规模空前的围攻和"扫荡"，从分进合击、多路合围，到"分散配置、分区扫荡、灵活进剿"的"囚笼政策"，无所不用其极，妄图剿杀我抗日武装。但日军的进攻均无一例外地被抗日根据地军民击破、粉碎，华北敌后抗日根据地在反"扫荡"斗争中进一步发展壮大。而 1940 年 8 月至 12 月，八路军在华北敌后主动出击，发动"百团大战"，对华北敌之主要交通线进行了一次大规模的进攻性破击战，更是给日本侵略者以沉重打击。日军震骇之余，哀叹："此次袭击，完全出乎我军意料之外，损失甚大，需要长时期和巨款方能恢复。"②

而就在此时，东北日伪的"治本"工作取得了"卓有成效"的进展，这无疑使一筹莫展的华北日军深受"启发"。

二 华北日军汲取"东北经验"

"百团大战"前后，屡遭重创的华北日军，"从各地的兵团直到各军、方面军，均由痛苦的经验中取得了宝贵的经验，改变了对共产党的认识"③。即共产党领导下的敌后抗日武装并不是不堪一击的乌合之众，而是一个"立足于党、政、军、民的有机结合的抗战组织"，"具有的实力"、战斗力不容轻视。特别是中共势力得到了华北广大人民群众的拥护和支持，使得日军陷入了人民战争的泥沼。

---

① 日本防卫厅战史室：《华北治安战》（上），天津人民出版社 1982 年版，第 376 页。
② 同上书，第 296 页。
③ 日本防卫厅战史室：《华北治安战》（下），天津人民出版社 1982 年版，第 326 页。

八路军的抗战士气甚为旺盛，共产地区的居民，一齐动手，支援八路军，连妇女、儿童也用竹篓帮助运送手榴弹。我方有的部队，往往冷不防被手执大刀的敌人包围袭击而陷入苦战。

共军的民众工作极为彻底，居民对有关八路军的情况，均不轻易出口。各村的"空室清野"，也均严格执行。

两名特务人员捉到当地居民，令其带路，当接近敌村时，带路的居民突然大声喊叫"来了两个汉奸，大家出来抓啊！"

冈村支队的一个中队，当脱离大队主力分进之际，带路的当地居民将其带进不利的地形，使我陷于共军的包围之中。

敌区的居民，被动员起来，密切协助共军抗战，达到所谓军民一致的状态，这与华中的情况不同。①

华北日军认为，"华北治安肃正工作"之所以屡屡受挫，难以奏效，其根源就在于"共军对群众的地下工作正在不断深入扩大"，因此必须对症下药，"以对共施策为重点，积极具体地开展各项工作"，寻找出新的毁灭中共领导下的抗日根据地的"行之有效"的办法。此时，东北日伪制造"无人区"的"成功经验"自然对华北日军产生了极大的吸引力，受到"启发"的华北日军开始试探性地在华北施行这种极其恶毒的政策。还在"百团大战"期间，1940 年 9 月，日本华北方面军即开始制造"无人区"，地点是在晋中地区。据战犯千田谦三郎供称，1940 年 9 月，日军对晋中实施"三光作战"，作战开始之前，日军第 223 联队石黑大队长曾下过如下的命令："为在晋中地区设立'无人区'，凡在这次作战当中碰见的一切人、马、房屋及物资都要消灭掉及予以掠夺。"根据这一命令，日军相继在晋中地区的襄垣县及黎城县制造了"无人区"②。

与此同时，日本帝国主义对华战略也因国际形势的变化做出了调

① 日本防卫厅战史室：《华北治安战》（上），天津人民出版社 1982 年版，第 312、445 页。

② 谢忠厚等编：《日本侵略华北罪行档案·无人区》，河北人民出版社 2005 年版，第 191 页。

整。1940 年 9 月，日本与德、意法西斯在柏林签订了军事同盟条约，使"柏林—罗马—东京"邪恶轴心更加紧密地连接在一起，日本法西斯对外侵略扩张的野心更加膨胀，在侵略中国的基础上，又将魔爪指向东南亚各国和广阔的太平洋区域。而中国华北被日本法西斯视为"南下"乃至发动太平洋战争的"兵站基础"，必须全力给予确保。为此，日本大幅增兵华北，到 1941 年初，日本华北方面军已增至 3 个军团，1 个直辖兵团，11 个师团，12 个独立混成旅团，1 个骑兵集团，共 32.5 万余人，占到了侵华日军总数的 40% 以上；华北伪军也增至 10 余万人，占总数的近一半。① 日军开始对华北敌后各抗日根据地进行空前规模的残酷"扫荡""蚕食"，推行"治安强化"运动，企图彻底毁灭中国共产党领导的人民抗日力量，从根本上消除他们的心头之患。而为达此目的，东北日伪"治本"工作的"成功经验"，无疑具有重要的"借鉴"价值，其主要精神被写入了日本新的对华作战计划。1941 年 1 月，日本中国派遣军总司令部根据陆军部《对华长期作战指导计划（草案)》编制了新的作战计划，其中规定："根据'中国事变处理纲要'制订政治策略方针。在占领区内特别设定对敌隔离区。"② 同年 2 月下达"长期战现地政略指导"，要求"努力加强对敌区的封锁，并力求在占领区和敌区之间进行有效而合理的隔断"。③ 显然，这里所谓的"对敌隔离区"，主要指的就是"无人区"。这也为华北日军吸收借鉴"东北经验"提供了依据。

三　华北版《三年治安肃正计划》

"由于共军大规模的奇袭攻击，导致华北方面军更大规模的反击战，进而发展到消灭共军根据地的作战。"④ 为了从根本上摧毁中国共产党领导下的华北敌后抗日根据地，华北日军加紧了对"共党及共军的真

---

① 彭德怀：《敌寇治安强化运动下的阴谋与我们的基本任务》，1941 年 11 月 1 日，河北省社会科学院历史研究所等编《晋察冀抗日根据地史料选编》（下），河北人民出版社 1983 年版，第 142 页。

② 日本防卫厅战史室：《华北治安战》（上），天津人民出版社 1982 年版，第 361 页。

③ 日本防卫厅战史室：《华北治安战》（下），天津人民出版社 1982 年版，第 247 页。

④ 同上书，第 296 页。

相"的调查研究,以"探明其组织和活动的根源所在,采取军政统一的措施,尽速将其剿灭"。1941 年 6 月 15 日,由华北方面军参谋部第二课的外围组织"中央灭共委员会调查部"(通称黄城事务所)创刊发行了《剿共指南》月刊,在其创刊号中就有如下说明:

> 华北民众之敌是中共、八路及抗日分子,如不将彼等消灭,就不会有华北治安的稳定……在未消灭共产党、八路军前,华北圣业则难奏效……近代的武装斗争,政治为主要的因素。在剿灭以三分军事、七分政治为进攻手段的八路军时,我方的武装斗争也必须具有高度的政治性。

1941 年夏,仿照关东军的《三年治安肃正计划》,华北方面军炮制出笼了华北方面军《治安肃正三年计划》。该计划的目标,就是妄图用"三分军事、七分政治"的手段,开展政治、军事、经济三位一体的总力战;变短期的"鲸吞式扫荡"为"堡垒主义",步步为营,有计划地"蚕食"和长期"扫荡"、反复"清剿";变一般的战术性的烧杀抢掠为战略性的"三光政策",彻底摧毁华北敌后抗日根据地。计划起草人、华北方面军的作战主任参谋岛贯武治对该计划目标做了如下说明:

> 历来的高度分散部署兵力,由于缺乏确切定期的肃正目标,常常变成静止的防御。我如不主动讨伐、扫荡和剔抉,则中共方面也不对我进犯。乍看起来,相安无事,宛如缔结了互不侵犯条约。但在此敌我共存期间,中共却在民众中秘密进行工作,以充实其力量,一旦时机成熟,即可一举转向进攻。百团大战就是最好的例证。
>
> 因此,我军施策的目标是采取主动进攻的、有计划的措施,就是要:划分地域,限定时间,巩固治安地区;隐蔽准治安区的兵力,有计划地进入治安地区;并以剩余的兵力向未治安地区挺进,使之向准治安区发展。
>
> 最终目标在于把一亿民众拉到我方。为此,必须争取民心。民

众向哪一方面靠拢，关键在于哪一方面能保护其生命和保障其生活。换言之，亦即决定于军事力量的优越，治安的巩固，产业经济的发展，以及生活安定的程度。①

这里所谓"争取民心""保护其生命和保障其生活"，和东北日伪的一套说辞何其相似！

按照这一计划，日军把华北划分为了三种地区："治安区"（即敌占区）、"准治安区"（即敌我争夺的游击区）与"非治安区"（即敌后抗日根据地），分别施行不同的政策。对"治安区"以"清乡"为主，强调"乡村自卫力之强化"，强行清查户口，强化保甲制度，实行"连坐法"，以强化其政治统治。对"准治安区"以"蚕食"为主，恐怖与怀柔兼施，竭力扩大其占领地，缩小与割裂敌后抗日根据地，其中最毒辣的措施就是制造"无人区"，修筑封锁沟墙与据点碉堡，以切断抗日根据地与游击区、八路军和群众的联系。对"非治安区"则以"扫荡"为主，施行杀光、烧光、抢光的"三光"政策，企图彻底摧毁根据地军民的生存条件。日本侵略者企图通过这种血腥政策，达到其巩固扩大其占领区，最终实现"完成大东亚战争兵站基地，建立华北参战体制"的战略企图。

为了执行上述计划，日本军阀"三杰之一"的冈村宁次奉命调任华北方面军司令官。冈村宁次是日本帝国主义策划"九·一八"事变的主谋和"塘沽协定"的始作俑者，担任过日本关东军副参谋长（1932 年 8 月至 1935 年 3 月）、第 2 师团长（1937 年 3 月至 1938 年 6 月）等要职，直接参与指挥了镇压、屠杀东北抗日联军的罪恶活动，对于日军在东北的"成功经验"有着切身体会。因此，他一到华北，便于 1941 年秋纠集重兵对晋察冀边区发动了为期两个月的"晋察冀边区肃正作战"，并在作战中制造了大块的"无人区"。以此为契机，在长城沿线，华北日军与东北日军通力协作，更是制造了"千里无人区"。

---

① 日本防卫厅战史室：《华北治安战》（上），天津人民出版社 1982 年版，第 418 页。

四 深藏的祸心

(一) "分离匪民"

通过武力"集家并村",制造"无人区",实现所谓"分离匪民",隔绝抗日武装与人民群众的血肉联系,彻底扼杀华北各地的抗日斗争,是日本侵略者在华北推行"无人区化"政策的根本目的。

从留存下来的日伪军政档案资料中,我们不难发现其建立"集团部落"、制造"无人区"政策的险恶意图:

> 为确立治安,分离匪民最为要紧,赋予良民自卫能力,使匪贼不能压迫并寄生于其间。①
>
> 分离匪民的具体工作,即实行并屯和设立无人区,主要目的是从地理上将匪团与居民隔离开来。……为彻底开展治安工作……并将分散在山间峡谷的居民归并到军警保护地区,即以收容在军警监视下为目的,以保甲制度的牌为单位,即每十户以上都合并起来,使匪团与农民彻底绝缘,以期达到所谓匪民分离之策。②
>
> 使其欲穿无衣,欲食无粮,欲住无屋,杜绝其活动之根源,使其穷困达于极点,俾陷于自行消灭之境。③

可见,日本侵略者建立"集团部落"、制造"无人区"的险恶意图,是在于实现所谓的"匪民分离"。就是说,妄图隔绝人民与抗日武装特别是中国共产党的联系,切断群众在物质上对中国共产党领导的抗日武装力量的支援;同时通过"集团部落"严格控制广大群众,防止抗日武装力量的扩大。

制造"无人区",是日本帝国主义在侵华战争和第二次世界大战期间的一大"创造"。日本侵略者在残酷镇压中国人民抗日斗争的过程

---

① 《关东军第二独立完备队关于集团部落资料》,中央档案馆等编《日本帝国主义侵华档案资料选编·东北大讨伐》,中华书局1991年版,第183页。

② 中央档案馆等编:《日本帝国主义侵华档案资料选编·东北大讨伐》,中华书局1991年版,第329页。

③ 禹硕基等编:《日本帝国主义在华暴行》,辽宁大学出版社1989年版,第544页。

中，认识到单纯依靠武力讨伐、围剿非但不能扑灭日益高涨的抗日烽火，反而往往适得其反，"不仅丧失了民心，而且还在促成抗日战士的团结，培养战争技术方面做出了贡献"。特别是他们清楚地看到了中国共产党的抗日民族统一战线的巨大威力，看到了中国共产党依靠广大人民群众广泛开展的抗日游击战争。1941 年 9 月间，承德日本宪兵队本部拟定的《国境地带无人区化》方案中说："中共现在所采取的对日战略，是扩大强化抗日民族统一战线。为了坚持抗战，获得最后胜利，积极地动员民众参加协力于抗战工作。在政治方面，使之拥护抗日政府，支持抗战政策；在经济方面，使之担负军需之供给，确保战争所必需的物力；而且在军事方面担负起兵力补充及支援军事行动，以获得武装斗争的胜利。"这是日本侵略者最头疼、最害怕的。因此，他们必然不择手段地破坏中国共产党和抗日武装与人民群众的鱼水关系。

1942 年 10 月 29 日，承德日本宪兵队本部在其《灭共对策资料》中露骨地说：

> 鉴于冀热察国境地区当前的情势，其根本第一要谛，无论怎么说，也在于匪民分离，这也几乎是担负保安重责之吾人，在灭共对策上最应建立功绩之处。而集家并村，制造无人区是实现"匪民分离"的有效措施。
>
> 又说：所谓集家，即将可能成为敌人游击区的国境地区内的居民，集结于我方据点，或其近旁地区，使之与敌人的活动完全隔离，而由我方掌握控制，乃可彻底封锁扼杀敌人之所谓人力、物力的动员工作。
>
> 因为"民众的支持，乃是彼等的依靠"，集家并村，制造无人区能切断其与民众联系的纽带，救命之纲绳，此实乃致命的打击。①

---

① 转引自陈平《一个特殊战略地带——长城线上"无人区"》，中共河北省委党史研究室编《长城线上无人区》，河北人民出版社 1993 年版，第6—7 页。

负责主持起草日本华北方面军《治安肃正三年计划》的岛贯武治对制订该计划的意图，作了这样的说明：

> 他们（指中国共产党领导下的抗日根据地）是党、政、军、民结成一体的组织，具有明确的使命观。他们为了实现革命，力图通过争取民众，组织民众，以扩大加强其势力。他们巧妙地把思想、军事、政治、经济的各项措施统一起来，且将努力分配于七分政治、三分军事之上，从而使我方单靠军事力量无法进行镇压，也必须统一发挥多元的综合措施。
>
> 他认为：古时候中国的城市用城墙转绕起来作为民众对敌人入侵的防护措施。在中国本土和满洲、蒙古之间建筑了万里长城。这对外敌入侵究能起到多大防御作用且当别论，但它是保护中国本土及民众的象征。值此与中共争夺民众之际，把在我保护下的民众用这样的隔离线围绕起来，划出界线加以防护，不但可保居民安定，对于促使民众向我靠拢，也有很大效果。……适应对共作战的主要特点，而采取争取民众、组织民众的措施，是受到了重视的。①

从这里，我们不难看出，华北日军与东北日军所取得的"共识"，即必须实现所谓"匪民分离"，隔断中国共产党和抗日军队与人民群众的鱼水关系，才有可能扑灭普遍发展、日益高涨的抗日武装斗争。岛贯武治所谓的"隔离线"与"无人区"本质上并无二致，是日本侵略者对同一事物的不同称谓而已。

（二）屏障伪满"西南国境线"

日本所谓"田中奏折"中确立的"欲征服支那，必先征服满蒙，如欲征服世界，必先征服支那"的大陆政策，是日本帝国主义的既定国策。亦即日本帝国主义实现其对外侵略扩张，独霸亚洲，称雄世界的野心，是按照满蒙—中国—世界的战略步骤来进行设计的。而占领、确保

---

① 日本防卫厅战史室：《华北治安战》（上），天津人民出版社1982年版，第411、419页。

"满蒙",是这一战略构想的第一步,也是实现整个战略构想的前提条件。正是以此为指针,1931年日本帝国主义悍然发动了"九·一八"事变,占领了中国东三省,随后扶植成立了伪"满洲国"傀儡政权,建立起了对中国东北三省的殖民统治。1933年2—4月,按照伪满洲国《建国宣言》明确表达的"凡长城以北关外东北四省均为满洲国法理领土,热河为满洲一部份"的无耻主张,日本关东军又悍然发动热河事变,大举进犯、占领了热河全境。而随后的一纸《塘沽协定》,当时的南京国民政府竟实际承认了侵华日军对辽、吉、黑、热四省的占领。鉴于热河省地处伪满洲国的西南部,与中华民国接壤,故此日本侵略者把热河省确定为伪满洲国唯一的纯粹"国防省",视之为伪满洲国的西南门户、"(日本)帝国国防的第一线""日本的生命线"。并且日本侵略者还根据《塘沽协定》中的模糊规定,单方面以长城为界,划定了所谓的伪满洲国"西南国境线"。这样,沿长城一线所谓的"满洲国西南国境线"理所当然被当成了其"国防第一线""生命线"的最前线。

1938年6月以后,八路军第四纵队奉命挺进冀东,突破伪满"西南国境线",对伪满地区大出击,以雾灵山为中心展开游击战争,创建冀察热敌后抗日根据地。日本关东军惊慌失措之余,为阻绝来自关内抗日武装力量越过"国界"向东北的侵犯、渗透,采取了一系列"固边措施",并制订行动计划、实施要领,极力在长城线上实行"无人区化"政策,以保障伪满洲国"西南国境"的安全。

1938—1939年间,为应对八路军第四纵队对热河地区的"侵犯",日本关东军西南防卫司令部就密集出台了"西南防卫作命第65号附件《西南防卫地区治安肃正计划》"(1938年9月25日)、"西南防作命甲第82号附件《关于西南防卫地区第二期治安肃正指示》"(1939年1月12日)、"西南防作命甲第113号附件《昭和十四年度中期以后西南防卫地区治安肃正指示》"(1939年6月5日)等。其中,《昭和十四年度中期以后西南防卫地区治安肃正指示》明确宣称:

　　　　将来大股匪团的根据地将在省外,故须密切注视冀东、察南和内、外蒙方面的形势,强化国境警备,扼杀来自共军(党)和其他外敌的入侵、政治工作、谋略和其他有害行为，防患于未然。

与讨伐并行，满洲国各机关也都出动到现场，迅速完善警备道路和通讯网，调查户口，收缴武器，分离匪民，宣传宣抚等。讨伐结束后，继续强化和扩充这些工作，迅速进行政治渗透，努力把握人心。①

1941 年 5 月 17 日，日本关东军宪兵司令部发出第 264 号作战命令，部署实施"西南地区特别肃正"作战：

> 为了呼应北支那军的冀东肃正作战，令西南部防卫司令官统一指挥属下及配属部队和满洲国军警，扫灭热河及冀察国境附近蠢动的共产匪，以立恒久的治安，特别顺利完成治本、思想及其他各项工作。

1944 年，伪满军事思想战研究部编写的《西南地区治安问题之考察》中说：

> 为了维持国境防卫体制，必须经常将群众置于有保证的军事控制之下，这与满洲国东部国境方面，冲破各种矛盾，强制实行归屯并户是一脉相承的。

可见，从一开始，日本侵略者就将在东北三省实行的用于对付抗联的政策——建立"集团部落"、设置"无人区"，当成了确保伪满"西南国境"安全的关键。

(三) 切断各抗日根据地的战略联系

实行"匪民分离"，隔断中共与民众的鱼水关系，是日军制造"无人区"的最主要意图。而切断各抗日根据地间的战略联系，使之无法配合作战，从而实现各个击破，剿灭抗日力量，则是日本侵略者制造"无人区"的另外一个重要的战略企图。如"在京汉路两侧各 10 公里的地带

---

① 中央档案馆等编：《日本帝国主义侵华档案资料选编·东北大讨伐》，中华书局 1991 年版，第 597—598 页。

就修筑了长达 500 公里的隔离壕沟，以与共军根据地相隔绝，切断了冀中、冀南的丰富物资向其根据地运送的通路，起到了经济封锁的作用"①。

曾任日本关东军西南防卫委员会委员、伪满洲国西南地区特务宪兵队长的日本战犯桥本岬，对日军在热河省长城线上制造"无人区"的目的和任务有如下供述：

工作任务：

治本工作——刺探、侦察、逮捕、审讯爱国人民和破坏地下组织；搜集中国共产党工作情况的情报；切断爱国人民与八路军的联系；发掘掠夺民间武器；切断冀东、察南地区与热河地区之间的经济、交通。

治标工作——搜集八路军部队政治工作员的活动情报。根据同作战部队直接配合所搜集的情报，进行诱捕工作等。

工作要领：

在伪满部队担任讨伐的地区内，采取分散配置的态势，全着便衣，专门从事特务工作，密切配合伪满部队的讨伐。从政治上、军事上阻止中共解放热河省，以利于伪满军的讨伐活动。特别是控制长城线上的热河与冀东、察南的交通及经济的要道，着重调查来自长城线以南的联系。②

除此之外，保护其战略要地或军事据点免受抗日武装的"进犯"；宣扬"皇军"威力及灭共"决心"，震慑民众，使之失去对中共的信赖，转而投靠在日伪的卵翼之下；搞清中共对"准治安地区"的情报收集工作，民众工作，党、军的组织工作等的规律，也都是侵华日军制造"无人区"的险恶企图。

---

① 日本防卫厅战史室：《华北治安战》（上），天津人民出版社 1982 年版，第 419 页。
② 中央档案馆等编：《日本帝国主义侵华档案资料选编·东北大讨伐》，中华书局 1991 年版，第 665 页。

第二章 华北"无人区"概况

继东北之后，在华北，侵华日军为隔绝中国共产党领导下的抗日武装与人民的鱼水联系，彻底扼杀、摧毁华北各敌后抗日根据地，灭绝人性地大规模制造"无人区"，是无可辩驳的铁的事实，而其残暴性较之东北也有过之而无不及。那么，侵华日军在华北制造"无人区"始于何时？制造了哪些"无人区"？采取了什么样的办法？与东北相比，又有什么特点？

第一节 华北"无人区"的时空分布

一 侵华日军在华北制造"无人区"始于何时

侵华日军在华北制造"无人区"，从时间的分布来看：1941 年秋季以前，虽然伪满日军已经开始在长城沿线制造"无人区"，但还只是小规模的、试探性的行动。1941 年秋季以后，无论伪满日军，还是在华北的日军，都把制造"无人区"作为既定政策，开始大规模、有计划地实施，并在随后的 1942 年、1943 年达到高潮。此后，侵华日军的这一罪恶行径一直延续到 1945 年抗日战争胜利才算告一段落。

侵华日军在华北制造"无人区"究竟是从什么时间开始的呢？

长城沿线"无人区"是侵华日军在华北最早开始制造的"无人区"。因为这一"无人区"系日本关东军和华北方面军分别在长城内侧、外侧共同制造，所以对于日军在这一地区制造"无人区"始于何时，应该从日本关东军和华北方面军两方面分别加以厘清。

关于日本关东军何时在长城外侧开始制造"无人区"，主要有两种说法：一种说法是始于 1939 年 11 月，其主要依据是新中国成立后河北省兴隆县党史工作者的调查。调查显示，是年 11 月，为了覆灭活跃在热南山区和长城沿线的八路军游击队，伪满日伪将兴隆县蓝旗营子乡北榆树沟内几个小村落强制集并到杨树台；将横河川北部山区羊羔峪、水泉等 20 多个山村强制集并到安子岭、双炉台，将黑河上游的村庄强制集并到孟大地。但由于群众的激烈反抗和八路军游击队的有力支持，到 1940 年春，群众纷纷从集家点返回家园。①

另一种说法是始于 1940 年冬和 1941 年春，主要依据是写于 1946 年 2 月的一篇关于滦平县"无人区"的专题访问记。这篇作者署名"厂民"，题为《人圈》的专题访问开门见山就说：

> 从 1941 年伪满洲国康德八年开始，敌人为了明朗热河，为了防止八路军的积极行动，实行了毒辣的集家并村政策，把山沟里和小村庄的老百姓，都强迫搬到公路两边，使所有的村庄都安置在公路控制之下……②

而且留存下来的日伪档案似乎也证实了这一点。由伪满军事部思想战研究部 1944 年 4 月编写的《西南地区治安问题之考察》明确说：西南地区的归屯并户"建立集团部落系康德八年度始于丰宁县东卯地区及滦平县于营子一部分地区"③。而所谓伪满"康德八年度"即 1941 年。

但根据现存的一些档案史料，关东军在长城外侧开始制造"无人区"的时间要早于上述时间。

其一，早在 1939 年 6 月之前，日本关东军就已经确立了在"西南防卫地区"制造"无人区"的方针。1939 年 6 月，日本关东军"西南

① 兴隆县政协文史资料研究委员会编：《兴隆文史资料》第 2 辑，1988 年印行，第 90 页。
② 中共河北省委党史研究室编：《长城线上无人区》，河北人民出版社 1993 年版，第 112 页。
③ 中央档案馆等编：《日本帝国主义侵华档案资料选编·东北大讨伐》，中华书局 1991 年版，第 609 页。

防卫司令部"发出了"关于昭和十四年度中期以后西南防卫地区治安肃正指示",其中第十项明确：

> 与武力并行，满洲国各机关也都出动到现场，迅速完善警备道路和通讯网，调查户口，收缴武器，分离匪民，宣传宣抚等。讨伐结束后，继续强化和扩充这些工作，迅速进行政治渗透，努力把握人心。

第十项再度强调：

> 治本工作和思想工作，按第十项所示，讨匪并行，并与之相结合。①

该"指示"中所谓的"分离匪民""治本工作"，与关东军在对东北抗日联军进行镇压时的指示如出一辙，显然就是要通过制造"无人区"，彻底切断抗日武装力量与人民群众的血肉联系。及至当年9月，"伪西南防卫委员会"成立后，更是把"无人区的划定、实施要领、规定禁止通行标志；拟定集家部落实施要领，移民计划，建立武装防卫部落"作为其首要任务之一。②

其二，姚依林写于1940年的《冀东游击战争是怎样坚持的》一文也证实了这一点。文章说，敌人的五次"扫荡"失败（1938年9月到1939年春）后，又于1939年青纱帐倒后开始了第六次的"扫荡"，并在军事上又开始了新的布置。包括添修全境公路，以便敌机械化部队的运动；构筑新据点，经过据点不断地实行"清乡"，缩小我们的活动范围：

---

① 中央档案馆等编：《日本帝国主义侵华档案资料选编·东北大讨伐》，中华书局1991年版，第598—599页。

② 《高木贞次等二十人笔述》，1954年12月27日，中央档案馆等编《日本帝国主义侵华档案资料选编·东北大讨伐》，中华书局1991年版，第616页。

开始实行并村办法（我 X 队活动的热河南部承德附近，并村的办法已开始实行），企图减少甚至消灭山沟小道中三五户的小村庄，便于其军事政治的控制，增多我游击队活动的困难。①

该文明确指出了敌人开始制造"无人区"是在"1939 年青纱帐倒后"。

以上两点相互印证，基本上可以确定日本关东军在长城沿线制造"无人区"始于 1939 年秋后。

而最新的调查研究显示，侵华日军制造"无人区"最早的"实验区"是位于现在内蒙古自治区境内的敖汉旗，时间则为 1938 年秋。2013 年 10 月，由内蒙古敖汉旗政协组织的抗日战争史料征集活动宣告结束，据敖汉旗政协文史委主任石柏令介绍：

本次抗日战争史料征集活动从今年 5 月下旬开始，深入当年日军侵华时期所犯罪行最为集中的地方入户采访。其中，最重要的是确定侵华日军制造"无人区"最早的"实验区"就是从敖汉开始的，时间为 1938 年秋。而日军大面积制造"无人区"则是从 1942年开始。

在华北地区，一般的是依据战犯铃木启久的供述，认为华北日军在长城内侧制造"无人区"的行动始于 1942 年，具体时间是在 9 月以后。② 铃木启久，1942 年 1 月至 1943 年 7 月间，任侵华日军第 27 师团属下第 27 步兵师团长和"唐山地区防卫"司令官，驻扎在冀东地区。他的供述《制造"无人地带"》中，记述了 1942 年 8 月某天，日军第27 师团长原田熊吉在天津家中与其谈话的情景：

---

① 冀热辽人民抗日斗争史研究会编：《冀热辽人民抗日斗争文献·回忆录》第 2 辑，天津人民出版社 1987 年版，第 29—30 页。

② 参见铃木启久《我在冀东任职期间的军事行动》，《河北文史资料选辑》第 12 辑，河北人民出版社 1983 年版；《铃木启久的口供》，1955 年 5 月 6 日，谢忠厚等编《日本侵略华北罪行档案·无人区》，河北人民出版社 2005 年版，第 6 页。

今天请你来，实际上是听听你的意见，又向你传达一些做法。昨天冈村方面军司令官找我去北平谈了谈，据军司令官说，你管辖的地区，八路军的势力表面上似乎看来平静，实际上一揭开表皮就露出红色的实质，是吗？如果照你的意见，这个地区是不能任其自然发展的。因此，你再说说今后要怎样做才好？

一个办法是，把八路军的地下组织从根本上加以破坏。要做到这点，必须全面的，特别是对山区方面进行彻底的搜查和清剿，凡是和八路军有丝毫联系的，统统要处决掉，不能赦免。

噢！据方面军的想法是，为了彻底粉碎八路军，从长城起2至4公里内划为"无人地带"，在这块地区内，不准有人居住，不准耕作，一切人的活动统统禁止，交通限制也要大大加强。我们师团准备执行这一计划，你的意下如何？

方面军和师部有这样的意图，我是一定赞同的。不过，我想执行这个计划时，如果在两公里之内划为无人地带，恐怕极不容易做得彻底，因为长城线两公里以内，大体上没有居民。居民少的地方，作为八路军根据地价值也少。4公里以内，有相当多的村庄，那是相当有潜力的根据地。如果只划两公里，那么两公里之外仍是八路军的根据地，这就恐怕做得不够。

那么就4公里吧！

什么时候要完成这一任务？

最迟到下月半，因为南方战事相当激烈，说不定什么时候要调军队到南方去，所以要快点。①

铃木启久在另外的口供中，进一步确认了制造"无人区"的具体时间、大致过程：

问：你任唐山地区防卫司令官期间为了所谓"强化治安"采

---

① 中共河北省委党史研究室编：《长城线上无人区》，河北人民出版社1993年版，第360页。

取过什么措施?

答:1942年9月至12月间,为了强化治安工作,除进行讨伐外,建筑了许多战壕及望楼。并命令在长城方面设立无人地带,目的是彻底消灭八路军和破坏其根据地,使其断绝与东北联系,违反命令者即用武力处置。

问:建筑战壕、望楼和制造无人区是如何进行的?在那些地区恶果如何?

答:根据方面军的计划和师团长的命令,为了阻挠和歼灭八路军,在河北省石门—玉田—丰润—砂河镇—迁安—建昌营间和迁安—滦县间,遵化—丰润间及唐山南隅地区建筑了长达100余公里的防卫战壕和许多望楼,为了修筑这些工事,我以强制手段在警备地区内征发了10万多名劳工,强制他们劳役,由于食、宿和卫生设备都很坏和部下进行殴打拷问等虐待而致死亡者约300余名。设立无人地带是在迁安、遵化两县长城二公里以内地区,在此地区内放火烧毁1万余户房屋,赶走居民约10万名。①

但是,根据笔者在南京档案馆发现的一份档案,华北日军早在1941年4月以前,即已开始在冀东长城内侧制造"无人区"。现将该档案主要内容摘录如下:

冀东丰润县商民呈伪华北政务委员会一件②
(1941年4月16日)

窃本处地当丰润边区边陲,山脉连亘,黎民以农为业,各安所职。溯自二十七年匪变以来,兵燹相循至今,时已三载,所遭蹂躏实较平原地带为最,幸赖我皇军本睦邻之本旨,力谋促进东亚于和平,迭次讨

---

① 《铃木启久的口供》,1955年5月6日,中央档案馆119-2-1-1-4。
② 《冀东丰润县商民呈伪华北政务委员会一件》,1941年4月,南京档案馆二〇〇五②504。

伐，遂使一切政治逐渐恢复。……惟我皇军到境时，偶见匪踪，当即大施扫荡，村民正庆重睹天日，治安有望。殊不料皇军竟以被匪害之地带为匪区，则被匪害之村庄竟认为通匪之村庄，被匪害之人民竟认为通匪之人民，房舍或被焚毁，人民或遭屠杀……今本处被皇军惩治之下，被烧杀者有之（如丰润县潘家峪村男女共一千四百余口只余他往者百余口，被伤未死者百余口，房千余间仅余五六十间。又吴水口房千余间亦几口被焚毁），奉令全村迁徙者有之（如杨家营、郭庄子、刘家营等村现已迁居十里以外），其被烧杀之处，则房舍丘墟，尸骸遍野，虽余少数之未死者，亦莫不焦头烂额，手折足伤，其迁徙者则田地荒芜，房舍空间，壮者尚可出而奔命，老幼莫不倒卧于沟壑之间。伏思虽无兄弟如手如足，谁无夫妇如宾如友，遽遭惨杀，则互视不能聚首；谁无房舍，谁无财产，遽遭烧毁，将何以为生，此情此景实不堪举目。思之痛心，言之堕泪。因之民等所余之村庄莫不惊悸亡魂，人心慌恐，既虑匪之再来，又畏皇军之骤至，一日散惊奔波无定，长此以往将何以堪，流离失所衣食无着，则一方之民将无所口余矣。

上述档案内容中对抗日武装的侮蔑、诋毁之辞，以及由于日军的残暴行径给当地人民带来的巨大灾难自不待言，但从文中至少可以得出以下两点。

第一，凡八路军活动的区域，日军即指定为"匪区"，施行灭绝人性的"三光"政策，这是日军企图以武力"扫荡"彻底摧毁根据地军民的生存条件，同时也是日军制造"无人区"的最基本的方针。

第二，文中虽然没有出现类似"无人区"字样，但"奉令全村迁徙者有之"，其目的显然就是制造"无人区"，以实现其所谓"匪民分离"，彻底切断抗日根据地与游击区、八路军和群众的联系。

所以，由这份档案可以断定，日本华北方面军在长城内侧开始制造"无人区"应在1941年4月之前，但更为具体的时间则难确定。

以上是侵华日军在长城沿线开始制造"无人区"的时间，至于日军在华北其他地区制造"无人区"的时间，可以从战犯千田谦三郎的口供中获得线索。

问：你详细谈一谈你在晋中襄垣县及黎城县参加制造"无人区"的罪行！

答：1940年9月下旬于山西省襄垣县浊漳河右岸邯郸村，我是223联队二大队七中队代理中队长中尉，曾指挥部下110名按着石黑大队长的命令，为了要制造无人地带实行"三光"政策，我遂命令第二小队去焚毁该村，结果烧毁民房97间。

1940年9月下旬，于襄垣县西营镇，我以同上的职务命令放火，当时我的中队就烧毁了250间，杀害了和平居民20人。整个大队烧毁了1190余间民房及杀害和平居民67名。在我中队杀害20名和平居民中有13名是用毒瓦斯毒死的。另外，在西营镇进行扫荡时，路经西营镇南方20公里的某村，我曾命令部下烧毁了该村民房2间，并烧杀和平居民一名（妇女）。

1940年10月上旬（中国农历9月13日），我们大队紧接着襄垣县西营镇的烧杀之后，又进入襄垣县城底乡，我以同上的职务命令部下放火，结果我的中队烧死杀死和平居民12人，烧房子60间，整个大队烧杀和平居民53人，烧毁民房753间。

问：在这次晋中"三光作战"开始以前，你们大队及你曾下过哪些命令？

答：我们石黑大队长曾下过如下的命令："为在晋中地区设立无人区，凡在这次作战当中碰见的一切人、马、房屋及物资都要消灭掉及予以掠夺。"当时在这一作战开始以前我把上述大队长的指示向我的部下传达了。

问：现在你把"扫荡"黎城县地区的罪行讲一讲！

答：1940年10月中旬于山西省黎城县西井镇我们大队进行所谓"三光作战"中，由于石黑大队长的指挥命令，我当时是223联队二大队七中队代理中队长中尉，指挥部下110名为使上记村落成为无人地带，遂实施了对村庄的扫荡，组织起中队放火班，对民房实行放火，我们中队共烧毁了中国农民住家（家具等一切在内）200间，并烧死了留在村中的中国人民10人，当时整个大队共烧毁民房2117间，烧杀和平居民45人。

1940 年 10 月中旬，我们大队焚毁西井镇后，马上向黎城县曹庄前进，与前项同样的目的放火焚毁该庄，结果整个大队烧掉民房 249 间（家具、粮食一切在内），烧杀和平居民 6 人，其中我的中队烧毁 30 户 100 间，杀害和平居民 5 人（我们中队是当时焚毁曹庄的主力）。

……

此外，1940 年 9 月下旬至 10 月下旬间，在山西省襄垣县西营镇及黎城县县城、西井镇制造“无人区”时，并在上述等地的周围村庄宿营之际，为了夺取燃料使用，又破坏了中国农民住房 2000 间，并其中的家具、农具等的一切的东西。①

由此可知，日军在华北其他地区制造“无人区”的时间，最迟应该不晚于 1940 年 9—10 月间，地点是在晋中的襄垣县及黎城县。

二 侵华日军在华北制造了哪些“无人区”

侵华日军曾在长城沿线大规模制造“无人区”，现在已是人所共知的事实。20 世纪 80 年代以来，长城沿线受灾各县的党史工作者做了大量的调查和搜集整理资料的工作，学术界也出版了专著《千里“无人区”》（陈平著，中共党史出版社 1992 年版）及文献资料《长城线上无人区》（中共河北省委党史研究室编，河北人民出版社 1993 年版）等重要成果。但是，对于侵华日军在华北地区制造的其他“无人区”，则仍鲜有人知，或知之甚少。实际上，侵华日军在华北地区制造的“无人区”，除了长城沿线“无人区”外，还有相当多、相当大的“无人区”。

被侵华日军视为“华北治安最大隐患”的晋察冀边区，是侵华日军在华北制造“无人区”的重灾区，尤其是山西、河北（包括今天的北京、天津两市）两省。抗日战争胜利后，中国共产党领导下的晋察冀边区政府对侵华日军制造“无人区”的罪行进行了调查，主要有：

---

① 《千田谦三郎的口供》，1954 年 10 月 16 日，谢忠厚等编《日本侵略华北罪行档案·无人区》，河北人民出版社 2005 年版，第 191—193 页。

1. 热南无人区：包括热河之承德、兴隆、平泉、青龙、滦平、凌源及河北遵化、迁安、密云等九县之大部，东西长七百余里，南北宽六十里。

2. 热西察南无人区：包括热河滦平西部及丰宁县，察南之赤城以东平北密云等县之大部，东西长二百里，南北宽四十里，东面与热南无人区相接连。

3. 晋东北无人区：包括山西平定之东北部、盂县之东部、五台之东部，河北平山之西部，计南北长二百余里，东西宽五六十里。

4. 灵、行、曲无人区：系1941年敌人"扫荡"挖封锁沟时所制成，包括行唐、灵寿、曲阳沿沟附近十里以内村庄，这一无人区地带一年多后即被我粉碎。

5. 遭敌灾严重地区：

冀晋区：河北省阜平之全部，平山、完县、唐县、灵寿、行唐、曲阳、山西省平定之大部，山西省灵邱、繁峙、五台、盂县之一部。

冀察区：河北涞源、涞水、易县、察省龙关、赤城之大部，河北满城、房山、宛平、察省尉县、延庆、山西广灵、热河永宁之一部。

冀中区：高县、蠡县、博野、安国、任邱、安平、肃宁、饶阳、河间之大部，深泽、赵县、宁晋、栾城、文安之一部。

冀热辽区：河北省迁安、遵化、玉田、丰润、蓟县、青龙（都山）、兴隆、热河省滦平之大部，河北省卢龙、平谷、滦县、乐亭之一部。①

上述所谓热南"无人区"及热西察南"无人区"，首尾相接，东西长达千里，总面积达5万平方公里，因为它们都处在长城沿线，现在一

---

① 《晋察冀边区"无人区"地区说明》，1947年，谢忠厚等编《日本侵略华北罪行档案·无人区》，河北人民出版社2005年版，第32—33页。

般笼统地称为长城沿线"无人区"或"千里无人区"。它是侵华日军在华北最早开始制造的"无人区",由东北日军、华北日军和伪蒙疆日军三方"合作"制造,也是面积最大、存在时间最长,现在为世人所熟知的"无人区"。

上述所谓晋东北"无人区"和灵寿、行唐、曲阳"无人区",也可以称为冀晋边界"无人区"。它是日军华北方面于 1941 年秋季大"扫荡"前后制造,也是侵华日军制造的第二大"无人区"。

以上两大"无人区"后面将有专章叙述,这里不再赘述。

除了上述长城沿线"无人区"、冀边界"无人区"外,在华北大地上,侵华日军还在山西、绥远、山东等地制造了大大小小若干块"无人区"。

在山西省,日军除了在晋东北制造"无人区"外,还在晋中的襄垣县及黎城县、晋西北的五寨县等地实施"无人区"政策。

1944 年 8 月 15 日,《新华日报》太行版登载的《日本人民解放联盟太行支部日军暴行座谈会记录》,就揭露了日军在晋中作战中制造"无人区"的暴行,这也与前面战犯千田谦三郎的口供相互印证:

> 从 1940 年 10 月 2 日到 11 月 30 日间,三十六师团(井关中将)受到了方面军(多田中将)的命令,有 6 个大队参加晋中作战,第一二期为"扫荡"太行,第三期为"扫荡"太岳。当这个作战开始前,第 222 联队第一大队长桥本正少佐,于山西襄垣县夏店镇的车站前,集合全体士兵,传达了方面军的命令:"这次作战目的,与过去完全相异,乃是在于求得完全歼灭八路军及八路军根据地内的人民。因此,凡是敌人区域内的人,不问男女老幼,应全部杀死,所有房屋,应一律烧毁,所有粮秣,其不能搬动的,亦一律烧毁,锅碗要一律打碎,并要一律埋死或投下毒药……"
>
> 于是在大队中,新编了二个放火中队,一个撒毒小队,每个士兵各发火柴三盒。在作战中,一见老百姓,就不问男女老少,或用刺刀或用枪、机枪,甚至在窑洞中发现了藏起来的老百姓时,就用炮来轰击,这样足足杀死了有二三千的群众。沿途的房子也都被烧

光。而抢掠得到的财物,即堆积如山,事后在潞城来远镇,开设拍卖行来拍卖,除大队长独得一二万元外,各士兵也大都分了 80 元左右的赃。[①]

1942 年 12 月 26 日《解放日报》报道了日军在晋西北五寨县制造"无人区"的罪恶行径:

> 五寨之敌于 12 月 5 日起,在三岔周围开始推行其灭绝人性的"无人"政策。河底、庄窝、刘家庄等村,已成废墟,房屋全部拆毁,财物被劫一空。5 户居民被敌解往城内,生死不明。各村人民于严冬酷寒之下,扶老携幼流离荒郊,饥寒交迫,惨不忍睹。敌并声言距城 20 里内外之村落均将毁尽,现在已有 4 个村庄在敌人的烧杀抢劫之下,变成了荒芜的"无人区"。[②]

在绥远省,从 1942 年 1 月开始,日军推行以第二次"施政跃进运动"为中心的"总体战",从军事政治、经济、文化上对抗日根据地展开全面进攻。伪蒙疆当局调动大批日伪军和伪警察,对大青山抗日游击根据地进行了残酷野蛮的"扫荡"和围剿,分区"扫荡"和连续袭击相结合,见村庄就烧,见人就杀,见财物就抢,强迫群众实行并村,组织大乡公所,将并余的村庄全部拆毁烧光,以残酷的"三光"政策制造"无人区"。同时,大肆开展清乡活动,发放"良民证",强化保甲制度,实行保甲连坐;在大青山的 18 道主要山口以及蛮汗山各主要山口重兵设防,沿山脚山口挖掘深宽三四米的"封锁沟"、垒砌"封锁墙",在山口路口密布特务、汉奸和侦探,监视盘查过往行人;实行经济封锁,严禁粮食物资运入山区;拆毁山边村庄,移民铁路、公路附近,组建"爱路村",妄图割断我军民联系;为断绝我军物资来源,实

---

① 《日本人民解放联盟太行支部日军暴行座谈会记录》,《新华日报》(太行版)1944 年 8 月 15 日。

② 《五寨之敌肆行"无人区"政策》,《解放日报》1942 年 12 月 26 日。

行"组合制度",限制购买物品数量;另外,又在大青山地区修筑了几十条作战公路,大小据点增加到 100 多个,碉堡林立,工事遍地。①

在山东省,为了摧毁中国共产党领导下的抗日根据地,日军实施残酷的"三光"政策,在鲁中、鲁南、鲁西等地区制造了大片大片的"无人区"。

在鲁中,泰安东南的徂徕山区是有名的抗日根据地,由于该地区山高路险、地形复杂,给日军的"讨伐"造成了极大的困难。1942 年 7 月 1 日开始,日军以数倍优势的兵力,向徂徕山区抗日根据地大举"扫荡"。据战犯广濑三郎(时任日军第 59 师团高级参谋、少佐,后升任中佐)供认,1942 年 8 月至 10 月,根据第 59 师团长的命令,他与一个名叫折田的参谋一起指挥下属步兵第 45 大队的一个半中队和步兵第 111 大队的一个中队,加上伪警察队,进行了一次"徂徕山封锁作战"。他们制订了一个"徂徕山封锁作战计划",其内容是:日军与伪道及县政府紧密配合,把徂徕山区封锁起来,切断它与外界的联系,断绝山区的粮食来源,把抗日军困死、饿死。为此,日军在山区周围制造了宽 10 余公里的"无人地带",把住在那里的和平居民赶走,还强迫他们修筑很深的封锁沟,建造许多炮楼,禁止中国人进入或通过这个"无人地带"。② 当时的抗日报刊也对此给予了揭露报道:

> 徂徕山是津浦路东的一个山区,是泰山区西南部的屏面,也是我山东八路军山东总〔纵〕队最初举义的策源地。4 年来在打击敌寇,捍卫山东抗日阵地上,起了伟大的作用。敌人为了摆脱这一严重的威胁于 7 月 1 日开始以数倍于我的优势的兵力,向我徂徕山区大举蚕食。在纵横不过数十里的山区,展开了血与火的剧烈战斗,至目前徂徕山的形势仍在严重发展中。现特将敌寇在此次蚕食中所用的种种阴谋,报导于后。

---

① 《大青山抗日斗争史》编写组:《大青山抗日斗争史》,内蒙古人民出版社 1985 年版,第 241—243、253—254、261 页。

② 袁秋白、杨瑰珍编译:《罪恶的自供状——新中国对日本战犯的历史审判》,解放军出版社 2001 年版,第 140 页。

敌人此次蚕食徂徕山，不仅使用了优势的兵力，行动迅速秘密，而且更下决心，要驱逐我们出境。当他一占领山区周围全部村庄后，即严密布置岗哨（相隔半里或 1 里），并埋伏优势的兵力，准备更毒辣的一着。同时环山筑公路，挖封锁沟，修碉堡，修据点，□□长期围困。

这次公路封锁沟和以前不同。山区外围 160 余里都修封锁沟，沟外修公路，不能修公路的则修又高又厚的封锁墙。封锁沟内划为"无人区"，强迫民众搬家，不服从者则枪毙。这些碉堡也和以前不同，环山据点有 25 处，处处有碉堡，有椭圆的，有五瓣梅花形的（不再修方的），重要隘口更修岗屋，碉堡与岗屋之间有地道相通，还有防手榴弹的地洞和便于移动的步枪枪洞。这些据点更和以前不同，组织有敌伪混合据点，以便监视伪军，加强统制，同时更使伪军经常调动，不使他们与居民发生较好的关系。而尤其重要的，这些敌伪也和以前不同，其中有特务分子（政工人员、警备人员等），还有新民会分子等等，是由军事政治混合组成的，以便对我作全面的进攻。①

临朐、沂水、沂源、博山等县交界一带地处沂鲁山区，北面紧靠胶济铁路，南面连接鲁中抗日根据地，是鲁中、渤海两根据地的交通要道，抗日的前沿阵地。1941 年以后，日军为了切断抗日武装的交通线，分割、蚕食抗日根据地，集中兵力对这一地区实施大规模的"扫荡"，制造"无人区"。1944 年 11 月 19 日的《解放日报》曾载文予以报道和揭露：

在敌人汉奸残酷的"三光政策"下，在山东制造了广大的"无人区"，如鲁中的临朐县是全山东有名的"无人区"。仅仅 3 年的工夫，就把临朐南部百数十个村庄送进了历史少有的饥饿死亡的

---

① 《敌蚕食徂徕山的新花样》，1942 年 10 月 15 日，谢忠厚等编《日本侵略华北罪行档案·无人区》，河北人民出版社 2005 年版，第 204 页。

大灾荒里，周围数□平方公里几乎完全断绝了烟火。据统计，九山、米山两区 130 个村庄三年前原有居民 37357 人，至去年春天死亡和逃亡的已达 28876，剩下的在家的只有老弱残疾和倚势凌人的保甲长之流，总共不过 8485 人。如许家峪 350 口人，逃得只剩 9 口人，其中一个瞎子，一个跛子和几个走不动的妇孺。

土地更是普遍荒芜了，米山区 29700 亩官宴地，到去年春天就荒了 24777 亩，剩下的 4000 多亩虽然勉强种上了，但接着人民大批逃了荒，没有锄，不打粮食，也等于荒了一样。

人民大量的逃荒死亡和土地大量的荒芜，满山遍野，大街小巷都长了荒蒿，村子里白天也不见一个人，少数在家的也躺在床上，饿病得不能动弹。屋顶上长期不见冒烟，村子已经完完全全的空了，连一只猫一只狗都没有。夜晚什么声音也没有，只听见狼的嚎叫，它跑到村里贪馋吃着死人的尸体，吃完了不够就偷捕活小孩吃。仅麻坞庄，三年以来，那一年都有被狼吃掉两个至三个小孩，村庄成了豺狼最好的窠穴……①

同时，留存下来的日伪档案也证明了这一点，1941 年 12 月 25 日的《伪山东省“治安强化”运动本部报告书》说：

为发挥中日军官民建设东亚新秩序一致之综合力，防止利敌物资向匪地区流入，以谋敌方抗战力量无形挫折，而达到急速恢复治安为目的。现在山东省实行经济封锁，划定鲁南为匪地区，计有莒县、沂水、日照、诸城、安邱、昌乐、益都、莱芜、新泰、蒙阴、临沂、费县、博山、临朐等 14 县。此 14 县之中仅莒县、沂水、日照三县为完全被封锁之匪地区，其余 11 县均系一部分因有敌匪驻在该地而被划为封锁区。②

---

① 《山东的“无人区”》，《解放日报》1944 年 11 月 19 日。
② 《伪山东省“治安强化”运动本部报告书》，南京档案馆二〇〇五②241。

2014 年 12 月，山东省档案局开展"国家公祭日山东十七市联动"活动，从 12 月 13 日起连续 17 天公布日军侵华惨案档案。12 月 19 日公布的"临朐无人区"档案显示，1940 年至 1943 年期间，由于日伪军烧杀掳掠，加上严重的旱灾和瘟疫，导致临朐县人民丧失了基本的生存条件，大量群众因饥饿、疾病死亡或逃亡，全县人口急剧减少，据不完全统计，全县被杀害和冻饿而死者达 10 万多人，典妻卖子者 1.4 万多人，外出逃荒要饭者达 16.8 万人，县内仅存 8 万人，成了骇人听闻的"无人区"。

第二节　日军在华北制造"无人区"的主要办法

通常人们一提及侵华日军制造"无人区"，就会联想到"集家并村"，以为制造"无人区"就是"集家并村"。其实，"集家并村"只是日军在局部地区实行的制造"无人区"的一种办法。"武力驱离"也是侵华日军在制造"无人区"时经常使用的一种办法。

一　集家并村

这一办法主要是在长城外侧实行，是日本关东军在长城外侧制造"无人区"的主要手段和中心环节。他们试图通过这种办法"把支援敌人的民众从敌方夺过来，而归顺于我方"[1]。

> 如欲在剿匪对策上取得效果的范围内设定无住地带，像在国境地区的山岳地带，范围广阔，处理居民困难，已成为匪团温床，估计将来政治渗透困难，在生产上也没有指望。这种特定地区指定为无住地带，居民须作为劳工或农业移民处理。[2]

---

① 承德日本宪兵队本部编：《灭共对策资料》，1942 年 10 月，转引自陈平《千里"无人区"》，中共党史出版社 1992 年版，第 67 页。
② 中央档案馆等编：《日本帝国主义侵华档案资料选编·东北大讨伐》，中华书局 1991 年版，第 607 页。

而实际上,日伪还将"无人区"内的村落具体分为三类,第一类是"无住禁作地带",这些地带多是靠近深山地区、日军"军事威力圈"以外难以控制的区域,不许居住、通行,不许耕作、放牧,违者格杀勿论;第二类为"无住地带",这些地带多为半山区,这一地区可以种地、放牧,但不许人居住;第三类为"集团部落",日伪把"无住禁作地带""无住地带"的房屋全部拆毁,将人畜全部圈进"集团部落"。具体而言,其办法是:第一阶段,先把三家五家太分散的零碎户集中到村庄里。这是"命令",不去就是烧、杀、抢!第二阶段,是把所有的小村子都集中在离长城 40 里以外的山沟口较大村里,名之曰"部落"。①

下面,我们从伪满热河省公署制定的《康德十年度特别工作实施要领》以及据此拟定的《防卫集团部落建设指针》中,可以看出伪满方面在实施"集家并村",制造"无人区"时的一般指导方针和实施方法。

关于实施"集家并村",建设"集团部落":

1. 集家工作直接以警防需要为基点,事先使民众明了何以要建立自兴部落和更生部落,促进合作。

2. 统一工作人员意识与态度,划定分担地区。

3. 要求青年行动队积极协助。

4. 部落建设位置,由县、旗长和防卫联络会议审定。确定位置时,考虑警备机关、警备道路状况、部落间的联防关系等,尽量以原有部落为基点,并考虑与耕地的距离(因情况而异,大致为 6 公里左右)。

5. 决定集家户数,原则上以耕地距离等为依据,但不得少于百户(从警防机能、政治、经济、文化施策等考虑)。

---

① 《所谓"无人区"和"人圈"》,摘自《日寇侵华暴行录》,联合书店 1951 年版,转引自谢忠厚等编《日本侵略华北罪行档案·无人区》,河北人民出版社 2005 年版,第 33—34 页。

6. 同时进行是集家最理想的做法。

7. 修建防墙和房屋的顺序，根据以往的实践，可先修建住房，搬家后再构筑防墙。

8. 在修建地区内，调整村甲区划，以一部落为一甲（暂定）。

9. 集团部落内自卫团的组织、训练不流于形式，训练自卫直接需要的科目，并供与洋炮。

10. 厉行连坐制，集中民生工作。

关于设定"无住地带"的方针：

1. 原则上以军事对策重点指向地区，即都山地区（青）、五子山地区（青）、五龙山地区（承、兴）、五指山地区（承、兴）、光头山地区（承、喀中、喀右）及现地认为需要的地区，作为无住地带。

2. 关于随着设定无人地带而来的迁居住户的处理，除设法使其与当地亲朋同居外，斡旋使之成为劳工或国内移民。

3. 山区僻地的散在房屋，此次肃正之初即强行使之迁移。

4. 无住地带（无人、禁耕）的设立，经防卫委员会审议，省长指定。

5. 无住地带应设定在国境和我方威力圈之外，并可能成为匪团根据地的地区。

6. 指定无住地带。在以上指定地区，如不持有特定的进入许可证（如烧炭等），禁止进入和耕作，违者从重以匪论处。

7. 国境防卫线（环形线）前面地区，除通过国境关门外，都作为无住地带。①

通过"集家并村"制造"无人区"的办法也为华北日军所搬用。

———————————
① 中央档案馆等编：《日本帝国主义侵华档案资料选编·东北大讨伐》，中华书局1991年版，第606—608页。

如在晋东北，1941 年秋日军将五台县三区划分成三个区：北黑山屯至兰家庄这一带的老乡被集中于沙崖、兰家庄山下；东峪里、里外河府一带的老乡被集中于东峪口；陡寺以上至南坡一带的老乡则被集中于王城。① 而在整个五台县，日军将"无人区"148 个大小村庄的居民全部迁往"治安区"的东峪口、高洪口、河北、松岩口、横岭、门限石、狐峪口、石咀等 30 多个村子里。造成"无人区"以后，敌人在"无人区"边缘增设据点，挖沟修路，封锁交通；还建立伪政权、自卫团、特务组织，发展密谍、汉奸，控制群众自由行动；群众则每人发给一张"良民证"，没有"良民证"的就是"通匪"；更毒辣的是在各"治安村"建立联保制，凡有一户人回村，就得有 10 户受株连。② 至 1942 年华北日军开始大规模在长城内侧制造"无人区"时，在对待一些根据地的群众时，也采取搞集家点的办法。如迁西县大韦庄附近 19 个村 2000 多户 1 万多口人，被强迫搬到一条空旷的大山沟里，家家户户搭的茅草窝棚，挨挨挤挤连成了一条五里长街。③

二　武力驱离

即通过"三光作战"，将划定为"无人区"的原住百姓驱赶到其所谓的治安区，之后由群众自行选择去向，并不强制进行集中管理。如在晋东北的盂县境内，1941 年 9 月日军第四旅团片山旅团长发出设置"无人区"布告，在划定"无人住地带"范围及"烬灭实行时期"的同时，还宣布了所谓"住民保护办法"，强令"凡布告指定各村村民，据依照左记各项迅速完全到指定地外居住"：

1. 亲戚或本族家内暂住；
2. 赶快到治安确立区域附近村庄（□□）搬住；
3. 阳泉、寿阳设有各种工厂，如愿做工者到所管辖公署及区公所报告为荷，凡做工的人，准将本家族带了同去。

---

① 《敌寇"治安强化"下的五台三区》，《晋察冀日报》1941 年 10 月 22 日。
② 《五台县"无人区"三年的史实》，《五台文史资料》第 2 辑，1986 年印行。
③ 参见陈平《千里"无人区"》，中共党史出版社 1992 年版，第 55—56 页。

　　为此，日伪一方面对原住民展开欺骗性宣传，说什么“对于指定村庄搬出者之生活，由其所管辖之县公署共同制定办法予以现在及将来的保护”；另一方面，又严酷规定“对于逾过规定期间，在指定各村内，如有不搬者，按通匪论，严重处罚”。①

　　伪蒙疆方面在制造“无人区”时也采取了同样的办法。以下是1942年伪宣化省关于设立“无人区”的布告：

　　　　查近来平北地区之一部，竟有跳梁之共党不时出没，其所到之处，专行不法，杈害无辜，残伤民命，到处掠夺，破坏道路，紊乱治安，扰害秩序，是为吾人所周知。兹为挽救垣域内居住之良民脱离匪患，计拟左②计要项，于匪跋扈地区指定“无住地带”，而令彼等良民移住无匪地域，而使敌匪欲穿无衣，欲食无粮，欲住无屋，杜绝其活动力之根源，使其穷困达于极点，俾陷于自行歼灭之境；此外更施以彻底剿除，残败敌匪，定可早日肃清。故望吾忠实邦民善体此旨，协力官方完遂斯业，勿稍违背。

　　布告同时指定了“无住地带”地域及实施日期，“自成纪738年（1943）9月1日起实施，至同年10月31日止”。居民搬运办法规定：

　　　　1. 无住地带指定地区之住民务须于成纪738年10月31日前由该地区内向该地区外退出之。
　　　　2. 退出事务：须将自己或所管一切家屋财产等一切物品搬出至移住地带内为要。往移住地区尽数搬出之。

　　同时，规定：“倘有违反所规定之无住地带内应禁限制事项时，则视以敌匪或通敌者，须严重处分之”，“以军律处之”。③

---

　　① 《日伪布告——日军第四混成旅团片山旅团长关于设立“无人住地带”的布告》，1941年9月。
　　② 原文系竖排，故称“左”。
　　③ 《伪宣化省关于设立“无人区”的布告》，中共河北省委党史研究室编《长城线上无人区》，河北人民出版社1993年版，第323—324页。

在长城内侧，1942 年 9 月华北日军制造"无人区"时，也做出规定："沿长城线 4 公里的遵化、迁安两县地区的居民，一律撵走，严禁在此地区耕作或通行。"① 铃木启久曾有如下供述：

> （指示属下两个联队长）遵化、迁安两县接近长城，我们决定从长城线起将 4 公里以内的居民统统赶走。你们快点回去通知县顾问，把这个决定贯彻下去。
>
> 我说完了这番话，就直接传达了步兵师团的命令。这道命令就是命部属从 9 月某日开始，在 20 天内将这一带居民赶出去。在限期内所有中国居民的房屋一律焚毁。20 天之后，不论任何理由，绝对不准中国居民在无人地带进出和耕作。凡在禁区内通过的一律须持有军部发的特别许可证，如果有人反抗，定予严惩不贷。
>
> 听我下达命令之后，两个联队长急忙回去了。我立刻将县的日本顾问叫来，把命令递交给他，并且要他将步兵团的命令向伪政权仔细传达，并强调"这一命令将严格执行"。②

又如在冀西的平山、灵寿、曲阳等地，日军在挖成封锁沟后，规定沟外 5 至 10 里之内为"无人区"，大肆焚烧屠杀，逼迫群众离开。此外，晋中、晋西北、山东等地的"无人区"也大都属于此类。"无人区"的群众除少数继续坚持斗争，大都被迫忍饿挨冻，流落他乡。

第三节　侵华日军在华北制造"无人区"的特点

与东北"无人区"相比，侵华日军在制造华北"无人区"时表现

---

① 铃木启久：《我在冀东任职期间的军事行动》，《河北文史资料选辑》第 12 辑，河北人民出版社 1983 年版。
② 中共河北省委党史研究室编：《长城线上无人区》，河北人民出版社 1993 年版，第 362 页。

出计划周全，组织严密，规模更大，范围更广，手段更残暴等特点。

一　计划周全

侵华日军在华北制造"无人区"过程中，因为有东北的"成功经验"可资借鉴，所以从一开始就处心积虑，精心策划，制订了全面、周密的行动计划和实施方案，按部就班、有步骤地进行。这在日本关东军策划制造长城线上"无人区"时表现得尤为明显。

1940—1941 年间，在中共冀热察区党委和八路军挺进军的领导、指挥下，伪满境内的热西、热南地区的抗日烽火成燎原之势，愈燃愈旺。日本关东军惊慌失措，抓紧实施"治本措施"，制订相应的计划、方案。1941 年 5 月 17 日，日本关东军宪兵司令部发出第 264 号作战命令，部署实施"西南地区特别肃正"作战：

> 为了呼应北支那军的冀东肃正作战，令西南部防卫司令官统一指挥属下及配属部队和满洲国军警，扫灭热河及冀察国境附近蠢动的共产匪，以立恒久的治安，特别顺利完成治本、思想及其他各项工作。

其"要领"更明确将丰宁西南部、滦平县西部、兴隆县及青龙县西南部作为重点地区，要求伪满热河省公署"负责建立集团部落，建立警备道路，警备通讯及部落防卫设施"[1]。

同年 9 月 15 日，日本关东军防卫司令部发出第 28 号作战命令，实施"时局应急西南特别肃正"，其"要领"指明"日军根据当时局势，决定加强军队对西南特别肃正的支援，并加强治本及思想工作"，"地区为热河省，重点为丰宁、滦平、承德、兴隆、青龙五县"，并再度强调"治本工作之重点为修筑道路，通讯设备，实行生活品配给制，进行集家工作"。[2] 日军西南防卫司令部随之也出台了《时局应急西南特

---

① 中共河北省委党史研究室编：《长城线上无人区》，河北人民出版社 1993 年版，第 310—311 页。

② 同上书，第 311—312 页。

别肃正计划》："地区部队务以新配属的兵力应急加强西南特别肃正工作，在军强有力的支援下，积极推进治本、思想及其他各项工作。"①紧接着，热河日本宪兵本部拟定出了《灭共对策资料——国境地带无人区化》方案，提出在所谓"大满洲国西南国境线"上大规模地制造"无人区"。10 月，在关东军西南防卫司令官大村的主持下，制订了《西南地区肃正工作实施纲要》，要求从山海关到古北口的长城线 900 公里范围内，将从长城一线起 32 公里地区定为无住禁耕地区，拆毁和烧毁民房，将村民迁走。为容纳上述地区居民，在安全地区建设"部落"。

1941 年 12 月，关东军按照三年计划拟定了《西南地区肃正工作实施方案（1942—1944）》。而在每一年度，又制订有更加具体的实施计划和要领。如 1943 年就拟定了《十年度热河省特别工作实施要领》，提出在长城一线按"步兵一日行程"地区定为无住禁耕地区，拆毁和烧毁民房，将村民迁走。为容纳上述地区居民，在安全地区建设"部落"。

其中心内容是：适应军事作战，将国境五县和与之相接的治安不良地区为重点，增强警备力，强化警备实施，彻底实行匪民分离，实行包括其他地区的政经对策。

警防对策的着眼点，首先是确立以政治经济重点地区为据点的威力圈，并注意对集家工作的掩护。

在所谓治标工作方面，则是随着日、满军的增强，增派警察警备队，设立巡防队等；还计划进行强制的大规模集家，设立修补警备道路、通讯设施、设定无住地带等所谓狭义治本工作。

狭义治本工作包括整顿加强警察体制，充实特搜机构，以及发放居民证，收缴隐匿武器，实施检查，调查户口等一系列匪民分离

---

① 中央档案馆等编：《日本帝国主义侵华档案资料选编·东北大讨伐》，中华书局 1991 年版，第 599 页。

工作。……而以建设集团部落和设立无住地带最为重要。①

据此，日伪热河省公署又拟定了《防卫集团部落建设指针》，"按2127 个部落，161796 户，经费 6147380 元"的计划，进一步对实施"集家并村"，建设"集团部落"，设定"无住地带"等环节做了明确、具体的规划和部署。②

至此，以上所谓工作计划、实施要领、实施方案等，明确了伪满方面在长城线上制造"无人区"的区域、次序、模式、手段等，形成了一个全面、周密的"匪民分离"计划。

伪满在推行"无人区化"政策的计划周全还反映在，日伪对即将制造为"无人区"的地区的地理、地形特点，政治、经济状况，以及在制造"无人区"的过程遇到的问题进行了大量的调查研究工作。这从伪满军事思想战研究部编写的《西南地区治安问题之考察》可窥见一斑：

> 去年（指1943年）底的调查报告书是就集团部落之一般意义而言的。集团部落在治安工作上的职能，可分为警防和政治经济两方面。在警防方面，有杜绝匪工作员潜入、切断匪之粮道、使匪团失去宿营地、断绝匪之情报来源等匪民分离的职能，和依靠自卫团及其它防卫设施，进行自卫的职能。在政治经济方面，又可分为有利与不利两个方面。前者是，可作为实施行政、经济各项政策的桥梁，进行启蒙、教育、训练的据点；后者则是，使住地与耕地相距太远，以致耕地面积缩小，赋役加重，需用建设资金及资材增多，因此群众受到经济上的打击很大，更加贫困化，等等。在平原地区人口稀少的地方，不利因素小，而在山岳地带人口稠密的地方，不利因素大。当然，即使在山岳地带，因各地情况不同，其矛盾大小也有差异。在治安工作上，虽然针对匪民分离、自卫职能及政治经

---

① 中央档案馆等编：《日本帝国主义侵华档案资料选编·东北大讨伐》，中华书局 1991 年版，第 604—606 页。

② 同上书，第 606—607 页。

济上的有利职能进行了建设，但不利方面的因素愈增加，则整个的职能愈被削弱。集团部落的匪民分离职能，在我方治安圈内能获得好的效果但在治安圈外却无希望。自卫职能也是如此，在我方警备威力圈内确起到有效作用，在威力圈外则与此相反。至于政治经济上的有利因素，在我方治安圈内，各机关力量能经常产生效果，在治安圈外却不能。总之，归屯并户、集团部落在我方警备威力圈内沿着治安圈扩大，推广建设时，最能发挥其效力。

西南地区的集团部落，因该地区在治安上的特殊性，比历来国内各地的集团部落建设都困难。在间岛、东边道、三江等地，集团部落建设完成时，敌匪已大致被肃清，而西南地区的归屯并户，虽然敌匪主要活动地区的集团部落建设已接近完成，但是肃清敌匪仍有待于日后。在过去胜利完成并户工作的地区中，三江平原地区人口较为稀少，故归屯并户，建立集团部落，对于民生问题的恶劣影响比较小；而间岛及东边道等地区，类似西南地区的山岳地带，人口稠密，虽对民众生活上影响很大，但也强行建设了。并且这三个地区，都是在其部落内部的建设工作完善程度似乎达到而实际并未达到的情况下，发挥了强有力的分离匪民的职能的，对肃清敌匪贡献极大（间岛地区另有特殊的政治原因）。这些地区的匪贼均系国内的匪贼，他们只能依靠该地区才得以生存，如建立集团部落，发挥分离匪民的职能，势必造成群众不得不依赖于我方的环境，而使敌匪逐渐与群众分离，孤立地在部落内进行工作，失去政治上的支援，这就易于将目标暴露在我方的武力讨伐之下。我方的武力比敌匪大数倍，在武力对武力的斗争中，我方经常给敌匪以大打击。然而，西南地区之匪，在华北有根据地，是在与国外匪区保持密切联系的同时，在国内（满洲）进行活动的。而敌匪在华北、冀热、平北地区的军事力量相当强大，因此即使建设集团部落，将群众置于我方的控制下，或者敌匪为避免我方武力肃清而也可能逃到国外，但他们在必要时，仍可集中武力袭击我方弱点，或以强大武力为掩护在部落内进行工作。如上所述，西南地区敌匪，并非对群众有特别的政治吸引力，而是在进行工作时，有足以对抗我方之武力为掩护，因此虽通过归屯并户把群众与敌匪隔离了，但群众仍不得不追随敌匪。也就是敌匪在国外有根据地，便于把武力与政治威力结合起来，对抗我方的控制，因而加重了西南地区归屯并户、建立集团部落的困难性。

（中略）

西南地区的地理及社会的各种条件，一般地说，同归屯并户、建立集团部落所产生的各种民生问题关系很大。将依赖狭小平地的居民集中于较大部落的结果，肯定会使居地远离耕地，对一草一木都在生活上起作用的贫困居民，生活上必然要产生各种矛盾。如因划定广大的无人地带，使农耕地缩小，这虽是暂时的，但本年度规定实行的禁种地区，对群众的影响很大（例如青龙县今年比去年减少的耕地面积，据民众申报之数，约为百分之五十，县当局调查的数目是百分之三十。再者，无人地带也有若干群众潜居，完全在匪方保护之下，这种情况，一方面是由于匪方的招民，另一方面最大的原因，不外是如被赶到平地无法生活）。另外，对在极端薄弱经济基础上生活的居民来说，因搬迁和房屋修建、构筑防卫设施等所需的人力物力，确有不堪负担之苦。且近几年来由于该地区治安不良，成为彼我双方争夺对象的居民，牺牲很大，再将建设集团部落的负担加在他们肩上，致使民力枯竭更为严重。像这些恶劣条件，给以后投下了阴影，不能不给敌匪以可乘之隙。虽然如此，西南地区，特别是在国境地带，必须强行克服这些恶劣条件，坚决结成大范围的集团部落，并且把这种形式半永久性地坚持下去。这是上述西南地区治安特殊性所要求的。在国外有着巩固匪区的西南地区，即便匪影在国内已经绝迹，仍与国外匪区处于对峙局面，故在国外匪区未被肃清以前，必须加强国境防卫措施。为了维持国境防卫体制，必须经常将群众置于有保证的军事控制之下，这与满洲国东部国境方面，冲破各种矛盾，强制实行归屯并户是一脉相承的。①

---

① 伪满军事思想战研究部编：《西南地区治安问题之考察》，1944年4月，中央档案馆 119-1-389。

二 组织严密

在制订周全计划的同时，日伪还加强了组织机构的建立和健全，自上而下形成了一整套“无人区化”政策的组织指挥系统和军事镇压体系。机构设置方面，既有决策审议机构，也有执行实施机关。主要包括伪满西南防卫司令部，西南防卫委员会，伪热河省各级军事、行政、司法机关，以及伪“民间组织”协和会等。人员配置方面，日伪从各地抽调精兵强将，组成强大的军事镇压力量。其中既有日军，也有伪军；既有正规军，也有宪兵、警察、铁路警护队等。特别是日伪还专门将那些在“集家并村”，制造“无人区”方面“经验丰富”的“专家”和擅长情报搜集、调查研究的“精英”们调往伪热河省任职。

（一）组织指挥系统

1. 伪满西南防卫司令部

这是日本关东军在伪满西南地区最高军事、行政指挥机关，也是最高决策机关。自 1936 年春开始，关东军为彻底围剿东北的各抗日武装，将伪满境划分为 6 个防卫地区，在各野战军司令官的指挥下，由各独立守备队司令官担任地区治安防卫司令官，指挥日伪军围剿抗日武装。西南地区在该防卫体制中属于第 1 独立守备队管辖的南部防卫地区。1939 年 8 月，关东军调整所谓“防卫体制”，将伪满全境划分为“作战地区”和“防卫管区”。“作战地区”主要指北满和东满与苏联国境邻近的地区。“防卫管区”则包括伪满全境。伪满西南防卫地区遂改属第 9 独立守备队管辖。伪满西南防卫司令部设在伪热河省省会承德避暑山庄内。据曾任关东军防卫军参谋、参与热河作战的日本战犯高桥茂供述，“关东防卫军司令官根据关东军的命令，在自己的管区配置以下的独立守备队……第九独立守备队为热河省、兴安西省”，“第九独立守备队司令官为西南防卫司令官”[①]。1941 年以后，当日伪在长城线上开始大规模制造“无人区”时，还在古北口设立了“西南防卫司令部分部”，用以加强指挥。

---

① 中央档案馆等编：《日本帝国主义侵华档案资料选编·东北大讨伐》，中华书局 1991 年版，第 631 页。

2. 西南防卫委员会

西南防卫委员会成立于 1939 年 9 月，开始设在锦州，随后不久又移到承德，至 1945 年 8 月日军战败一直存在。它完全就是为了镇压热河地区的抗日斗争而设立，它"并不是宪警组织，而是军、警、宪、司法、检察等联合组织"，是热河地区有关"治安肃正"重要事项的审议机关。曾任日本宪兵准尉的高木贞次等战犯供认：

> 西南地区治安肃正方针是，将关东防卫军及伪满军、行政、警察等的主力集中于热河省内，以讨伐、制造无人区、集家、镇压人民、经济封锁等手段，切断八路军的供应线，摧毁据点和领导机关。为此，在西南地区统一了各种镇压机关，设立了阴谋策划和实施治安肃正的伪西南防卫委员会。
>
> 西南防卫委员会是为实施三光政策获得成果而成立的，统辖伪满西南地区的各镇压机关。
>
> 西南防卫委员会，受西南防卫司令官监督，是热河地区有关治安肃正重要事项的审议机关。①

也就是说，西南防卫委员会是日伪当局在"西南国境地区"实施军事镇压活动的策划者，统辖与监督各镇压机构的运作，审议通过各种镇压计划等。其任务主要有：

> 1. 适应西南地区军的防卫计划，制定警护计划，调整治安肃正工作中需要统制之事项；2. 关于配合西南地区军的防卫，进行警护训练或检阅，联系和调整有关事项；3. 宣布西南地区防卫令和临时实施的防卫布告，根据布告调整必要的警护事项；4. 其它有关防卫法的运用、联络及调整所需事项；5. 关于军事警察情报和治安情报搜集、联络事项；6. 有关防谍（包括共产党、思想对

---

① 中央档案馆等编：《日本帝国主义侵华档案资料选编·东北大讨伐》，中华书局 1991 年版，第 616 页。

策）情报和资料研究的联络事项；7. 关于警卫、警戒，日满机关（警务机关）共同服务所必需的警察事务的联系、调整事项。①

基于以上任务，西南防卫委员会负责审议"关于治安维持或紧急状态下统制调整之重要事项"，决定各种事项的原则。包括：

1. 三光政策的重点地区，实施方针、要领、以后的对策；
2. 无人区的划定、实施要领、规定禁止通行标志；
3. 拟定集团部落实施要领、移民计划、建立武装防卫部落；
4. 河北省境长城沿线的经济封锁；
5. 宣传、报道计划；
6. 规定禁止耕作区域；
7. 兵营修建计划；
8. 修筑警备道路、电话的计划；
9. 强制征用劳动力计划；
10. 物资统制，粮秣、家畜的强制征用；
11. 掠夺民间武器计划；
12. 鸦片耕作区的种植计划；
13. 不在地主的土地处理计划。②

可见，西南防卫委员会审议的具体事项，涉及政治、经济、军事等各个方面的内容，但其重心是围绕镇压抗日斗争，实施所谓"治本"措施，其中"集家并村"、设定"无人区"又是其重点内容。

西南防卫委员会委员长由西南地区防卫司令官兼任，其下分委员会和干事会。委员会委员由各镇压机构的日伪人员组成。委员会每三个月召开一次全体会议。干事会议每月召开一次。遇到紧急重要问题时，得

---

① 《高桢次等二十人笔述》，1954 年 12 月 27 日，中央档案馆等编《日本帝国主义侵华档案资料选编·东北大讨伐》，中华书局 1991 年版，第 616 页。

② 中央档案馆等编：《日本帝国主义侵华档案资料选编·东北大讨伐》，中华书局 1991 年版，第 616—617 页。

召开临时会议。

西南防卫委员会的议案由各委员提出，或由西南防卫委员长根据日伪中央防卫委员长的命令提出。议案经过会议讨论决定后，再由西南防卫司令官以命令形式下达给各镇压机构执行。

> 西南防卫司令官根据其决议，分配委员所属各个镇压机关适合其性质的任务。各镇压机关拟出具体计划，命令属下各机关实行，并进行监督。然后，防卫委员会再总结研究其结果，拟定处理对策。①

1941—1944年间，西南防卫委员会主要会议情况如下：②

时 间	内 容
1941年秋季	"秋季肃正工作"及重点集家
1942年4月	加紧实施集家工作，日寇军队及伪满军队加紧实施讨伐部署
1942年10月	制造"无人区"，实行"集家并村"
1943年8月	本年度九月及十月拟进行大镇压
1944年1月	1. 重点肃正地区；2. 防止八里罕地区八路军进入的对策；3. 确保热河、河北省境5县（丰宁、滦平、承德、兴隆、青龙等）的无人地带及集团部落
1944年9月	保护"无人区""集团部落"的对策

可见，施行"集家并村"，制造"无人区"，是西南防卫委员会成立后的中心工作，该委员会是长城线上"千里无人区"的"设计者"。

如1942年10月，在热河省承德防卫司令部，召开的西南防卫委员会会议，会议出席人员、主持者及决议事项如下：

> 出席者：除全体委员、干事外，列席者共约六十余名，包括长岛玉次郎（古北口宪兵分队长）。

---

① 中央档案馆等编：《日本帝国主义侵华档案资料选编·东北大讨伐》，中华书局1991年版，第617页。

② 同上书，第618、644—645、671—673页。

主持者：西南防卫委员长，西南防卫司令官、陆军少将安藤忠一郎。

决议事项：

1. 制造无人区，实行集家并村。重点地区：青龙县都山、五指山，兴隆县五龙山，喀喇沁中旗，长城沿线宽六公里至八公里，青龙县中心山、梁花山、瀑河口，承德县鞍匠、小白旗、两家，滦平县长山峪至四海峪交通线。

2. 重要施策：以分离军民、摧毁根据地为目的，制造无人区和集家并村。

议事内容：由伪热河省次长报告了滦平、丰宁各县的完成情况；日、伪满军讨伐队长报告了随着集家、制造无人区所进行的讨伐情况；宪兵队长、警务科长、铁路警护队长报告了镇压人民的情况。

对审议各项目的执行原则和方法：日军、伪满军、警察队，讨伐镇压地区内的八路军、游击队等武装势力。宪兵、伪警察、铁路警护队、特别治安庭等镇压机关，对中共党政机关、组织和群众进行镇压。伪行政机关、协和会，要伴随讨伐、镇压，进行欺骗宣传，强制集家移民。

西南防卫司令官根据会议决议，命令热河地区内日、伪军、行政、警察、宪兵、铁路警护队、特别治安庭等镇压机关执行。①

又如 1944 年 9 月，西南防卫委员会在承德召开的西南防卫委员会会议，会议议程及内容如下：

出席者：除委员干事外，约六十名列席者。

主持者：西南防卫委员长，西南防卫司令官、陆军少将安藤忠一郎。

---

① 中央档案馆等编：《日本帝国主义侵华档案资料选编·东北大讨伐》，中华书局 1991 年版，第 618—619 页。

决议事项：保护无人区、集团部落对策。

议事内容：

1. 由伪热河省次长岸谷隆一郎报告完成热河地区集家计划问题；

2. 由各日伪满军讨伐队长报告讨伐情况；

3. 由宪兵队长大佐板元气正，报告搜索八里罕地区的情况；

4. 由其它各机关负责人报告执行任务的成果。

对审议各项目的执行原则及方法：

1. 讨伐队加强讨伐行动，为了搜捕处置无人地带内的居民，不让八路军接近集团部落。

2. 各县长、旗长、副旗长、参事官采取彻底措施，严禁居民出入无人地带。鉴于因设立无人区和集家而他迁人多数回归的情况，处理归还的移民。宪兵、警察严密警戒八路军工作人员进入集团部落。

基于上述西南防卫委员会的决议，西南防卫司令官命令西南地区的军、行政、警察、宪兵、铁路警护队、协和会、热河特别治安庭检察官，分别分担的任务实施。①

3. 伪热河省军、政、民机构

为了指导和推行长城沿线制造"无人区"工作，1941 年，在日本关东军授意下，伪满洲国对热河省政权机构实行"大换血"，将之前在东边道进攻东北抗日联军大搞"集家并村"的军政骨干调到了热河。先是伪满洲国治安部地方处处长岸谷隆一郎出任伪热河省次长。岸谷是率先提出"治安肃正""集家并屯"方案并在东边道推行"集家并村"的罪魁之一，也是围剿和屠杀东北抗日联军杨靖宇将军的元凶之一。此人到任伊始，就立即纠集、调来了"原来在通化省参加讨伐的旧部下"：原通化省省长、汉奸姜全我调任伪热河省长；原通化省伪警务厅

---

① 中央档案馆等编：《日本帝国主义侵华档案资料选编·东北大讨伐》，中华书局 1991 年版，第 673 页。

长皆川富之丞调任伪热河省警务厅长；原通化省伪协和会副会长仓胜人调任伪热河省协和会副本部长兼事务长；原通化省伪第八军管区司令官吴元敏调任热河省第五军管区司令官。与此同时，对各级伪军、政、民下属机构也进行调整、充实，特别是对实行"无人区化"政策的重点地区如滦平、兴隆、承德、青龙等县的伪县长、警察署长、协和会长等要职，也大都换成由东边道等地调来的骨干人员。

1942 年 7 月，关东防卫军司令部又炮制了《西南地区国境防卫组织指导要纲》，进一步强调提出所谓"国境防卫组织一体化"：

> 鉴于当前侵袭西南国境之敌的特殊性，应积极活跃地发扬日、满共同防卫精神和建国意识，集中官民力量，使人的组织同国境防卫方面的特殊物质设施一体化，确立近代化的国境防卫组织，在热河省南部国境地区建立长期持久的确保治安的基础。

> 国境防卫组织，均以国境线内日（满）军防卫据点为核心，网罗警防据点，集家部落，其他行政机关、协和会分会等组成之。①

（二）军事镇压体系

1. 兵力部署

随着"无人区化"政策的大面积实施，日伪不断调兵遣将，增强热河地区的军事力量。除原有长驻热河各地的日军第九独立守备队，和伪满洲国第五军管区下辖的 3 个旅外，日伪又从其他军管区调来 14 个团，分驻各地，作为机动兵力。还将原在东边道专门进攻东北抗日联军的 12 个省辖警察讨伐队全部调来热河省。接着又在制造"无人区"的重点县先后组建起许多县属警察讨伐队，计青龙县 8 个，兴隆县 13 个，滦平县 8 个，承德县 5 个，平泉县 2 个。这样，伪满从 1941 年下半年开始陆续向热河方面增派兵力，接下来的 1942 年、1943 年，继续源源不断地增派兵力，及至 1944 年制造"无人区"的高峰期，麇集在热河

---

① 中央档案馆等编：《日本帝国主义侵华档案资料选编·东北大讨伐》，中华书局 1991 年版，第 601—602 页。

地区的日伪总兵力多达 10 余万人！

下面是战犯高桥茂的有关供述：

> 因兵力不足，关东军防卫军司令官根据第九独立守备队长的要求，逐渐从第五、第一、第二各独立守备队抽调出步兵各一个大队计三个大队，派到热河，置于第九独立守备队司令官指挥下。1944年春，任命防卫军参谋酒井少佐为第九独立守备队参谋，接着将防卫军高级参谋植山大佐派到现地，以便于西南防卫司令官执行任务。当时，在热河省除满洲国第五军管区司令官指挥的两个至三个步兵旅以外，还有热河省的警察队，组成三位一体的共同防卫体制。

> 1944年春，关东军以第九独立守备队为骨干，编成第一零八师团，从夏季开始，关东军直接使该师团担当热河的防卫工作。①

2. 特务组织

日伪还特别重视军事特务情报组织的建设，加强对中国共产党及抗日武装力量的情报搜集、侦察和调查。

> 共军的行动都是有组织的和极其巧妙的……因此，搜集确切情报，把握其组织、系统、渠道等，拟定出更妙的方案，注意避免陷入来回打苍蝇式的讨伐，甚为必要。②

伪满先后组建了伪满第五宪兵团、日本承德宪兵队、西南地区特务宪兵队等，其任务一方面是协助日军、伪满军进行"扫荡"讨伐作战；另一方面，它的更重要的一个任务就是情报搜集。

（1）伪满第五宪兵团

其前身是第五宪兵队，驻扎承德，1939年改为第五宪兵团，宪兵

---

① 中央档案馆等编：《日本帝国主义侵华档案资料选编·东北大讨伐》，中华书局1991年版，第631—632页。

② 同上书，第598—599页。

团长张英权。伪满第五宪兵团下设赤峰分团、平泉分团、古北口分团、凌源分团、丰宁分团、围场分团、滦平分团。

1942 年 2 月，伪满第五宪兵团的机构进行了调整：团长 1 人，上校张英权；警务科科长 1 人，日本人寺尾甚内；特务科科长 1 人，日本人博沼元雄；副官 1 人，经理室 1 人。伪满第五宪兵团下设：佐佐木工作队，驻赤城；长谷川工作队，驻永宁；赤峰分团，驻赤峰。

伪满第五宪兵团担负的任务主要是情报收集、思想对策和防谍三项业务。

情报收集的具体业务有：1. 军事：中共党政军的组织机构，其中最重要的有冀察热边区政府的基层组织、编制、活动情况，以及伪满军讨伐部队士兵的动向。2. 政治："国境地带"的居民对满洲国政策、措施的反映；华北地区居民对日本华北军政策的反映及对中共方面政治的反映。3. 经济：伪满洲国境地带居民的贫困情况；配给物资（粮食布匹及必要物资）的配给情况及官民对此情况的反映，华北方面对其的反映。4. 文化：中共领导的冈野近等百余日本人组织的工农学校情报。5. 其他：邪教团体（"一贯道""红万字会"）的活动情况，伪满洲国军的情况。

思想对策业务主要是：对与抗日作战的伪满讨伐队，必须加强对士兵的工作。

防谍业务主要是销毁文件，实施防谍演习。①

此外，伪满第五宪兵团也担任对抗日武装进行军事"讨伐"的任务，主要是配合日本宪兵队的活动，负责处理俘虏、嫌疑者等。

（2）日本承德宪兵队

1943 年，关东军根据需要，在承德建立了宪兵队，由西南防卫军司令官指挥。它的主要任务是：

---

① 中央档案馆等编：《日本帝国主义侵华档案资料选编·伪满宪警统治》，中华书局1993 年版，第406—408 页。

1. 侦察弹压共产党八路军系统的地下组织及红枪会。2. 警防外蒙对满洲的策动。3. 掌握民心离反的真相及思想动态。①

可见，日本承德宪兵队就是侵华日军驻承德的情报组织。其主要职能是"侦察、逮捕和镇压中国共产党及其他反满抗日组织"。

日本承德宪兵队成立后，除本部设在承德外，又向其他地区派遣了分队，便于对共产党领导的八路军进行镇压，如承德分队、古北口分队、喜峰口分队、赤峰分队、平泉分队，有时根据需要，派出隶属于分队之下的临时分遣队。宪兵队内部设有特高课，分队有特高主任，分遣队有特高系，负责情报工作并组成情报网。特高课长是宪兵队长的辅佐官，"辅助宪兵队长掌管特高业务，向队长负责"。特高课长"根据搜集、刺探的情报，作出对反满抗日人员的逮捕计划，呈报队长，队长批准后，再以队长的名义命令各宪兵分队执行"。

（3）西南地区特务宪兵队

西南地区特务宪兵队是日伪当局为了加强镇压力量而临时组建的特务组织。1942年6月，伪满军军事部顾问宪兵总团司令部顾问加藤圭二去热河视察当地伪满军对八路军的讨伐情况，并对热河省的宪兵讨伐工作情况进行了研究。针对伪满宪兵团人员不足的情况，决定由吉林宪兵训练处向热河增派50名宪兵，由桥本岬任队长，组建西南特务宪兵队。"桥本曾经在东边道地区参加过讨伐，有相当经验。"而从加藤对桥本岬的指示中，不难看出其罪恶企图：

增加派遣宪兵的目的：由于讨伐地区的广大，为了收集伪满军部队在讨伐作战上所需的充分情报，和侦查、逮捕中共的地下工作者，现有的宪兵甚感不足，所以在第五军管区司令官指挥下，加强直接与伪满军部队直接有关的治本工作。

组织系统：以新派遣的桥本岬等50名，和原来在当地从事讨

① 中央档案馆等编：《日本帝国主义侵华档案资料选编·伪满宪警统治》，中华书局1993年版，第235页。

伐工作的约 40 名，合计 90 名，编成西南地区特务宪兵队，直接受第五军管区司令官指挥，包括作战、情报、给养、武器、被服等，均受其指挥。与当时在承德的第五宪兵团没有指挥关系，只有互相协助关系。

工作任务：治本工作——刺探、侦察、逮捕、审讯爱国人民和破坏地下组织；搜集中国共产党工作情况的情报；切断爱国人民与八路军的联系；发掘、掠夺民间武器；切断冀东、察南地区与热河地区之间的经济、交通。

治标工作——搜集八路军部队政治工作员的活动情报。根据同作战部队直接配合所搜集的情报，进行诱捕工作等。

工作要领：

在伪满部队担任讨伐的地区内，采取分散配置的态势，全着便衣，专门从事特务工作，密切配合伪满部队的讨伐。从政治上、军事上阻止中共解放热河省，以利于伪满军的讨伐行动。特别是控制长城线上的热河与冀东、察南的交通及经济的要道，着重调查来自长城线以南的联系。①

1942 年 7 月，西南地区特务宪兵队编制完成，下设："佐佐木工作队，上尉佐佐木登士光及士兵约二十名；小祝工作队，上尉小祝次男及士兵约二十五名；长谷川工作队，上尉长谷川左近及士兵约三十名；本部直辖班二。各工作队的任务按加藤大佐指示。"各工作队分别指定不同的驻地、活动区域和具体任务。8 月以后，各工作队开始按活动区域进行特务活动。1943 年 2 月间，收编从吉林宪兵训练处增派的宪兵军官等 120 名，同年 6 月，其中的 60 名又被撤回吉林宪兵训练处。1943 年 7 月末，西南地区特务宪兵队奉命解散。

总之，热河日伪当局为了消灭长城沿线中国共产党及其领导下的抗日武装力量，沿长城线建立起一条屏障即其所谓"西南国境线"的战

---

① 中央档案馆等编：《日本帝国主义侵华档案资料选编·东北大讨伐》，中华书局 1991 年版，第 663—665 页。

略绝缘地带,在热河建立了一整套组织指挥系统和军事镇压体系。一时间,热河省会承德成了日伪军、政、警、宪、特机关的大本营:原清朝皇帝的热河行宫避暑山庄内,设有日本关东军西南地区防卫司令部;承德街原清朝热河分巡兵备道衙门,驻有伪满洲国第五军管区司令部;伪热河省公署、伪热河省协和会、伪锦州省高等法院承德分庭(负责热河省全境三审业务)、承德地方法院及与法院对等的检察机构等伪政权机构也设置在承德街。1939 年 6 月成立的西南防卫委员会也驻设于此。此外,承德街还设置有日本承德宪兵队、伪满洲国第五宪兵团、清乡委员会、治安维持会、治安情报联络会、警务联络会、警务统制委员会、治安肃正办事处等众多日伪军、警、宪、特首脑指挥机关。当时承德街每五人中就有一个日伪人员。也正是他们构成了在长城沿线实施"无人区化"政策的主体。

图 2 - 1　日军占领下的承德避暑山庄

　　说明:日军侵占承德后,侵占了避暑山庄,将其变为它的兵营。日本关东军第 8 师团司令部、西南防卫区司令部、日本宪兵队、881 部队、陆军医院等都曾设在这里。

三　规模大、范围广

　　主要表现在日军在华北制造"无人区"的活动投入兵力大,持续时间长，地域范围广，受灾人口多。

如前面讲到的，自 1941 年下半年起，日伪即不断增兵长城沿线。日伪在承德城区和"无人区"各地先后驻有日本关东军第 8 师团、关东军第 3 和第 9 独立守备队、第 108 师团、承德日本宪兵队（含驻各县宪兵分队）、伪满第五军管区、省级伪警察讨伐队、县级伪警察讨伐队。1943 年至 1944 年的最高峰期，驻热河及承德的总兵力约达 10 余万人。此外，还在"集团部落"组建、训练了大批的"灭共义勇队"（"自卫团"）。1943 年，在"无人区"重点县之一的兴隆县，驻扎的日伪军及省、县级讨伐队达 2.1 万人，与全县人口比例为 1∶7，在密集地区竟达到 1∶2 或 2∶1；共向兴隆境内的雾灵山、五指山、狗背岭等抗日游击根据地进行"讨伐""围剿""扫荡"438 次，其中较大规模的"扫荡"有 50 余次，先后出动日伪军达 3.7 万多人次。

南有南京大屠杀，北有千里"无人区"。这是中外学者对侵华日军暴行的生动概括。只不过，一个是战役性的、短暂疯狂的、一时一地的屠城，一个是战略性的、长期残酷的、对广大区域民众的虐杀。长城线上千里"无人区"是侵华日军经过长期周密策划、有体系、有计划开展的大屠杀行动。自 1939 年秋到 1944 年春，日军在东起山海关以西的九门口至赤城县独石口以东的老丈坝长城沿线野蛮制造了举世罕见的千里"无人区"。其范围涉及今河北、辽宁、内蒙古、天津、北京 5 个省、市、自治区所辖的 25 个县（区），总面积约 5 万平方公里。按现在区划，包括青龙、宽城、承德、兴隆、滦平等 5 个县的全境；丰宁、隆化、怀柔、平泉、宁城、建昌、凌源等 7 个县的大部地区；绥中、喀喇沁旗、围场的局部地区；平谷、密云、延庆、赤城等长城以北当时被划入伪满辖境的地区，还有遵化马兰峪的所谓"满洲国特区"。被集家的自然村约达 1.7 万个，被驱赶进集团部落（"人圈"）的群众约 140 万人，共建"集团部落"（"人圈"）2500 多个。承德所辖各县（区）是日军制造"无人区"的重灾区。据调查统计，在日军制造千里"无人区"的 25 个县（区）中，现承德境内的 8 个县、3 个区全部在"无人区"的范围之内，约占"无人区"总数的 1/3。其中，日军在伪"西南国境"划定的重点 5 县兴隆、滦平、丰宁、承德、青龙（含现宽城县全境)绝大部分在现承德境内。建成的 2500 多个"集团部落"("人圈")中,有 1897 个在现承德境内。在长达五六年的时间内,因为制造"无人区"死于日军屠刀之下的中国无辜百姓绝不少于南京大屠杀,其残暴程度也有过之而无不及!

而以上还仅仅是日军在长城线外侧上制造"无人区"的情形,没有涉及日军在长城线内侧冀东地区,以及在晋东北、冀西等地制造的大大小小的"无人区"。

以长城线内侧的冀东地区为例,据日本防卫厅战史室编《华北治安战》一书记载,长城线内侧的"带状无人区"的范围东起迁安县建昌营,西讫遵化县马兰峪:

> 为了隔断与满洲国的出入,在长城内侧由马兰峪(遵化以西约 30 里)到建昌(迁安以北约 20 公里)附近,使宽约 4 公里,长约 100 公里的带状地区成为无人区,将所有的村庄迁并到别处。
>
> 长城无人区包括 76 个村,1235 户,6454 人;暂时无人区 28 个,2343 户,12036 人。①

这似乎印证了战犯铃木启久在其供述《制造"无人地带"》中的说法。但其实不然!上面的记载只不过是日伪在冀东道区域内的计划制造"无人区"的范围,实际上,日军在长城线内侧制造"无人区"的范围要远远超出此范围。其向东实际延伸到卢龙县的桃林口,与沿青龙河岸的封锁沟相衔接;向西则延伸更远,与日军在伪燕京道境内制造的"无人区"相接——东起蓟县壕门,向西经由蓟县全境及三河、平谷、密云、怀柔等县,直抵昌平县的桃峪口,总长度 500 多公里。至于"带状无人区"的宽度也并非只是 4 公里,实际实施过程中是依山脉的自然走向,沿山脚挖成封锁沟,作为"无人区"的边界,宽度一般都在 8—10 公里,而在喜峰口内和蓟县盘山根据地,更宽达 30 多公里。据实际勘

---

① 日本防卫厅战史室编:《华北治安战》(下),天津人民出版社 1982 年版,第 214—215 页。

测，日军在长城内侧制造的"无人区"总面积约 4000 平方公里，搞得比较彻底的约 1500 公里。以受灾严重的迁安、迁西、遵化 3 县为例，据各该县党史部门的调查统计，境内"无人区"的范围分别约为 500 平方公里、500 平方公里和 300 平方公里，总计约 1300 平方公里。受灾的村、户、人口分别为：迁安 72 村，约 2000 户，1 万多口人；迁西 100 多村，5500 户，2.3 万人；遵化县 87 村，6680 户，3 万人，总计 259 村，14180 户，6.3 万人。①

即使这样，上面的数字仍小于实际数字。以遵化县为例，南京档案馆藏的一份 1943 年的日伪档案资料可以帮助我们约略看出日军在遵化县制造"无人区"的一些基本情况。其主要内容如下：

> 窃本县地居冀东长城以南，形势扼要……迄至去岁国历十月□ [皇] 军方为剿匪便利，顺长城东西沿线一百五十里，南北宽约十余里构成无住地带，掘成东西遮断深壕，将人民彻底逐出，所有房屋一律焚烧拆毁，片瓦无存，尽成废墟。当时因时间迫促，所有用具粮食衣服器皿农具完全未能携出，火焰涨天，哭声震野，其中以无法生活而投河觅井悬梁毙命及身投火窟者难以数计。至县境之内若干地区又复划为无住村落，一般居民被逐失业，转徙流离，形同乞丐。……今岁盛夏长城无住地带治安早已好转，其他各县皆得耕种，惟遵化因特种关系未得耕种，使五万余亩膏田变成荒野，一年以来灾民生活只能求亲靠友或乞讨为生。今秋既无生产来年实为可虑。②

同时，这份档案还附带有一《遵化县无住地带及无住村落略图》，不仅标示出了各受灾村庄的大概位置，而且在"附注"中统计了被划为"无住地带"及"无住村落"的村庄数、受灾难民的人数和荒芜耕地的总数等。

---

① 陈平：《千里"无人区"》，中共党史出版社 1992 年版，第 52—55 页。
② 《伪中华民国新民会河北总会呈第一四二号》，1943 年 12 月 25 日，南京档案馆二〇〇五②503。

根据档案内容及其附图,日军在遵化县境内制造"无人区"始自 1942 年 10 月。范围不仅包括"顺长城东西沿线一百五十里,南北宽约十余里构成无住地带",而且"县境之内若干地区又复划为无住村落"。具体而言,包括:"无住地带"大小村庄 86 村,人口 3.1 万余;"无住村落"29 村,人口 22507 人。两者合计共有 115 个被灾村庄,受灾难民 5.35 万余人。荒芜耕地共计达 5.14 万余亩。

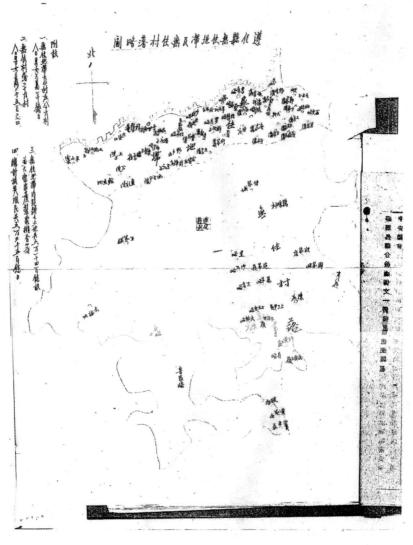

图 2-2 日军在遵化县划设的"无住地带"及"无住村落"略图

四 手段极残暴

我在 10 月得到了"某村庄和八路军有联系"的报告后，马上让副官松原顺一郎传达给第一联队长田浦竹治"要彻底肃正该村庄"的命令，因此田蒲即结合我的部下骑兵队，对滦县潘家戴 1280 名的农民采取了枪杀、刺杀、斩杀及活埋等野蛮办法，进行了集体屠杀，并烧毁了全村 800 户的房屋，掠夺了 1 万斤主食，很多的被服及家畜约 40 头，车 40 辆。①

这是战犯铃木启久供述中的一个片段，是关于他 1942 年在长城内侧指挥制造"无人区"时的一个大屠杀事件。

宽城县孟子岭、王厂沟、石柱村一带，是日军制造"无住禁作地带"的重点地区。1943 年 9 月 10 日，驻喜峰口的日本宪兵队第二游击队对这一带"扫荡"，逮捕 580 人，屠杀 380 人，200 人被送往东北当劳工。1943 年 12 月，石柱村被划为"无住禁作地带"以后，遭到日军连续"扫荡"摧残，全村 700 余人，被屠杀 300 多人，有 22 户被杀绝。

中国著名史学家胡绳同志生前曾对抗日战争时期日本侵略者在长城沿线制造"无人区"的暴行进行概括说："'无人区'是抗日战争中悲壮的特写镜头。"上面记述的史实就是其中的两个分镜头。与此类似的分镜头还有千千万万，而每一个分镜头都是日军在制造"无人区"过程中的灭绝人性、血腥屠杀中国人民的残暴行径的特写。

概言之，日军制造"无人区"的过程就是对中国人民长期进行虐杀的过程，其手段之毒辣、残暴、血腥，超乎想象，举世罕见！具体而言，就是实施所谓"三光作战"，即杀光、烧光、抢光，其间制造了无数个大大小小的惨案，残暴杀害了不计其数的无辜生命，纵火焚毁了千百万间房屋，野蛮掳掠了难以统计的粮食、衣物。

日伪军对划设为"无人区"的区域实行"拔根断源式的摧毁"。当年驻密云县白马关日军机枪分队长船生退助在《无人区》中写道：

---

① 《铃木启久的笔供》，1954 年 7 月 15 日，中央档案馆 119-2-1-1-4。

　　作战命令规定的方针：为了建立无人区，我们要进行扫荡讨伐，把所有房屋统统烧掉，追杀射击中国人……不问任何理由枪毙。①

　　兴隆县是日军制造"无人区"的重点，全县被划为"无住禁作地带"的地区占总面积的 40% 以上。在连续几年的摧毁下，根据地里被屠杀约 1.3 万人。特别是 1943 年以后，日军对该县境内的抗日根据地的疯狂"扫荡"、摧残达到了登峰造极的地步。在几块根据地内，不要说人，就连牲畜、家禽，凡是有生命的东西全不放过。以致在热南山区根据地里，连一头驴、一只鸡也难以寻见。在五指山羊羔峪、驴儿叫一带，日军反复烧杀过 20 次左右，不仅没有了丝毫生命的迹象，找不到一粒粮食、一件衣物，就连许多房屋的墙壁石头也都被烧成了红褐色，粉化了。

　　不仅如此，在制造"无人区"的过程中，日本侵略者还违反国际法和人道主义原则，惨无人道、丧心病狂地对抗日军民和手无寸铁的群众实施了灭绝人性的毒气战、细菌战。这从日本战犯的供述、受害人的控诉、战后相关的调查研究中都可以得到验证。

　　1941 年春天，这里流行起了瘟疫，症状是发高烧、鼻孔和口中出血，而且身体发红，当时，没有一家能躲过这种病的。只要一家中有一人患病，那么全家也就都得上这种病。尤其是老人和孩子发病率最高，凡患上这种病的几乎都死了。有人说这是回归热或再归热病，但究竟是什么病谁也说不上来。②

　　这是日本学者仁木富美子在兴隆县羊羔峪走访幸存者后所记录下的文字。1995 年，仁木富美子来到长城沿线实地调查，并写出《无人区·长城线上的大屠杀——兴隆的悲剧》一书。仁木富美子在书中揭

---

① 转引自陈平《千里"无人区"》，中共党史出版社 1992 年版，第 68 页。
② 《"无人区"再揭日军暴行》，《北京日报》2005 年 6 月 4 日。

露，日军曾在"无人区"里大搞细菌实验，使"无人区"变成了日军的细菌战的实验场。她通过多位兴隆县幸存者提供的回忆，真实地记录下"特运处理""活体解剖""细菌试验""毒气试验"以及"气球炸弹"的情况。她在书中写道："不可否认，日军的上述种种罪行都与七三一部队有着密切的联系。"

第三章　长城沿线"无人区"

　　长城，历史上曾长期是中原王朝抵御塞外少数民族侵扰的屏障，是古老中华文明的象征。然而，抗日战争期间，长城一线却被日本侵略者赋予新的含义，变成了一条屈辱线——东起山海关，西讫独石口一线，长约 850 公里，被日本侵略者单方面划定为伪满洲国的"西南国境线"。为了维护伪满洲国的"主权"，防止中国共产党领导的抗日武装对伪满洲国的"侵犯进攻"，日本侵略者以伪满"西南国境线"为中心轴线，灭绝人性地实施"三光政策"，制造了一条举世罕见、惨绝人寰的"千里无人区"。"南有南京大屠杀，北有千里'无人区'"，成了日本侵华罪行的又一铁证。

第一节　伪满"无人区化"政策的制定与实施

一　热南试点"小集家"

　　长城沿线地区，也就是所谓伪满的"西南地区"，"是伪锦州省的锦古线以西地区，伪兴安西省以西地区的一部，是关东军在热河省及河北省的行动地区"①，包括了长城沿线的热河省和河北省的抚宁、迁安、蓟县、平谷、密云、丰宁等与热河省邻界的各县。该地区处在联结华北与东北、沟通关内关外的战略枢纽地位，自古为兵家必争之地。抗日战争全面爆发后，中共中央迅即指示八路军挺进冀东，开辟以雾灵山为中

---

　　①　中央档案馆等编：《日本帝国主义侵华档案资料选编·东北大讨伐》，中华书局 1991年版，第 615 页。

心的冀察热敌后抗日根据地。1940 年以后，在中共冀热察区党委和八路军冀热察挺进军关于"巩固平西、坚持冀东、开辟平北"战略任务的指导下，长城沿线的抗日武装斗争如火如荼地发展起来，相继开辟了大片的稳固的游击区，建立了多块山区根据地。

热日军在长城沿线制造"无人区"，最早开始于 1939 年冬季，地点主要是在热南地区的兴隆县境内。

热河省的兴隆县地处燕山山脉之中，境内峰峦起伏，到处是高山峡谷，北部是巍峨耸立的雾灵山和五指山等高峰；南部西、南、东三面环绕古长城，与迁西、遵化、蓟县、平谷、密云等五县接壤，是联系冀东、平北、热南的战略要冲。因此，日本侵略者视之为伪满"西南国境"战略要地，极为重视。

1938 年 6 月，八路军第四纵队奉命进击，挺进兴隆，策应冀东抗日暴动。热南兴隆等地的抗日斗争随之日渐活跃。此后，虽然第四纵队西撤，冀东暴动受挫，但这一地区的抗日活动没有停止，并继续发展，至 1939 年秋，潵河川、黑河川、横河川等地的许多村庄都建立起抗日组织，成为较为稳固的抗日游击区。

热南兴隆等地抗日斗争的不断发展，触动了伪满洲国"西南国境线"这根敏感的神经线，使日本侵略者如芒在背，坐立不安。为了扑灭这一带的抗日斗争，日伪当局决定按照他们在东北的做法，实行"集家并村"。

（一）1939 年第一次"小集家"

日伪在兴隆县第一次"集家并村"，主要是企图将潵河川蓝旗营子乡北榆树沟内几个小村落强制集并到杨树台；将横河川北部山区羊羔峪、水泉等 20 多个山村强制集并到安子岭、双炉台，将黑河上游的村庄强制集并到孟大地。①

---

① 陈平：《一个特殊战略地带——长城线上"无人区"》，中共河北省委党史研究室编《长城线上无人区》，河北人民出版社 1993 年版，第 4 页；兴隆县政协文史资料委员会编：《兴隆文史资料》第 2 辑，1988 年 5 月印行，第 90 页。

1939 年 11 月间的一天下午，佛爷来村伪警察命令天桥峪、羊羔峪、厂沟居民立刻搬到安子岭和双炉台集家点。第二天中午就来了 10 余名伪警察催搬家，连抢带夺一阵走了。第三天……来了日伪军警、讨伐队 500 余人，分赴 3 条山川 14 条沟岔疯狂烧杀，将 34 个村落、760 余户人家的 3300 余间房屋全部点着。一时间沟沟岔岔火烟四起，叫哭连天。房屋、粮食、衣物等被烧毁，抢走骡、马、驴大牲畜 620 余头，羊 4800 余只，猪、鸡等家禽几乎被抢光。正是寒冬季节，很多户已断炊绝粮，过冬的棉衣换不上。有少一半群众被迫搬进集家点或被迫背井离乡投奔亲友，大多数群众拒绝搬进集家点，躲进小山沟搭起马架子窝棚住。

为了粉碎敌人的"集家并村"阴谋，八路军给予群众极大的支持，一面帮助群众安顿生活，渡过难关，一面伺机打击日伪的嚣张气焰。1940 年 1 月和 3 月，在群众的积极配合下，八路军游击队两次袭击日伪据点。群众乘日伪受到打击惊惶失措之机，纷纷搬离集家点，回到原住村落重建家园。日伪的第一次"集家"宣告失败。

（二）1940 年第二次"小集家"

1940 年秋，日伪又在兴隆县实行了第二次"集家并村"。日伪宣布兴隆进入非常时期，初步试行"西南地区治安肃正"政策，并为之做了多方准备工作。如，改组伪兴隆县机构，由伪热河省警务厅保安科长葛蓂充任县长；新建和调入 15 个县辖警察讨伐队，约 5000 人，配合日伪军进行讨伐"扫荡"，烧毁深山区民房，强迫居民移住附近大村。实行"集家并村"的区域范围，也在第一次"集家并村"的基础上扩大了很多，黑鱼沟、冷嘴头、龙洞峪、八仙桌子、花市、大黄崖、小黄崖、雾灵山、羊羔峪、驴儿叫等沿长城线深山人疏地区和长城关口一带，都被划为了"集家区"。

横河川的羊羔峪一带是这次集家的重点。事先，日伪就在集家点那里设立警察分驻所，派来 20 多名警察，并架设了通往中心据点半壁山的专用电话线。此外，还专门派来一个叫甘野次郎的日本人监督。集家的范围包括两条山沟 56 个小沟岔，南北 10 公里，东西 11 公里，28 个自然村,共 610 户人家,2700 余口人。集家点设在羊羔峪村北不足 20 亩的北大地空场上,在那里盖起了 300 多所简易房子和窝棚、马架子,除了拒绝集家,躲进深山沟的 200 多户,800 余口人外,其余 410 多户,1600 余口人,被强行赶入居住。

由于集家点人员过多,拥挤不堪,加上饮食极差,卫生条件恶劣,1941 年春天,集家点发生了瘟疫并迅速蔓延开来。人一旦感染,就高烧不退,口鼻流血,由于当地根本就没有一点儿医疗条件,结果造成人们大量死亡,人数达 400 余人。有的户全家人口死绝,高峰时死的人都埋不过来。日本监督甘野次郎和伪警察们也都染上了瘟疫。迁遵兴抗日游击队乘机袭击了伪警察分驻所,日伪最终不得不仓皇撤走,被集家群众随之返回了家园。至此,日伪在兴隆县的第二次"小集家"再次宣告失败。

上述日伪的这两次集家行动,实施时只是划定集家范围,强行将居民从分散的山沟驱赶到指定集家点居住,还没有修建部落围墙,实行集中营式的残酷统治。虽然最终都宣告失败,但却成了日伪大规模"集家并村"计划的试验和预演。

二 《国境地带无人区化》方案的出笼

1940—1941 年,在中共冀热察区党委和八路军冀热察挺进军关于"巩固平西、坚持冀东、开辟平北"战略任务的指导下,八路军在地方游击队和人民群众的支持下,深入平北地区的长城线内外,迅速开辟、创建并扩大了大片抗日根据地。与此同时,冀东的抗日游击战争也获得了迅猛发展,并积极向长城外侧的伪满渗透,在长城线内外相继开辟了大片的稳固的游击区,建立了多块山区根据地。长城沿线如火如荼、蓬勃发展起来的抗日武装力量,使日本关东军惊恐万分,如坐针毡。

为扑灭长城线上不断蔓延的抗日烽火,1941 年 5 月关东军宪兵司令部下达了《关宪作命第二六四号》作战命令,部署实施"西南地区特别肃正"作战:

担任特别肃正的西南防卫部队自 5 月 24 日与冀东作战呼应,实施讨伐约 1 个月。使满洲国军警在讨伐部队之后对国境严加警备，及时讨伐"侵入匪"，同时进行治本思想工作，其重点为丰宁西南部、滦平县西部、兴隆县及青龙县西南部。增强满军警之兵力参加本肃正。扩大防卫委员会。省公署负责建立集团部落，建立警备道路、警备通讯及部落防卫设施。①

可见，在军事讨伐的同时，建立"集团部落"，制造"无人区"，双管齐下，是日本关东军对付长城沿线中国人民的抗日武装斗争的主要施策。

同年 9 月，关东军防卫司令部又发出了《关防作第二八号》作战命令，宣布实施"时局应急西南特别肃正"作战：

> 日军根据当时局势，决定加强军队对西南特别肃正的支援，并加强治本及思想工作……地区为热河全省，重点为丰宁、滦平、承德、兴隆、青龙五县……治本工作之重点修筑道路、通讯设备，施行生活品配给制，进行集家工作。②

这里，关东军再次强调进行"集家并村"，并将之视为"治本工作之重点"。

以此为指导，日本关东军西南防卫司令部制订了《西南地区肃正工作要纲》，承德日本宪兵本部拟定了《国境地带无人区化》方案。该方案从战略的高度对"集家"的重要性给予了分析，明确指出：

> 中共现在所采取的对日战略，是扩大强化抗日民族统一战线。……积极动员民众参加协力于抗战工作。在政治方面，使之拥护抗日政府，支持抗战政策；在经济方面，使之担负军需之供给，确保战争所必需的物力；而且在军事方面担负起兵力补充及支援军

---

① 谢忠厚等编：《日本侵略华北罪行档案·无人区》，河北人民出版社 2005 年版，第 13 页。

② 中共河北省委党史研究室编：《长城线上无人区》附录"日伪档案及战犯供词"，河北人民出版社 1993 年版，第 310—312 页。

事行动，以获得武装斗争的胜利。

　　所谓集家，即将可能成为敌人游击区的国境地区内的住民，集结于我方据点，或其近旁地区，使之与敌人的活动完全隔离而由我方掌握控制，乃可彻底封锁扼杀敌人之所谓人力、物力的动员工作。①

"方案"还提出了实施"集家"的具体措施，包括宣传、军事、行政安全、防谍及经济措施等：

　　由协和会组成特别工作队（宣抚班）进行宣传。强令村干部自首，进行诱降工作。宣传"人挪活树挪死"。利用满洲和中国人的特性——自私心理。宣传投其所求的"安居乐业"。在部落中驻留有力的日满军。设置警察分驻所。饲养家犬。组成堡垒。自卫团之建立和加强。保甲连坐制的加强。不良军人、官吏、密探的淘汰。除掉集家地域之匪患。

同年 12 月，日军西南防卫司令部又按照三年计划拟定了《西南地区肃正工作实施方案》，规定从"康德九年度"即 1942 年起实施。② 至此，一个在长城线外侧全面制造"无人区"的罪恶计划初步形成。

三　热西、热南的"大集家"

根据上述《国境地带无人区化》实施方案，以及日本关东军确定的"西南地区治安肃正方针"，即"将关东防卫军及伪满军、行政、警察等的主力集中于热河省内，以讨伐、制造无人区、集家、镇压人民、经济封锁等手段，切断八路军的供应线，摧毁据点和领导机关"。③ 自

---

① 陈平：《千里"无人区"》，中共党史出版社 1992 年版，第 23—24 页。
② 司法部刑事局《中国共产党的对满策动及对其治安对策——特以冀东、热河为中心》摘录，中央档案馆等编《日本帝国主义侵华档案资料选编·东北大讨伐》，中华书局 1991 年版，第 604 页。
③ 《高木贞次等二十人笔述》，中央档案馆等编《日本帝国主义侵华档案资料选编·东北大讨伐》，中华书局 1991 年版，第 615—616 页。

1941 年冬季开始，在日本关东军"西南防卫司令部"统一指挥下，日伪军集中兵力对热西、热南长城沿线地区实施大规模"扫荡"讨伐，至"扫荡"后期，即开始大规模"集家并村"，实施其罪恶的"无人区"计划。

这次大规模"集家并村"制造"无人区"，主要是在丰宁、滦平、兴隆、青龙几个县境内实施的，大致西起丰宁县西南部千家店、红旗甸一带山区，沿长城线向东，经滦平、兴隆，至青龙县青龙河西岸，总面积约 1 万平方公里。其宽度，大体上从长城线计起，步兵一日之行程，大约为 25 公里或 30 公里。总之，就是从 1939 年以后，所有在伪满热西、热南辖境的抗日游击区，全部划为"无人区"，并沿长城构成一条战略封锁线。

在热西地区，日伪首先对联系冀东和晋察冀、平西根据地的交通走廊——丰（宁）滦（平）密（云）地区展开了疯狂"扫荡"。从古北口至独石口长城内外，由东向西，从南向北，纵横捭阖，分进合击，梳篦清剿。在持续两个多月的"扫荡"中，首先是寻找八路军主力决战，而当八路军转至外线时，便拿人民来发泄其疯狂兽性。就是按照日本档案文件中所说的全力"攻伐民众"。在所有的深山区，特别是八路军游击队活动过的地方，反复"剿抉"，实施彻底的杀光、烧光、抢光的"三光政策"，制造了一起又一起血腥惨案。在滦平县下营村两次集体屠杀 78 名群众，在孟思郎峪一次屠杀妇女儿童 27 名。日伪在对民众的"讨伐"中，以摧毁抗日基层组织为重点对象。在两个月的"扫荡"中，抓捕基层干部和骨干分子 500 多名，屠杀 300 多名。

日伪在"扫荡"后期，即开始大规模驱逐群众"集家并村"，因为遭到群众的激烈反抗，1942 年 4 月以后，又调来 6000 余日伪军，在长城各关口及深山区里增设了 37 个据点。然后以各据点为中心，把"无人区"划为若干片，每片进行反复"扫荡"，驱赶群众，强行"集家并村"。日伪首先在丰宁县千家店、花盆一带山区及滦平县喇叭沟门、琉璃庙一带山区 498 个村庄实行并村，并将古北口以西至渤海所，沿长城内外 3600 平方公里地区划为"无住禁作地区"。这是长城线上最早出现的大块"无人区"——丰滦密"无人区"。

1942 年春，日军开始在延庆县大庄科、汉家川和怀柔县二道关、鹞子峪、八道河、长园等地制造"无人区"。夏季又将赤城黑河川全部"集家并村"。至 1942 年年底，滦平县全境、赤城和丰宁县大部地区被制造成"无人区"。①

下面是战犯桥本岬口供中的有关记录：

问：你把设置"无住禁作地带"破坏和平居民生活的罪行和你的责任讲一讲？

答：1942 年 9 月下旬，我以特务宪兵队长及西南防卫委员会委员的身份参加了西南地区防卫委员会会议，参与集体策划和亲自命令指挥部下执行设置"无住禁作地带"的罪恶计划。同年 10 月，在沿长城线的北侧，由山海关至独石口约 400 公里长、5 至 20 公里宽的地区内执行了设置"无住禁作地带"的罪恶计划，毁灭了数百个和平乡村，毁灭了 1 万余户和平居民的房屋和土地，约有 5 万余名和平居民流离失所，妻离子散。

1942 年 11 月中旬，我和丰宁满洲军警备司令等人亲赴设置的无住禁作地区视察，并口头命令我部下滦平长谷川工作队、丰宁佐佐木、小祝工作队积极执行设置"无住禁作地带"计划，仅滦平、丰宁两县被毁灭的和平居民房屋和土地约有两千余户。在丰宁白草一带村庄设置"无住禁作地带"时，拆烧和平居民房屋两千余间。②

战后解放区进行了战灾调查，其中就有关于"察南热西（即滦西、丰宁、赤城、密云等县）'无人区'"的记述：

在热西滦平、丰宁，察南赤城以东，平北密云一带，长城附近

---

① 参见陈平《一个特殊战略地带——长城线上"无人区"》，中共河北省委党史研究室编《长城线上无人区》，河北人民出版社 1993 年版，第 7 页。

② 谢忠厚等编：《日本侵略华北罪行档案·无人区》，河北人民出版社 2005 年版，第 3 页。

长约二百里宽约四五十里，与热南同时被敌人惨造为无人区。这个区域以内，房子被烧光、拆光，人被驱逐出境，造成了一片旷野。其次在山沟河川里，所有的大小庄窝实行集家并村，一个村成一个部落，周围修筑高墙（俗称"人圈"）。一般的自 1941 年开始，1942 年就全部完成，凡十五里以内之小自然村，全并入部落里边，每个部落里边有警察所、甲长、牌长、先生、情报员等。按山川形势设大乡公所和警察署统治人民……

在敌惨造无人区（人圈）之毒计下，使我热西滦西、丰宁两县 350 个村（146728 口人）中有二分之一以上之村庄惨遭破坏。①

在热南地区，从 1941 年 8 月开始，日伪就在青龙县搞了"集家并村"的"实验区"。伪青龙县宣布大地村为集团部落"实验区"，对大地村所属 22 个自然村实行"集家并村"，划定 40 多平方公里为"无住禁作地带"，占 22 个自然村总面积的 90%。"试点"结束后，伪青龙县政府组织各级要员到大地进行所谓"参观学习"，1942 年 3 月以后在全县全面铺开，村村派驻集家工作队。到 1943 年 3 月，宽城境内修筑"部落"99 个，"集家"自然村 1382 个，"集家"28100 户，占总户数82%，"集家"人口 124000 人，占总人口的 85%，"无人区"面积 1170平方公里，占总面积的 70% 以上，毁地 23 万亩，损失房屋 23000 间。②

在兴隆县，日伪汲取 1939 年和 1940 年两次"小集家"的失败教训，对集家工作进行了更加周密的安排。早在 1941 年 9 月即由伪满热河省总务科拟制了于兴隆县设置"无住禁作地带"的分布地图，仍把横河川作为重点地区，集家点选定在靠近半壁山中心据点的靳杖子，并修通汽车路，建设集团部落，派驻伪警察讨伐队驻守。冬季日伪开始对兴隆县全境进行"扫荡"，"扫荡"后期实施"集家"，划定集家区域。集家区总面积约 750 平方公里，包括 70 多个自然村，1200 多户，6 万

---

① 谢忠厚等编：《日本侵略华北罪行档案·无人区》，河北人民出版社 2005 年版，第39—40 页。

② 《日军在宽城制造的"无人区"》，参见《宽城文史资料》第 1 辑，1990 年印行。

多口人。而靳杖子集家点位于集家区的最南端，所以绝大部分村落都距靳杖子在 5 公里以外，最远的相距 30 多公里。可以想象，在一个集家点上集中这么大范围的众多群众，是根本不可能的。于是日伪就划定距靳杖子以北约 5 公里的一条山岭为界，岭南为"无住地带"，强行"集家并村"；岭北为"无住禁作地带"，被彻底摧毁。这片"无住禁作地带"，面积约 600 平方公里，包括 60 多个自然村，约占整个集家区的 80%。1942 年春之后，日伪继续扩大"无人区"范围。4 月，由日人副县长主持，组成"社会调查队"，对全县村落分布、居住状况等进行调查。然后召集各有关方面及 19 个大村村长举行秘密会议，划定集家范围，指定集家点，在全县范围形成全面制造"无人区"的规划，开始大范围地"集家并村"。"无人区"范围向北延伸至承德、平泉南部，向东延伸到青龙河西岸之建昌叨儿登至卢龙县桃林口一线。

第二节　伪蒙疆、华北日伪的"协作"

与伪满方面《国境地带无人区化》方案相呼应，华北、蒙疆日伪也分别制订了相应的计划、方案，分别加紧推行所谓"治安强化运动"和"跃进施政运动"，在长城线内侧制造"无人区"，企图三方合力，两面夹击，彻底摧毁长城线上的抗日游击根据地。

一　华北日军在冀东制造"无人区"

（一）跌宕起伏的冀东抗日斗争

冀东，作为民国时期一个正式的行政区域"河北省冀东道公署"，包括临榆（山海关）、抚宁、卢龙、昌黎、滦县（滦南、唐海）、乐亭、丰润、丰南、玉田、遵化、迁安（迁西）、宁河、宝坻、蓟县、三河、香河（大厂）、通县、顺义、平谷、密云和唐山市。它北据长城、南临渤海、东扼辽沈、西屏京津，是华北连接东北的要道，战略地位极其重要。1935 年 11 月 25 日，汉奸殷汝耕在日军唆使下，在通县宣布独立，成立"冀东防共自治委员会"，不久又在日本侵略者的授意下宣布改组为"冀东防共自治政府"，独揽了整个冀东地区的军政大权，成为日本控制下的傀儡政权之一。1937 年 8 月，伪政府由通州移驻唐山。1938 年 2 月 1 日，冀东伪政权被并入华北伪政权"中华民国临时政府"，不再称"冀东防共自治政府"，改设"冀东道尹公署"和"燕京道尹公署"。

1937 年七七事变爆发后，8 月间在洛川召开的中共中央政治局扩大会议，充分认识到了冀东在抗战中的重要地位，明确指出"红军可以一部于敌后的冀东，以雾灵山为根据地进行游击战争"，确定了开展冀东游击战争的方针。根据毛泽东和中共中央军委的指示，1938 年 6 月八路军晋察冀军区派出八路军第四纵队，挺进冀热边，配合冀东抗日暴动，创建抗日根据地。四纵自平西出发，一路斩关夺隘，打昌平、攻兴隆、克平谷，极大地振奋了冀热边地区人民的抗日情绪。之后四纵又和暴动队伍先后攻克平谷、蓟县、迁安、卢龙、玉田、乐亭和宝坻等 7 座县城，一度攻入昌平、兴隆、丰润和宁河县城，摧毁了所有的乡镇伪政权，建立了 11 个抗日县政府。沉重地打击了日本侵略者在冀热边地区的殖民统治，打开了冀热边地区的抗日局面，奠定了创建根据地的基础。随后由于错误估计形势，缺乏在冀热边坚持的信心，四纵和冀东抗日联军决定西撤，冀东的抗日形势转入低潮。

为了继续发动、坚持冀东游击战争，创建抗日根据地。1939 年 1 月、2 月间，中共冀热察区党委和八路军冀热察挺进军先后成立，统一领导平西、平北和冀东地区的工作，明确提出了"巩固平西，开展平北，坚持冀东"的"三位一体"的战略任务。随后，冀东的抗日游击战争开始进入了一个新的发展阶段。1940 年以后，经过整编的八路军第 13 支队开赴冀东，到 1940 年夏，开辟出了以盘山为中心的蓟（县）平（谷）密（云）地区，以鲁家峪为中心的丰（润）玉（田）遵（化）地区，同时巩固、扩大了以腰带山为中心的丰（润）滦（县）迁（安）地区，与丰玉遵地区连在一起，在冀东初步形成了东西两大块游击区：西部，东起遵化马兰峪附近，西至白河约 150 华里；南起蓟县、三河县边境，北至兴隆县境，长约 120 华里。东部两块，西自玉田县境，东至滦河，长约 120 华里；南起北宁铁路，北入兴隆县境，长 200 余华里。建立了丰（润）滦（县）迁（安）、丰（润）玉（田）遵

(化)、迁(安)遵(化)兴(隆)、蓟(县)平(谷)密(云)4个联合县和遵化县,共5个抗日县政权、1600个抗日村政权,约辖100万人口。

（二）日伪冀东"无人区"政策的确立

冀东不断发展的抗日武装斗争形势引起了日本侵略者的关注。因为冀东地区对于日本帝国主义对外侵略扩张的整体战略而言,具有极其重要的地位。日本侵略者认为:

> 冀东是进攻满洲的前进基地,是日本军的深远后方,同时又是日苏战争上,切断日军的进击路线的最有力的地理条件的地区。
> 日军确保冀东,就能确立满洲。对苏进攻也会可能容易。①

为了扑灭冀东日益发展壮大的抗日武装力量,1941年12月下旬,日本华北方面军第27师团第27步兵团长铃木启久奉命调至唐山,负责"警备唐山地区的铁路、交通及维持该地区治安"。其间,他在对部下的训令中说:"必须严格执行北支那方面军司令官冈村宁次的命令,强制居于长城线附近以内的八路军根据地和八路军所利用的居民迁移,使之成为无人区。"②指示属下各联队担当警备的地区,将盘踞于唐山的第1联队本部移至丰润,该联队第1大队本部设在古冶,第2大队本部设在遵化,第3大队本部设在丰润。进而又将中队以下分开盘踞于唐山、古冶、林西、乐亭、遵化、马兰峪、玉田等10余个地方。第3联队本部设在沙河镇,该联队第1大队本部设在沙河镇,第2大队本部设在卢龙,第3大队本部设在迁安,中队以下则分开盘踞于抚宁、昌黎、建昌营、榆树屯、滦县车站等10余个地方。并实施极残酷的"三光"政策,不断对各地区进行"扫荡"。此时,华北日军在冀东长城沿线制造"无人区"的图谋此时已见端倪。

---

① 中共河北省委党史研究室编:《长城线上无人区》,河北人民出版社1993年版,第317页。

② 《铃木启久的笔供》,1954年7月15日,中央档案馆119-2-1-1-4。

1942 年 4 月，在接连三次的"治安强化运动"被粉碎后，华北日军又集中兵力以冀东为主要目标推行第四次"治安强化运动"，与伪满方面开始实施的"时局应急西南特别肃正"作战相配合，在长城内侧的丰滦密地区大规模制造"无人区"。日军强征了 5000 多名青壮年劳动力，沿着山边挖掘"治安沟"（即封锁沟）。至 4 月底，封锁沟挖成，总长 180 华里，西起昌平县的桃峪口，途经丰滦密九区的平义分、北宅、白厂，四区的红螺镇、范各庄、流水庄、六区的康各庄、卸甲山、署地、坟庄，二区的北白岩、尖岩、庄户，三区的董各庄、燕落、不老屯、学各庄、石匣，东至潮河岸边的辛庄止。封锁沟宽 3 丈 6 尺，深 1 丈 6 尺。沟边每隔三五里建一炮楼，炮楼由伪军和沿沟各村保甲棍团监守。为了扩沟，敌人还在沿沟重要村镇先后增建了大辛庄、坟庄、燕落等 13 个据点。接着敌人将大沟以北，长城以内地区宣布为"非治安区"，严禁居住耕作，把群众统统赶往沟南，沟北民房全部拆除或烧毁。为限制我抗日军队在大沟两侧活动，还沿沟烧山并村，先后将沟北牛盆峪、东沟门、大关上、马营、河北、西峪、高家岭、沙峪里、秀才峪、柳树沟、转山子、庙沟梁等村的山林全数烧毁，又把沟南的一些丘陵小村，如，二甲峪、恒河西山、穆家峪西沟等强行并入大村。在敌人疯狂破坏胁迫下，大部分群众移到沟南，少部分群众进入深山，封锁沟以北遂成为荒芜地带。这样，丰滦密联合县境内，一时间就形成了东自半成子、西至渤海所、南从白道峪、北到于营子，东西南北各长约 120 华里的山地"无人区"。无人区范围，约占丰滦密地区的 20%，原居住人口的 10%。

面对敌人的疯狂进攻，冀东抗日军民奋起反击，不仅再次粉碎了日军的这次进攻，而且还趁势向热河、辽西及平津近郊出击，猛烈扩大了新游击区。

冀东抗日斗争的接连胜利给日本侵略者以巨大震动，也使日本华北方面军司令官冈村宁次大为震惊，叫嚣对冀东要"再认识"。为了反省、总结历次"治安强化"失败的原因，"再认识"冀东形势，1942 年 6 月，冈村宁次亲往冀东视察。在唐山，冈村宁次听取了日军第 27 师团少将步兵团长铃木启久的报告，并具体地分析了第四次"治安强化运动"之后冀东八路军的动向。铃木启久后来在《制造"无人地带"》一文中回忆说：

> 冈村有他的一套使用人的本领，有统驭人的能力，轻易不得罪人，但是总是把部队的功绩归于他自己。这时冈村对我说：
>
> "今年4月的扫荡战，你的部队粉碎了鲁家峪的八路军秘密阵地，获得了很大的战果。这个地区的治安大大改良。你辛苦了，希望你进一步奋斗，好好地干。"
>
> "不，这不过是偶然的机会罢了。"当时受到冈村的奖励，我心里也不禁有点高兴。
>
> "这个地区的治安确实是好起来了。"
>
> "只是表面上好，实际上恐怕还没有到那个程度。"
>
> "那究竟是怎么一回事呢？大体上鲁家峪的阵地是八路军冀东地区重大的根据地，这个地区的阵地若有损失，就对根据地有影响吧！"
>
> "我军占领鲁家峪，使八路军确实受到巨大打击，但是他们放弃这处阵地，并不表明八路军减弱了。他们往往放弃一处阵地，又进入另一处山区。另一方面他们对地下工作非常努力，可以说这是增加他们的实力。前几天，从丰润到唐山的重要公路上，1辆日军的联络军车白昼被袭击，1名联络兵被打死，军用联络书信也被抢走了。玉田到丰润的公路上，也发生同样事故。在汽车公路上还发现埋了不少地雷。虽然这个地区表面上看来，八路军不像以前那样活跃了，像是一处白色的地区，但是只要剥开一层表皮就发现红色的土地。那么八路军的根据地在什么地方呢。我只能回答说，'山区'，因此我们必须对'山区'彻底的打击不可。"我向冈村司令官说出了心底里的本意。
>
> "那么说，你对此事有什么打算呢？"冈村问。
>
> "在我的兵力掩护下，可以进行一次彻底的清剿，首先把凡是与八路军有任何关系的人一律杀无赦，彻底破坏他们的地下组织；第二，要使治安区居民同八路军完全隔开，这是绝对必要的。"

"你的意见可以作为一个方案加以考虑。"冈村的话似乎不是十分赞成我的意见。不过他又说：

"总而言之，这个冀东地区对于日本大陆政策是十分重要的地方，必须进一步在治安上加强不可。"

"在这长城附近的山地，有相当多的中国居民，这里虽然不完全是八路军的根据地，但他们隐藏八路军确是事实。在这方面，我们必须干一下。"我继续发表了我的意见。①

铃木启久对冀东形势的分析得到了冈村宁次的认可和赏识，决定在推行第五次"治安强化运动"中，在冀东以及平北部分地区（包括伪冀东道、燕京道）沿长城南侧大规模地制造"无人区"。

（三）部署制造"无人区"

1942 年 8 月中旬，日本华北方面军司令官冈村宁次主持兵团长会议，下达命令，从 9 月 1 日起实施第五次"治安强化运动"：

> 目前南方正在广大海域作战，我们必须尽可能以少数兵力确保大陆，不使南方战线有后顾之忧。然而，作为基地的本方面军管区内，特别是冀东方面的治安，处于极其令人忧虑的境况。这样的情况继续下去，是目前形势所不许的，必须迅速肃正，以免有所风吹草动。

作为第五次"治安强化运动"的主力，日本华北方面军第 27 师团奉命全部开赴冀东，并且在长城制造"无人区"。② 并按照计划，明确规定了如何划定、制造"无人区"：

---

① ［日］铃木启久：《制造无住地带》，选自［日］原岛修一编《日本战犯回忆录》，香港四海出版社 1975 年版。另参见中共河北省委党史研究室编《长城线上无人区》附录"日伪档案及战犯供词"，河北人民出版社 1993 年版，第 357—358 页。

② ［日］铃木启久：《我在冀东任职期间的军事行动》，河北省政协文史资料委员会编《河北文史资料选辑》第 12 辑，河北人民出版社 1983 年版。

沿长城线，距长城线 4 公里的遵化、迁安两县地区的居民，一律撵走，严禁在此地区耕作或通行。此地区划为"无人区"。

甲、该地区的居民自 9 月×日，20 天内离开划定区以外，不得留下一人；

乙、撤离时，自己能搬走的一切东西（粮食、家具等）在指定期限内撤完；

丙、自划定线至长城线的地方，禁止一切耕作；

丁、撤离后，房屋和剩下的物品全部烧毁；

戊、该地域内在 20 天以后，严禁进入和通行。

1942 年 9 月 17 日至 11 月 15 日，华北日军集结 5 万余兵力，实施所谓"冀东一号终期作战"，对冀东根据地进行毁灭性的扫荡和清剿。日军一方面在冀东境内修筑起多条封锁沟，把冀东基本区切割成若干个小片，盘山、鲁家峪、腰带山等 7 块游击根据地被变为"暂时无人区"；另一方面，日军沿长城线南侧，东起卢龙县桃林口，向西经迁安、迁西、遵化、蓟县、三河、平谷、密云、怀柔，至昌平县桃峪口一线，划定封锁线，挖掘封锁沟。封锁沟依山势走向距长城 8—30 公里不等，全长约 500 公里，日军将此带状地区宣布为"非治安区"，制造成"无人区"。据不完全统计，日军在长城内侧制造的带状"无人区"总面积达 4000 平方公里，搞得比较彻底的约 1500 平方公里。①

后来，铃木启久在其《制造"无人地带"》一文中对在他指挥下制造"无人区"的过程作了详细的交代。当制造"无人区"计划基本完成后，他曾陪同日军第 27 师团长原田熊吉乘飞机视察，记述了"无人区"被摧毁的惨状。

飞机沿长城线向西飞行再折向南边，不久就飞到迁安县北部地区上空。这里原来青色的森林出现了一块块的红色和黑色的烧毁和烧焦的痕迹。我想："到了，从这里起就是所制造的无住地带了"，

---

① 参见陈平《千里"无人区"》，中共党史出版社 1992 年版，第 51—54 页。

我打开地图查看时，飞机已到了遵化县上空。看看下方，只见森林中出现无数个烧成红色和黑色的大火后的灾迹。许多显然是整个村庄焚毁后，大火蔓延烧向山林形成更大的山火，这些灾迹有的呈长方形，有的呈椭圆形，非常之多。一根根光秃秃的烧成黑色的树干，杂乱地林立在山头。这里原来有许多村庄，但现在只剩下烧光的残迹，一户完整的房屋也看不到，证明计划成功！我一面这样想，一面仔细观察地面，突然从森林中看到有些淡紫色和白色的烟雾冒了出来。我想，还是有人，搜查得还是不够严密。我参照地图确定了它的位置，画下了记号。

第二天，我立即将各联队长召集到我的办公室，我把地图上的位置告诉联队长，然后下令说："你们务必要加强严厉地斩根烧绝，彻底清出一条无人地区。"

……

之后，各个联队更加每一天都严密地执行搜查和烧光、杀绝、赶绝的政策，把所有遗留的家宅村庄，一栋不剩地烧光、毁光，反抗者一律屠杀，把不能反抗的老百姓一律押送到满洲，让他们供给关东军充当劳役和作苦工。

这是步兵师团下令制造"无人地带"以来，仅仅20天就把冀东地区糟蹋成这种样子。

在这个期间内，日军强夺了约640平方公里的中国老百姓的土地。十几万中国老百姓被迫挨着冻饿流走到他处。一万数千户老百姓的房屋被日军烧成了灰烬，约200多名中国农民仅仅因为用愤怒的眼光投向日军而被枪杀。

这样，华北日军在长城南侧制造的"无人区"就与关东军在沿长城外侧制造的"无住禁作地带"一起，对长城线上的抗日根据地形成了两面夹击之势。

二　伪蒙疆在平北制造"无人区"

所谓蒙疆，是日本侵略者对察哈尔南部、山西北部、绥远东部（今内蒙古中部）地区的称谓。1933年7月，在日本侵略者的阴谋策动下，内蒙古各盟旗王在绥远百灵庙召开"自治筹备会议",并于次年成立"蒙疆政府联合委员会",在联合委员会下以归绥(今呼和浩特)、大同、张家口三地为中心,设立了"蒙古自治政府""晋北自治政府""察南自治政府"。1939 年,伪联合委员会又改组为"蒙疆联合自治政府"。它是日本侵略者继伪满洲国之后扶植的另一个傀儡政权。

平北是指当时北平(今北京)以北,平(北平)承(承德)铁路以西,平(北平)张(张家口)铁路以北,长城内外的一片地区。它包括伪满洲国的热河省的丰宁、滦平,伪华北自治政府的河北省的昌平、怀柔、密云、顺义,以及伪蒙疆自治政府的宣化省的崇礼、宣化、龙关、赤城、怀来、延庆,察哈尔盟的康保、宝源、张北等县,是伪满、伪蒙疆、伪华北 3 个伪政权的接合部。区域内西北至东南 200 公里,东北至西南 125 公里,面积约 2.4 万平方公里,北部为广阔草原,中部为山岳地带,南部为平川,燕山坐落其间,白河、潮河、黑河和妫水河纵流境内。平北的战略地位至关重要。它不仅处于敌之腹,而且处于敌之背,是华北抗战的最前线,是平西与冀东挺进热察以至收复东北的一个前进阵地。它隔着平张路与平西相连,隔着平承路与冀东衔接。正如 1940 年初晋察冀军区挺进军司令员萧克所指出的:"平北开辟起来,便成为平西及冀东、热河开展工作的前进阵地,成了平西与冀东的交通支点,也就是将来冀东与平西连成一体的接合部,是开展冀热察地区游击战争所必须开展的地区。"

1939 年 11 月至翌年 7 月、8 月间,中共冀热察区委员会和八路军挺进军政委员会根据上级指示,提出了"巩固地向前发展"的方针和"巩固平西,坚持冀东,开辟平北"三位一体的战略部署,稳扎稳打,广泛开展游击战争,创建平北抗日根据地。经过 1940 年、1941 年两年的艰苦奋斗,至 1942 年初,平北初步形成了由几小块游击区组成的抗日游击根据地,建立起了昌(平)延(庆)、龙(关)赤(城)、丰(宁)滦(平)密(云)、龙(关)延(庆)怀(来)、滦(平)昌(平)怀(柔)、龙(关)崇(礼)赤(城)6 个抗日联合县政权。截至 1941 年 6 月,除滦昌怀外,其余 5 个县都建立了县游击队。在比较巩固的村庄,青壮年组成自卫队,既生产又战斗。平北与平西、冀东根据地互为依托，互相配合，像一把钢刀插在敌人后方腹地，直接威胁着日伪统治中心——北平、张家口等重要城市和主要交通干线。

平北抗日根据地初步形成，成为伪满、伪蒙、伪华北接合部敌人的心腹大患，引起敌人惊恐，狂吠"延安触角伸入满洲"。敌人妄图以制造"无人区"，实现其摧毁平北抗日根据地、确保伪满的阴谋。

伪蒙疆联合自治政府辖境内的延庆、龙关、赤城交界地带的大海陀山区，是平北根据地的中心区域，平北地委、专署、军分区司令部以及龙延怀、龙赤、龙崇赤联合县委、县政府等机关都设在这里。为了扑灭境内的抗日武装斗争，伪蒙疆方面日伪军不断发动疯狂的"扫荡"和残酷封锁。1941 年 6 月起，伪蒙疆方面仿效华北日伪的"治安强化运动"，推行所谓第一次"施政跃进运动"，开始在雁北大量修筑据点，制造"无人区"。1942 年 1 月起又推行第二次"施政跃进运动"，配合伪满方面在长城线上制造"无人区"的罪恶行径，伪察南政厅炮制了《赤龙延三县特别工作计划》，决定以摧毁大海陀山区根据地为目标，明确把实施"集家防卫措施"，制造"无人区"作为完成计划的主要方法。

该"计划"中总结以往"扫荡"讨伐屡遭失败的教训说：

　　察南管辖区的癌症，在延庆、赤城、龙关东部三县共匪蚕食地域。

　　尽管我军警实施了数次武力讨伐和各项肃正工作，但好不容易取得的各项建设成果又逐渐落入敌手，他们继续占领地盘和挽回匪势。这是因为我方的大风一过式的讨伐和各项工作所致。因得不到我方警备力的庇护，处于共匪不断的武力强压下的居民对归宿茫然。

"计划"提出，为改变上述状况，这次要以实施和完善"集家防卫措施"为主，制造"无住地带"。

　　因此，期待通过确保县内的村落，完善集家防卫设施，达到缩小共匪的活动范围，扑灭共匪盘踞的据点之目的。警备员可以利用完善的防卫阵地，安心地使用少数人担任警备，并将这些村落作为据点，扩大行政渗透范围，一个村一个村地逐渐构成民众组成的铜墙铁壁，坚决粉碎共匪策动的侵略阴谋。

"计划"还具体谈到了实施"集家并村"，完善"防卫设施"的方针：

> 正式地着手建设集家防卫设施，需待解冰期。首先，筑有城墙的村落可将修理城墙作为应急的措施。避免警备队只驻在县城，应将其一部分散部署，以便在警备力量的掩护下组织扶植班，并以据点为中心，波浪式地向附近村镇扩展。①

伪蒙疆制造"无人区"的范围，大致西起长安岭，东至靖安堡，北自雕鹗、后城一线，南至滥角、后河一线，包括了整个大海陀山区根据地，与赤城县黑河川、延庆县汉家川伪满制造的"无人区"相衔接。同时，还由延庆岔道至永宁镇挖了一条封锁沟，试图切断大海陀根据地与延庆南山根据地的联系。②

1942 年 9 月至 12 月和 1943 年 4 月，伪蒙疆又连续实施了第三次、第四次"跃进施政运动"，继续妄图通过制造"无住地带"摧毁我抗日游击根据地。这从伪丰镇县的第四次"跃进施政运动"方针中可见其端倪：

> 依据第三次跃进运动，麻连图之集团部落建设，虽得防止自蛮汗山地区之匪团进入，更鉴于自兴和、商都、集宁县境地区（岱青山地区、张皋地区），并且自长城线地区（马厂梁）方面之共匪并

---

① 中共河北省委党史研究室编：《长城线上无人区》附录"日伪档案及战犯供词"，河北人民出版社 1993 年版，第 313 页。

② 陈平：《一个特殊战略地带——长城线上"无人区"》，中共河北省委党史研究室编《长城线上无人区》，河北人民出版社 1993 年版，第 11 页。

工作员之进入蠢动，以彻底讨伐行动，使匪团歼灭。同时实行共产地下组织破坏，并户口调查之扩充，彻底实施匪民分离，以图恒久治安之确保及民生之安定。

……警察队配置，于蛮汗山接壤地区，长城线地区，岱青山地区为重点。改变充实机动力，使自体防备实施完备。（3）灭共体制之确立强化。编成特务小队，特于长城线地区为重点，使揭发共匪地下组织，并情报搜集、思想工作等，以期确立灭共体制。（4）治安乡之设定。长城线地区，以30个乡设定为治安乡。于马厂梁建设集团部落，配置警察队，使特务小队工作勿待言以民众思想工作为指向重点，以期治安确立。①

至 1943 年秋，伪蒙疆方面实施的"集家并村"，制造"无人区"的活动达到高潮。下面是当年 9 月 1 日，伪蒙疆宣化省政府出台的关于制造"无住地带"的布告：

查近来平北地区之一部，竟有跳梁之共党不时出没……为挽救垣域内居住之良民脱离匪患，于匪跋扈地区指定"无住地带"，令彼等良民移住无匪地域，而使敌匪欲穿无衣，饮食无粮，欲住无屋，杜绝其活动之根源，使其穷困达于极点，俾陷于自行歼灭之境。此外更施以彻底剿除，残败敌匪，定可早日肃清。

一、无住地带之指定地域及日期

1. 松树岭、靖安堡、松树洼、苏家河、五里坡、下河、后河、头水沟、五于家地、小庄科、大庄科、降栅山、下栅、上栅、蒋口子、菅盘沟、西嵯山、大融山、小融山、滥角。

2. 日期：自成纪 738 年（1943 年）9 月 1 日起实施，至同年 10 月 31 日止。

二、搬运办法

① 《伪丰镇县四次施跃实施方针》，谢忠厚等编《日本侵略华北罪行档案·无人区》，河北人民出版社 2005 年版，第 23—24 页。

1. 无住地带指定地区之住民务须于成纪738年10月31日前由该地区内向该地区外退出之。

2. 退出事务：须将自己或所管一切家屋财产等一切物品搬出至移住地带内为要。往移住地区尽数搬出之。

3. 移住地照□□移出方法之详细□□官，县长通知之。

三、禁止限制事项

1. 如无官方之许可，不得擅于无住地带内耕种地亩。

2. 如无官方之许可，亦不得随意进入或通行于无住地带内。

四、罚则

倘有违反所规定之无住地带内应禁限制事项时，则视以敌匪或通敌者，须严重处分之。[①]

与制造"无人区"相配合，伪蒙疆日伪军集中重兵，不断对大海陀山区根据地发动疯狂的"扫荡"进攻，而且一改过去"大风一过式的讨伐"方式，稳扎稳打，分区域扫荡，采取碉堡推进政策，逐步压缩，反复摧毁，不少村落连续被扫荡几十次，被烧毁七八次。

第三节 "千里无人区"之形成

一 日伪扩大"无人区"

1942年下半年以后，由于日伪在长城内外两侧默契"协作"：华北日伪军在长城内侧冀东地区大搞"治安强化运动"，伪满方面日伪在长城外侧大搞"西南地区特别肃正工作"，并且不约而同地把制造"无人区"，当成覆灭抗日武装力量，摧毁抗日游击根据地的主要手段，冀东抗日斗争因此处在了一种四面受敌、两面被夹击的不利局面。为了粉碎敌人的阴谋，变被动为主动，冀东抗日武装力量创造性地将内线防御与

---

① 《中共冀热边特委关于热南地区一年以来敌我斗争的总结》，1944年4月18日，中共河北省委党史研究室编《长城线上无人区》，河北人民出版社1993年版，第323—324页。

外线进攻相结合，主动出击，敌进我进，主要出击方向为热中、滦东、热东和辽西。在热中，到 1943 年 5 月，开辟了以光头山为中心的根据地，建立起了承（德）平（泉）宁（城）抗日联合县政权。在滦东、热东和辽西地区，到 1942 年 12 月，开辟了以老岭为中心的抗日根据地，建立起了临（榆）抚（宁）凌（源）青（龙）绥（中）抗日联合县。1943 年年初，又一分为二，在长城外侧伪满辖区建立凌青绥抗日联合县。

热中、热东、辽西抗日游击战争的迅猛发展，使伪满日伪倍感恐慌。其在《对中共冀东党的战略分析及对策》文件中不无忧虑地指出，"形成冀热抗日根据地，是中共一贯的动向"，冀热边新体制的出现，"表现了冀热区之特性"。作为应对之策，日伪从 1943 年春开始，于 1942 年已在长城沿线大规模制造"无人区"的基础上，又重新作出规划，将新、旧抗日游击区全部划设为"无人地带"，猛烈扩大制造"无人区"的范围。

这从伪满当局拟定的所谓《十年度热河省特别工作实施要领》中可见一斑。该要领明确把建立"集团部落"，设立"无人区"确定为"十年度肃正工作的最大项目"，其他工作都以此为轴心进行。依照该"要领"，"国境"五县（即丰宁、滦平、承德、兴隆、青龙）全域（丰宁县的一部除外）和与之相邻的县、旗境附近一带，以及光头山地区，按"2127 个部落，161796 户"全面实行"集家并村"。[①] 具体而言，包括：以丰宁为中心的 6 个村庄以外的丰宁全县，承德县全县，青龙县全县，喀左旗要路沟地区、佛爷洞地区、子尔灯地区、白枣一部分地区、三十家子一部分地区、茶棚一部分地区，喀中旗七沟地区、松树召一部分地区、黄土梁子一部分地区、八里罕一部分地区，围场县吉民一部分地区，兴隆县蓝旗营子一部分地区，隆化县荒地地区、马家营子地区、太平庄地区、官地地区、县城南部、三岔口一部分地区、郭家屯

---

① 司法部刑事局《中国共产党的对满策动及对其治安对策——特以冀东、热河为中心》摘录，中央档案馆等编《日本帝国主义侵华档案资料选编·东北大讨伐》，中华书局 1991 年版，第 606 页。

一部分地区，喀右旗七家地区、旺业甸地区、五家地区等。

根据以上规划，伪满日伪开始在长城沿线全面大规模制造"无人区"。

在热东、辽西，1943 年春，日伪制造新的"无人区"规划范围，扩大到西起青龙河东岸，向东至九门口（距山海关 10 公里）；南起长城线，北抵建昌要路沟至王宝营一线，宽约 30—50 公里不等，包括青龙县东部、凌源、建昌南部及绥中西部广大山区。

日伪制造"无人区"规划制定后，从 1943 年 2 月开始，就集中兵力大扫荡，强迫群众修建部落，驱赶群众"集家并村"。由于遭到了抗日军民激烈的反抗，日伪几次"集家并村"计划都被粉碎，斗争一直持续到秋季。9 月 18 日，长城内外日伪军集中 5000 余兵力，分 10 路合围老岭根据地，足足围困"扫荡"了 17 天，对老岭根据地的中心村花厂峪予以彻底摧毁。

日伪在疯狂摧毁老岭根据地的同时，以重兵展开全面大"扫荡"。一时间，凌青绥新游击区里腥风血雨，烈焰冲天，村村被夷为废墟，大量无辜群众遭屠杀。据统计，凌青绥地区反集家斗争中有 1 万余群众被屠杀，仅青龙县就被杀害 7200 多人。

在热中，伪满日伪是将承平宁游击区视为八路军向东北腹地推进的交通枢纽，必欲去之而后快。从 1942 年，日伪沿长城线大规模制造"无人区"之际，就已将都山区制造成了"无人区"，摧毁了从锦热路至长城线纵深百余里的游击区，承平宁与冀东的联系因此被隔断，陷于孤悬敌后的不利局面状态。1943 年，日伪开始在热辽地区全面制造"无人区"时，又将承平宁地区列为重点，对刚刚形成局面的承平宁地区加以疯狂摧残。

日伪在承平宁制造"无人区"，首先把魔掌伸向了光头山根据地。从 1943 年农历春节，日伪军大举围攻光头山之后，就将光头山区划为"无住禁作地带"，持续反复"扫荡"。为了彻底摧毁根据地，在连续"扫荡"中，多次发起大"检举"，着力摧毁基层抗日组织，并同时驱赶群众"集家并村"。

日本战犯、前承德日本宪兵队本部特高课长木村光明对日军在光头山区实行大"检举"情况有如下供述：

光头山南侧大逮捕：与袭击光头山我武装部队的同时，日伪军警宪 300 余人，自腊月 30 日（1943 年 2 月 4 日）夜五更开始大逮捕。以开会为藉口，将大地、张家营子、马架子、九神庙、车轮窑等村男子全部集中起来，至正月初八（2 月 12 日）为止，共逮捕现在有姓名可查者 297 名。

光头山西南侧大逮捕：在圣祖庙、榆树底、三家、和家、三沟、六沟一带，据现在有姓名可查者 72 人。（南侧大逮捕同时进行）

光头山西南侧二次大逮捕：同年农历 6 月 18 日（1943 年 7 月 19 日）发生。日伪警宪特 350 余人，从和家、榆树底、严家营、龙王庙 4 个村捕去 84 人；从石凳上、东沟门、大西沟捕去 20 人。①

另外，在其他地方也不断进行搜捕，据统计，1943 年上半年内，共计在光头山地区逮捕基层干部和骨干分子 740 多人，使光头山根据地受到严重摧残。至 1944 年夏，日伪在承平宁全面完成"集家并村"。

日伪在热东、辽西及热中地区"集家并村"的同时，对热西、热南地区更大范围地扩大"集家并村"。

在热西，1942 年大规模"集家并村"时，沿古魏长城直到丰宁县的千家店、花盆、红旗甸一带山区。1943 年春季开始，又沿长城向北扩展到独石口，将整个黑河川及老丈坝、大滩等坝上地区，都实行"集家并村"，并沿长城划定"无住禁作地带"，严密封锁其所谓"国境"线。与此同时，在丰宁县全境及隆化县大部地区，1 万多平方公里的并没有抗日活动的地域里也全部"集家并村"。

在热南，日伪周密部署、筹划，动用一切军、警、宪、特力量及伪政府机构，全力进行"集家并村"，制造"无人区"。这从木村光明的交代中可见一斑：

---

① 转引自陈平《千里"无人区"》，中共党史出版社 1992 年版，第 62 页。

1943 年，为了抵制八路军的攻势，要造成无人地带。关于无人地带的造成，是受关东军、中央治安部、西南防御军的批准，于热河省兴隆、青龙、滦平及喀喇沁中旗造成无人地带。

同年 6 月间，根据安藤司令官命令，□□部队长及副官，松本部队长及副官，小川部队长及副官，□□部队长及副官，安藤宪兵队长，木村大尉，热河省长、省次长、总务科长、警务厅长、高迁特务科长、省协和会事务长、省科长一名，锦州高等法院次长及检察厅次长，兴农合作社理事长，承德关税长，铁警旅长，佐古益次郎（在所），原某（在所）、满军五军〈区〉司令官，各部队长，承德满军、宪兵团长，我想石原中佐也参加了（在所），都召集在热河省防卫司令部①，由植山参谋及酒井参谋司令，开会研究关于无人地带造成问题。

结果决定事项：

（1）以省为主体进行之，协和会对农民进行动员。

（2）把三三五五分散的住户，归并在即（既）有的村内，房屋拆毁的损失费由省方负担。

（3）日满军警要共同协助省方。

安藤承德宪兵队长回队后，命令金田准尉关于前记会议事项起草，我辅佐队长将此命令发给管下 4 个分队。

（1）省方为了造成无人地带，各分队要进行协力。

（2）与现在部队长进行协力。

1944 年 3 月（初春），安藤司令官推测现在已快到春耕之时，八路军在无人地区是否开始春耕，下命令，使日满军警严加警戒。

关于造成无人地带，第二次会议召开时，在会上根据省次长的报告，青龙、兴隆已完成 80%，滦平已完成 90%，喀喇沁中旗尚未完成。②

---

① 即西南防卫司令部。

② 谢忠厚等编：《日本侵略华北罪行档案·无人区》，河北人民出版社 2005 年版，第 4—5 页。

抗战胜利后不久，中国共产党领导下的解放区报刊曾以《敌寇制造无人区（人圈）热南四万二千平方里的土地人烟罕见》为题，对日本侵略者在热南制造"无人区"的罪行给予揭露：

民国卅一年（1942年）的春天，敌寇在我冀热辽区从古北口到山海关长约七百余里的长城两侧，包括承德、密云、迁安、兴隆、平泉、青龙、滦平、遵化、凌源等县，长城以北四十里、以南二十里，均不让有一个中国人存在，开始了残酷的"集家并村"办法：第一阶段，先把三家五家太分散的零碎户集中到村庄里，这是"命令"，不去就是烧杀抢。但老百姓不是那样温驯的，除开展非法斗争外，还利用了一些"合法"的斗争拖延时间。卅二年（1943年）开始了"集家"的第二期，不只零碎户要集中，而且要把所有的小村子都集中在离长城四十里以外山沟口较大村里，名之曰"部落"，亦名"人圈"。但中国人民能够服从这个命令吗？绝对不能，因此"杀光、抢光、烧光"的三光政策残暴的施行在这块辽阔的土地上，敌寇的兽群每天在山沟里山顶上进行扫荡搜索，见人就杀，见房子就烧，就是一所茅草窝铺也难免灰烬的命运，牲口和财物掳掠一空，就是不通人事的鸡犬也难逃活命。这样的搜索扫荡一个村至少在几次以上，在马尾沟竟烧杀了十四次。不甘屈服的中国人民第一次被烧了房子，他们又搭起草屋来，但是凶狠的敌人又来个二次，经过无数次的"搭"与"烧"的斗争，群众的力量使尽了，只得隐避在水沟里、大树下、土谷里以减小目标，略避风寒。但敌人更残的办法还有啊！在每个山头上分布着碉堡监视着人们的动静，只要发现人影，必追逐杀死而后已，因此躲在山谷里的人们连火都不敢生，恐怕火烟暴露了消息；母亲抱着孩子，时刻不敢让他离开了奶头，恐怕孩子的哭声把敌人引来，有的孩子在止不住哭泣时可怜的让他母亲长久的用奶头塞死。马尾沟只四个小村70户人家竟被杀死50余人，好多村庄被杀在半数以上，全家被杀的也为数不少，四万二千平方里的土地上成为人烟罕见的一片凄凉了！①

二 "千里无人区"的地域范围

伴随着"集家并村"工作的进行，日军将讨伐困难、"可能成为匪团根据地"的山区划为"无人地带"，即对滦平县"国境"地区（于营子前面地区、琉璃庙前面地区、四海沿前面地区），丰宁县"国境"地区（东卯前面地区、白草营前面地区），光头山地区（以光头山为中心的承德县、喀中旗、喀右旗的一部分），五指山地区（以五指山为中心的承德县、兴隆县、青龙县的一部分），都山地区（以青龙县都山为中心之地区），五子山地区（冷口北方地区），五龙山地区（以五龙山为中心的承德、兴隆、滦平、密云各县的一部分）等"国境"各县，规定距"国境"4 公里以内，为禁止居住、耕种、进入的地区。此外，各伪县、旗还可以根据"治安"需要，随时规定暂时的禁种地区。②

到 1944 年春，日伪制造"无人区"的计划基本完成。在东起山海关以西的九门口、西抵赤城县独石口以东的老丈坝，长约 850 公里的长城线上遍布大大小小的"无人区"。

> 在兴隆与冀东密云、平谷交界的地方有一条南北长达百里的"无人区"，而从兴隆到蓟县的一条山沟老百姓称作"千里无人区"；在马兰峪一条 30 里长的山沟里不见人烟，草深丈余，遍山白骨累累。梨子熟透了，掉在地上，烂掉……最大的一个"无人区"是西起丰宁，沿滦平、承德、兴隆、平泉、青龙，东抵凌源，长700 里，宽 250 里，全面积达 17.5 万平方里，境及 7 县。③

在热南，"只路北承平宁北部巴里罕以北、黄土梁以东未集家，

---

① 谢忠厚等编：《日本侵略华北罪行档案·无人区》，河北人民出版社 2005 年版，第 37—38 页。

② 军事部思想战研究部：《西南地区治安问题之考察》摘录，中央档案馆等编《日本帝国主义侵华档案资料选编·东北大讨伐》，中华书局 1991 年版，第 609—610 页。

③ 方纪：《血泪凝成的数字———一个统计材料》，《晋察冀日报》1946 年 3 月 6 日。

但环境亦逐渐紧张"①。

　　据勘察核实，按现在的行政区划，"无人区"的范围包括青龙、宽城、承德、兴隆、滦平等 5 个县的全境；丰宁、隆化、怀柔、平泉、宁城、建昌、凌源等 7 个县的大部地区；绥中、喀喇沁旗、围场的局部地区；平谷、密云、延庆、赤城等县长城以北当时被划入伪满辖境的地区，还有遵化马兰峪的所谓"满洲国特区"，总面积达 5 万平方公里，其中"无住禁作地带"约 8500 平方公里。而这还只是长城外侧的"无人区"的范围、面积，不包括长城内侧"无人区"的范围、面积，因为长城内侧的"无人区"在 1943 年夏季即被粉碎。② 当时热河省共有 214179 户，1070895 人被集家，分别占总户数、总人口的 33.4% 和 28.7%；另外，还有 123718 户，618590 人被迫迁移，分别占总户数、总人口的 19.3% 和 17.9%。

第四节　"无人区"里的斗争

　　哪里有压迫，哪里就有反抗。面对滴血的屠刀，"无人区"的人民并没有屈服，而是奋起抗争，拿起武器，为了维护人格的尊严，为了争取生存的权利，与无比凶残的敌人展开了一场艰苦卓绝、举世罕见的殊死斗争，演绎了一幕幕壮举，谱写了一曲曲悲歌，它们汇聚一起，就构成了中国抗日战争史上最悲壮的一个"特写镜头"。

一　反"集家并村"

　　敌人"集家并村"的目的是使游击队和老百姓隔离，把抗日军民的血肉关系割断。但事实与侵略者的愿望正好相反，从一开始，"无人区"军民就团结一致，坚持进行反"集家并村"的斗争。

---

　　① 《中共冀热边特委关于热南地区一年以来敌我斗争的总结》，1944 年 4 月 18 日，中共河北省委党史研究室编《长城线上无人区》，河北人民出版社 1993 年版，第 83 页。
　　② 陈平：《千里"无人区"》，中共党史出版社 1992 年版，第 58、65 页。

　　反"集家并村",使日伪的集家计划不能顺利进行,首先就是拖延、破坏修"人圈"。日伪"集家并村"开始,就强迫群众修筑部落围墙、碉堡以及汽车路。党组织就领导群众千方百计拖延施工进度,白天拖拖拉拉干一点,晚上就呼啦啦地拆毁了。有些地方好容易建成了部落,游击队来了就给拆毁了。平北昌延二区干部,发动群众一夜工夫把汉家川几座部落拆毁,群众又回到山里坚持抗日斗争。特别是热南地区,在 1942 年,在抗日军民两次战役支持下,将大部分刚刚建成的部落拆毁。日伪原计划在 1942 年内完成热南地区"集家并村"的计划落了空。

　　其次是动员"无人区"群众向深山根据地转移。特别是青壮年尽可能转移到根据地去坚持斗争,只让老人、妇女进入"人圈"。在靠近长城线地区,则动员群众转移到长城南侧基本区去,或投亲靠友,暂避一时,伺机潜回原地坚持。在争夺战中,许多群众挣脱日伪的控制,转移到根据地,以兴隆县靳杖子集家区为例,处于中间地带的 10 多个村庄,1000 多户中,转移到根据地的群众达 600 户,3000 多人。

　　为了挫败日伪"集家并村"的阴谋,坚持"无人区"斗争的中共党组织还发出"县不离县,区不离区,村不离村","守土抗战"的号召。如 1942 年 2 月间平北地委和军分区就在发出的《关于反"扫荡"的指示》中强调要求:"哪怕只剩下一个村庄,一个山头,也要坚持到最后胜利。"党政干部团结深山区里的群众誓死不下山,不入"人圈"。这些地方山深林密,日伪鞭长莫及,在反"扫荡"中群众便于警戒、转移和隐蔽。另外,由于这些深山区距离指定集家地点太远,如果群众被集家驱离,就意味着彻底失去了土地,根本无法生存。所以,各级党组织就动员群众坚决抵抗,这是唯一的生路。日伪军虽然反复"扫荡"摧毁,只能激起群众更大的仇恨和更坚决的抗争。这些地区大都在反集家斗争中建设成了巩固的抗日根据地。

　　由于伪满方面实行极为严酷的经济统治,并且以"国境海关"实行经济封锁,"无人区"群众生活非常困难,尤其是布匹、食盐及各种日用品极为匮乏。因此,打破敌人的经济封锁,解决"无人区"民众生活上的种种困难,就成为反"集家并村"斗争的一项重要工作。同时，日伪对"无人区"实施严厉的经济封锁，其险恶目的就是要切断抗日武装的经济来源，使抗日武装失去基本的物质生存条件，吃无粮，穿无衣，居无所，最终不能坚持而失败，所以，打破敌人的经济封锁也是坚持"无人区"抗日斗争所必需的。

为打破敌人的经济封锁，各根据地千方百计采取各种措施，恢复发展"无人区"的商业贸易，奖励与保护人民的"走私"活动。

1943 年 3 月，中共北方分局发出对冀东工作的指示，明确指出：

> 今后我应加强注意冀热边的贸易工作，大量发动热河人民走私，组织口里人民的货物运输线；在冀热边地带以一定数量的地方武装进行游击活动，保护走私的商人和货物，并逐渐让走私成为有组织的行动；发给走私人民以枪支，加强他们的领导，使他们自己武装起来保卫走私。①

在丰滦密根据地，抗日政府积极发动"无人区"群众，从组织贩运入手，把群众组织起来。建立地下运输队，每个村组成贩运组，几个村设一个联络站，站站相通，形成地下贸易交通线，开展各种生活必需品的商贸贩运活动。在青龙县，"为打破经济封锁，在区、村党组织的领导下，各地积极组织地下运输队，每队少则三五名，多则十几名，从关内运粮、盐、布。当时开辟了三条交通线即从青山口—大地—板城—平泉梓椤树；艾峪口—野鸡峪—大前坡峪—承德县上谷；喜峰口—柏木塘—王厂沟—塌山—承德县八家。各条干线沿途设若干交通站，物资从关里运来，各站及时转送。八路军主力部队出关时也经常给群众带些食盐、布匹及小米、花生、板栗等。地下运输队为躲避关卡，出入关都是爬老边（指过长城墙）"②。

---

① 《中共中央北方分局对冀东工作的指示》，1943 年 3 月 25 日，《晋察冀抗日根据地》史料丛书编审委员会中央档案馆编《晋察冀抗日根据地》第 1 册《文献选编》（下），中共党史资料出版社 1989 年版，第 837 页。

② 中共宽城县委党史资料征集办公室：《日本侵略军在宽城制造"无人区"》，中共河北省委党史研究室编《长城线上千里无人区》第 3 卷，中央编译出版社 2005 年版，第 142 页。

1945 年 1 月、2 月间，冀热辽区委员会又对发展"无人区"商业贸易，提出了具体的工作指导方针：

> 打通口里口外的经济往来，以冀东的盐布日用品换口外的粮食，解决口外人民部队盐布日用品的困难，对于恢复开辟口外，极为重要。应组织口里口外群众的贸易运输小组，团结商贩，保护走私，边境出入口税卡，应即撤销，必要时可建立人民武装"走私"队。①

> 巩固现有阵地，建立支撑点。十五分区，以现在承兴及长城边沿为基地，解决人民生活上的困难，组织公营、私营的布、盐等必需品的运销与粮食的交换，有组织的奖励与保护人民走私，造成人民生存站脚条件。

> 组织多数合作社、商贩组（由政府经济部门管理），与"人圈"人民建立经济生活上密切关系，这是打通"人圈"重要条件之一。对"人圈"人民必须加以保护，允其自由经商，给以便利及保护，更可借此控制、教育，给以适当工作。

> 组织多股的官助民办的运销组织，物色适当人选，不必要求他做多少抗日工作，只要能做买卖，有通行经验，帮助其资本，向路北运贩，建立经济关系，准备隐蔽工作的站脚点。②

上述这些指导方针的制定及施行对打破敌人的经济封锁发挥了积极作用。

二 坚持抗日民族统一战线政策

在"无人区"斗争中，中共坚持并正确运用抗日民族统一战线政策，团结广泛的爱国力量，在对敌斗争中发挥了重要作用。

---

① 《中共冀热辽区委员会关于目前对敌斗争的决定》，1945 年 1 月 15 日，中共河北省委党史研究室编《长城线上无人区》，河北人民出版社 1993 年版，第 98 页。
② 《中共冀热辽区委员会关于热辽工作的初步总结意见与恢复开展热辽工作的决定》，1945 年 2 月 5 日，中共河北省委党史研究室编《长城线上千里无人区》第 2 卷，中央编译出版社 2005 年版，第 70—72 页。

首先，积极争取、联合"无人区"各阶层民主人士和爱国知识分子共同抗日。用事实教育他们，启发和提高他们的民族意识，进而引导他们由同情抗日，转向积极参加抗日斗争。如原喀喇沁中旗财政局长韩祐庵在日本侵略者占领热河后，坚持民族气节，回乡隐居，不肯为敌伪服务，后来在党的教育、引导下积极参加抗日斗争，出任本村伪协和会会长，利用自己的"合法"身份为抗日做了许多工作，如搜集日伪情报、掩藏抗日物资等。

其次，争取伪组织、伪行政人员的同情与支持，建立抗日"两面政权"，为八路军在"无人区"斗争中提供物资、情报。制定正确的公开与秘密、合法与非法、打拉结合的斗争策略，在日伪组织、行政人员中，除无情打击少数死心塌地、甘当汉奸的民族败类外，努力争取绝大多数人的同情与支持，釜底抽薪，从内部粉碎日伪的"无人区化"政策。

开展"人圈"内部工作，对"圈"内秘密普遍建立友谊关系，注意争取部落长，给"圈"内人民以相当保证，原谅他们支应敌伪的苦衷，关心他们的痛苦，帮助解决他们的困难，与他们建立经济上的关系……使之逐渐了解我们，争取其意转向我们，消除其对我恐怖及"圈"内外人民对立现象。

"圈"内工作要隐蔽进行，利用各种机会建立短小精干之抗日和党的组织。照顾"圈"内人民应敌困难，其应敌方法，领导其与敌进行合法、非法斗争，掌握两面政策，争取为抗日两面派，不做过高要求，传达我意见，供给我情报、资财，使（我）工作（人）员能在内隐蔽工作，部队能隐蔽住即可。

抓紧［住］一些敌人之残暴事实，进行宣传，激起仇敌情绪，准备有利时机到来，组织"人圈"暴动。在可能条件下组织游击小组，进行"圈"内锄奸工作，铲除死心亲日分子。

打击坏的上层，争取下层，提高下层抗日积极性，但一般采取宽大政策。①

据兴隆县的调查统计，到1944年，全县199座"人圈"中，60%由日伪绝对控制而转变成隐蔽抗日地区，20%转变成抗日两面政权，其中不少部落已完全为抗日政权所控制，有的"人圈"还建立了党支部。②

分化与瓦解伪军、伪组织，从思想上、行动上改造他们，使之枪口对外，参加抗日斗争，也是抗日统一战线工作的一项重要内容。针对不同情况，采取区别对待的政策，是进行这项工作的核心：

> 满境内的伪军、伪组织不能以中心地区死心塌地的汉奸看待。他们长期的受敌人一面的统治与麻痹、奴化教育，我们应耐心的从思想上改造他们，原则上一个不杀。坏分子是敌人的骨干，能争取坏的，对动摇伪军、伪组织的影响更大。这是瓦解他们有效办法，应不惜苦口婆心，再擒再纵。
>
> 从反正伪军与俘虏伪军中培养作争取、瓦解伪军的干部，是争取伪军的最好桥梁。
>
> 优待俘虏，安插工作，不强迫其回家。参加工作者愈多，愈可动摇伪军。且须积极从思想上改造，俟其逐渐成为干部。③

在对伪满军的宣传上也区别对待，对伪满军、伪国兵、伪讨伐队制定了不同的宣传内容。1941年，正是日伪当局进行大规模"集家并村"时期，兴隆茅山100多名伪矿警在中共的教育下举旗反正，参加了八路军，给日伪的"集家并村"以有力打击。

---

① 《中共冀热边特委关于热南地区一年以来敌我斗争的总结》，1944年4月18日，中共河北省委党史研究室编《长城线上无人区》，河北人民出版社1993年版，第86页。

② 陈平：《从坚持"无人区"到进军东北》，中共河北省委党史研究室编《长城线上千里无人区》第1卷，中央编译出版社2005年版，第63页。

③ 《中共冀热辽区委员会关于热辽工作的初步总结意见与恢复开展热辽工作的决定》，1945年2月5日，中共河北省委党史研究室编《长城线上千里无人区》第2卷，中央编译出版社2005年版，第71页。

另外，小商人、鸦片商、僧人、红枪会会众等也都是统战工作的对象。通过耐心细致地工作，争取到很多小商贩、鸦片商为我采购物品，搜集情报，许多人还参加了革命工作，对打破敌人的经济封锁、解决军需民用起到了一定作用。如 1940 年 10 月 25 日，在红枪会会众的配合下，周治国率领游击队员 50 人，夜袭宽城峪耳崖金矿，消灭日军 21 人，俘伪矿警 30 人，缴获许多武器。

三　加强党政建设

由于日军的反复"扫荡"摧残，中共领导下的基层党政组织和群众团体遭到极大破坏和损失，因此，在坚持"无人区"斗争的过程中，必须及时整顿和恢复党政组织，充分发挥其核心领导作用，才能形成坚持"无人区"斗争的坚强战斗堡垒。如丰滦密第二区各村党支部，在 1941 年冬季敌人的疯狂摧残下遭受严重损失。1942 年春，中共丰滦密县委利用战斗间隙，及时加以整顿恢复。第二区（中心区）原有党员 168 名，重新登记 64 名，又发展了斗争中涌现出的 32 名骨干入党，恢复重建 17 个党支部。兴隆县在连续几年反"集家并村"的斗争中，不断整顿组织、发展新党员，到 1943 年年底，几块游击根据地仍有 600 多名共产党员，89 个支部，成为坚持"无人区"斗争的坚强核心。

为适应特殊的斗争环境，中共总结经验、教训，在"无人区"逐步建立健全起了一元化的党政领导机关。1943 年 3 月，中共中央北方分局对冀东、热南"无人区"的党政建设发出指示：

（1）党的组织

冀东、热南地区区域宽大，根据地不能形成整块，游击性很大，没有一个较为稳固的中心地区，领导机关必须到处游动，因此在组织形式与领导方式上，与一般根据地都应有区别，不宜用区党委、地委等正规的党的组织形式。分局决定，在目前冀东地委所辖地区成立冀热边特别党委，为该地区党政军民一元化的最高的领导机关。该地区党、政、军、民主要负责同志，均应参加特别党委为委员。

在上述四地区中，各设一地区党委，受特别党委的直接领导。

地区党委是这一地区的党政军民一元化的领导机关。地区党委书记，应兼本地区部队（团或区队）的政治委员。

在地区党委之下，成立各县县委或各县工作委员会，受地区党委的直接领导。

（2）政权组织

在冀东专署现辖地区成立冀热行署，为边区政府在冀热地区的代表机关。

在各地区设立专员公署，由冀热行署代表边区政府领导。①

一元化的领导增强了党政组织的凝聚力、战斗力，为坚持"无人区"斗争提供了坚强的组织保障。

在基层党组织建设中，大批在"无人区"斗争中涌现的立场坚定、作风过硬的优秀分子被吸收入党，并普遍以村为单位成立党支部。即使在日伪统治严密的"人圈"里也建立了党的组织，为便利开展工作，一些党员还担任了日伪的伪村长、甲长。中共党组织还在战斗间隙通过进行火线整党，举办党员训练班等方式，加强基层党组织的战斗力，着力提高党员的素质。如1943年春，冀热边特委在马架子沟、羊羔峪等村举办了8期党员训练班，整顿了38个党支部。

稳固的根据地是开展对敌斗争的依托。在反"无人区化"斗争中，在中共的领导下，先后建立起了兴隆"无人区"根据地、承平宁抗日游击根据地、丰滦密抗日根据地、宽城王厂沟根据地以及冀东的遵化、迁西、迁安、玉田等根据地，并在根据地建立各级抗日民主政权。到1940年年底，冀东地区已经建立起7个抗日联合县政权。到1943年夏天，冀东根据地的人口发展到363万，抗日政权得到进一步发展和巩固。当年7月，根据抗日斗争需要，又撤销晋察冀边区第十三专署的建制，建立了冀热边行署，由特委书记、分区司令员李运昌兼任行署主

---

① 《中共中央北方分局对冀东工作的指示》，1943年3月25日，《晋察冀抗日根据地》史料丛书编审委员会中央档案馆编《晋察冀抗日根据地》第1册《文献选编》（下），中共党史资料出版社1989年版，第839—840页。

任。行署下建五个专署，分别领导各县政权工作。"到大反攻前，冀热辽行署所辖县级政权已由一九四五年一月的二十五个发展到三十一个，其中县政府二十个，相当于县级的办事处十一个。"①

四　广泛开展武装斗争

长城沿线的抗日武装力量处在伪满洲国、伪华北政权、伪蒙疆政府三个伪政权的包围之中，受到日本关东军、伪满军、华北日伪军、伪蒙疆部队合力讨伐和围剿，环境异常严峻残酷。表面上看，伪满洲国方面用于冀察热辽"无人区"的关东军虽然不足 1 万人，但却调用了可以机动的伪满洲国兵、警察、"讨伐队"、宪兵大约 10 万人，约占伪满洲国所有伪军事力量的三分之二。伪蒙疆参加"无人区化"的部队也有 1 万多人。华北方面，仅驻扎在山海关至独石口的日本军队即达一个师团，其主要任务就是协同关东军进行"无人区化"。

根据这样一种特殊环境，战斗在"无人区"的抗日武装适时进行调整，如将部队由大团改编为小团及游击队，以适应"无人区"战斗。1942 年秋，冀东军分区改称第 13 军分区，将原来下辖的两个团分成 3 个小团。1943 年 7 月，冀东地区建立一元化领导机构——冀热边特委，下辖 3 个小团，8 个支队，直至 1944 年 10 月建立冀热辽军区为止。冀东部队的小团建制提高了部队在"无人区"军事战斗的灵活性、机动性，更有效地打击了日本侵略者。

与此同时，八路军积极发动"无人区"群众，激发了他们的民族意识和斗争热情，使他们积极投身到民族解放的洪流中。八路军始终关心群众疾苦，与群众同甘苦，不侵犯群众利益，努力减轻群众负担。"无人区"的八路军严格执行"三大纪律"和"八项注意"，把根据地的人民当亲人，在入住群众的房子时，帮助老乡挑水、做饭、扫院子。自己缝补衣服，吃饭如数给钱。"人圈"里的群众大多生活困难，衣不遮体，八路军在解放"人圈"时，严格执行不进百姓家的政策。"无人区"群众也尽全力支持抗战，母送子、妻送丈夫参军，照顾伤员、站岗

　　① 赵书云：《冀热辽地区党组织沿革简述》，冀热辽人民抗日斗争史研究会编《冀热辽人民抗日斗争文献·回忆录》（第 3 辑），天津人民出版社 1987 年版，第 537 页。

放哨、传递情报、筹集枪支、粮食、医药等,军民在"无人区"斗争中结成了鱼水情。

为了壮大"无人区"的抗日武装力量,各根据地还特别重视和加强民兵武装建设。县设武装部,区设大队部,各中心村中队部,各设分队或民兵班。据兴隆县统计,在雾灵山、五指山、狗背岭等根据地里,约3万人的群众当中,男性青壮年几乎都参加了民兵队伍,人数达6000多名。许多妇女、儿童也组织起来拿起武器,参加到了对敌的武装斗争中。

根据地的民兵,一手拿枪打敌人,一手拿锄进行生产,做到战斗、生产两不误。为了监视敌人,民兵用喊哨的形式传递敌情,指挥群众转移,使日军的"扫荡"往往扑空,有效地保护了坚持在"无人区"的民众。在战法上,麻雀战、破击战、地雷战到处开花,狠狠地打击了敌人,保卫了根据地。民兵中涌现出"五虎地雷组"盘山民兵班这样的战斗集体。民兵还参加战斗,配合主力部队打击敌人,如在攻打熊虎斗的战斗中,大地"部落"外坚持斗争的300多名民兵配合八路军马骥连队毁路炸桥,阻击日伪援军。在武装民兵中队长李清波的带领下,将峪耳崖南新店子长沟大桥炸毁,将熊虎斗至北大岭松岭、青龙二道沟所有公路电线杆全部砍断,为主力部队攻克据点铺平道路。"无人区"的军事斗争形成了全民抗战,全民皆兵的局面,主力部队、地方部队、民兵三位一体,内线、外线相配合,更有效地打击了日本侵略者。

"无人区"里的群众,无论是进入"人圈"的,还是没有进入"人圈"的,都千方百计为部队筹粮、做军鞋,照顾伤员,特别是坚持在"无人区"里的群众,为了不暴露目标,许多母亲把自己的孩子用奶头堵着,不惜舍弃自己的亲人也要保护受伤的干部、战士和其他群众。如在王厂沟,"1942年8月18日,驻孟子岭日伪军去王厂沟搜山讨伐,王厂沟群众在区长张永年的指挥下,把20多名重伤员抬到石湖上的乌拉草沟石洞里,伤员和群众刚转移到山洞里,敌人就进山了。共产党员刘殿琢妻怀抱不满1周岁的小男孩因无奶水哇哇直哭,刘妻怕哭声引来敌人,全洞及乡们的生命安全就有危险,于是用奶头活活把亲骨肉堵死。像这样舍子为亲人的事,8年抗战中王厂沟就有34例。其中用奶头堵死的 8 名，摔死 3 名，捂死 7 名，坐死 2 名，掐死 7 名，毒死 4 名，用水溺死 3 名。这些孩子大至 4 岁，小到刚出生几天"。这样的事例在"无人区"还有很多，被人们誉为"当代佘太君"的邓玉芬大娘，为革命献出了 7 位亲人，有 6 人是在反"无人区化"斗争中牺牲的。

当年曾长期坚持战斗在冀热地区，历任中共冀热边特委书记兼冀热行署主任并兼晋察冀军区第 13 军分区司令员、政治委员，中共冀热辽区党委书记兼冀热辽军区司令员、政治委员的李运昌将军回忆说：

> 虽然"无人区"搞得很惨，敌人在"无人区"内，见人就杀，见动物就打，打得家猪变成了野猪，有的妇女把孩子生在了冰上，但热河英勇的人民在党的领导下，与敌人进行了坚决的斗争。人民确实好啊！没有房子住，吃的相当困难，人都被糟踏得不像个样子了，但还是坚持斗争，有 5 万多人就是不进"人圈"，配合八路军与敌人进行斗争。①

正是有了"无人区"广大群众的全力支持，中共领导下的抗日武装才得以在"无人区"里生存并得到发展，并在战斗中不断发展壮大。据统计，1944 年末，仅冀东根据地就已有 5 万党员，3 万正规部队，20 万民兵，25 个县支队。②

---

① 《李运昌谈"无人区"斗争》，中共河北省委党史研究室编《长城线上千里无人区》第 2 卷，中央编译出版社 2005 年版，第 152 页。
② 萧克：《抗战中的冀热察挺进军》，中共河北省委党史研究室编《长城线上千里无人区》第 2 卷，中央编译出版社 2005 年版，第 142 页。

第四章　冀晋边界"无人区"

冀晋边界"无人区"是侵华日军华北"无人区"政策的又一重大"成果"，主要由山西境内的晋东北"无人区"和河北境内的冀西"无人区"两部分构成。其罪恶目的，是与长城线上的"千里无人区"相呼应、相配合，隔绝晋察冀抗日根据地各战略区之间，以及边区根据地与其他抗日根据地之间的联系，彻底挤压边区抗日军民的生存条件和生存空间，摧毁、扼杀中国共产党领导下的华北敌后的抗日武装力量。

第一节　晋东北"无人区"

1940年秋冬，侵华日军在遭受"百团大战"的沉重打击后，开始集结重兵对各根据地进行大规模的疯狂报复"扫荡"，加紧对抗日根据地进行分割、封锁、蚕食。其中，1941年8月13日至10月15日，华北日军集结重兵实施了号称"百万大战"的"晋察冀边区肃正作战"，进攻目标主要指向晋察冀边区的中心根据地——北岳区。日军妄图通过此次大规模"扫荡"消灭晋察冀军区主力部队和首脑机关，摧毁支撑敌后抗战的山区根据地，进而达到其"华北明朗化"的目的。在这次"扫荡"的后期，日军为了封锁边区腹心地区，隔绝晋东北与根据地指挥中枢、北岳区与平西区的联系，同时隔绝晋察冀边区与晋冀鲁豫边区、晋西北抗日根据地的联系，沿冀晋边境制造了大片"无人区"，即晋东北"无人区"。

抗战胜利后，晋察冀边区政府对侵华日军在晋东北制造"无人区"的罪行进行了调查。笔者在中央档案馆查阅到的档案显示，侵华日军在晋东北制造的"无人区"区域包括：山西省平定县的东北部、盂县的东部、五台县的东部，以及河北省平山县的西部，南北长达200余里，东西宽五六十里。显而易见，日军在晋东北制造的"无人区"主要是在五台、盂县、平定、灵丘等县境内，也就是沿日军"扫荡"作战中构筑的封锁线，呈半环形包围晋察冀边区腹地阜平、平山一带。实际上，新中国成立后进一步的调查研究表明，日军在晋东北制造"无人区"的实际区域范围还要大得多，包括：从平定（北）二区娘子关经一、三区到四区南韩庄，再经盂县东山、定襄东南山区，五台一、二、三区，直至繁峙、灵丘南山，长500余里，宽三四十里的地区，均被日军制造成了"无人区"。

一 日军1941年秋季大"扫荡"

"太行很像一只虎，滹沱河颔水，黄河岸摆尾。"巍巍太行山脉就像一只老虎，伏卧在山西高原和河北平原之间，从东北向西南，山峦起伏，地势险峻，绵亘四百余公里，跨越山西东部、河北西部和河南北部的60多个县、市。抗日战争爆发后，这里的地形地势为华北抗日军民开展游击战争提供了极为有利的环境条件。中国共产党领导的八路军在华北敌后创立的第一个抗日根据地——晋察冀边区，就是首先在此立足扎根，进而发展壮大起来的，它像一把尖刀插入华北日本占领军心脏，成为坚持华北敌后抗战的坚强堡垒。侵华日军也视之为"华北的抗日根据地中实力最强、成为华北治安最大隐患的地区"①，如鲠在喉，寝食难安，必欲去之而后快。自边区根据地创立之初，华北日军就不断发动大规模围攻、清剿和"扫荡"，妄图解除他们这一心腹大患，但结果每次都在边区广大军民的有力反击下焦头烂额，狼狈不堪，最后以失败而告终。

为了从根本上改变华北的"治安"形势，实现"完成大东亚战争兵站基地，建立华北参战体制"的战略企图，1941年7月，日本最高当局决定日军华北方面军司令官多田骏改任日本军事参议官，设在北平翠明庄的日军华北方面军司令部也因此迎来了自七七事变以来的第6个

---

① 日本防卫厅战史室：《华北治安战》（上），天津人民出版社1982年版，第441页。

主人——刚刚不久前被授予大将军衔，由日本天皇钦点接任日军华北方面军司令官的冈村宁次。日本最高当局给予冈村宁次的任务非常明确，即加紧对华北敌后抗日根据地的进攻，彻底摧毁、消灭中国共产党领导下的不断发展壮大的华北敌后抗日力量。正如冈村宁次后来在回忆录里所说："我就任时的形势是，对辖区内重庆系军队的作战已大致结束，但周围几乎到处都有共军活动。"

经过周密策划，1941 年 8 月 14 日，冈村下令开始实施他走马上任以来针对抗日根据地的第一次大规模"扫荡"——"晋察冀边区肃正作战"。为了确保这次扫荡作战的成功，冈村宁次调集了 6 个师团、5 个旅团的共 7 万余兵力，包括方面军直属第 27、第 35、第 110 师团和独立混成第 8、第 15 旅团，第 5 军的独立混成第 3、第 4 旅团主力与第 9、第 16 旅团各一部，第 36、第 37、第 41 师团各一部，驻蒙军的第 26 师团一部和独立混成第 2 旅团，再加上伪军和配置部队，共计约 10 万人。日军号称此战为"百万大战"，以示对八路军整整一年前发动"百团大战"的报复。而且与以往"扫荡"不同的是，日军此次将参战部队划分为"进攻兵团"和"封锁兵团"，即"进攻兵团"负责进攻作战任务，"封锁兵团"则通过挖沟、筑墙、开河、修路、建碉堡、制造"无人区"等野蛮手段，对根据地实施"蚕食"封锁，企图"在击溃晋察冀边区共军及消灭其根据地的同时，结合封锁，破坏其自给自足，进而消耗、困死该地区的共产势力"①。

8 月 18 日，冈村宁次飞往石家庄，对第 110 师团进行视察；19 日乘装甲车赴晋县对第 35 师团进行视察；20 日对保定的第 27 师团又进行了巡视。在他的亲自部署下，日军采取所谓"铁壁合围"新战术，分 13 路进攻晋察冀边区，攻击重点指向边区的中心——北岳区，妄图一举聚歼北岳区八路军主力和边区军政首脑机关。

日军这次"扫荡"作战大体分为两期三个阶段。第一期第一阶段：8 月 14 日至 8 月 22 日。日军"进攻兵团"一面首先在平北根据地古北口、密云地区和冀中南部地区展开扫荡，以隐藏其"扫荡"北岳区的

---

① 日本防卫厅战史室：《华北治安战》（上），天津人民出版社 1982 年版，第 423 页。

真实企图；一面出动"封锁兵团"封锁、分割北岳区与平西、冀中的联系，并对边区腹地阜平、平山形成包围之势。在山西，日军第 1 军的独立混成第 3、第 4 旅团，迅速构筑了北起灵丘下关，南到平定娘子关的封锁线，对该地区进行彻底"扫荡"，切断北岳区与平西区的联系；在河北，日军第 110 师团沿曲阳、行唐、灵寿、平山一线"扫荡"，构筑封锁线，切断北岳区与冀中区的联系。第一期第二阶段：8 月 23 日至 9 月 3 日。日军"进攻兵团"与"封锁兵团"配合对北岳区展开密集的围攻和"扫荡"，并于 9 月 3 日占领阜平。"扫荡"第二期：9 月 4 日至 10 月 15 日。日军"进攻兵团"分别在作战区域进行分区搜索和清剿，"封锁兵团"则分驻于根据地有关要地，构筑据点、碉堡、公路和封锁沟墙，并开始沿封锁线制造"无人区"。至 10 月 15 日，在晋察冀边区军民的有力打击下，各路日军被迫开始撤退。

在此期间，1941 年 9 月 29 日，晋察冀边区党的机关报《晋察冀日报》曾经对日军制造"无人区"的罪行作了如下报道：

> 敌寇为了破坏我根据地，在其占领地区切实施行强化统治起见，把东北沿用之"归大屯"的一套血腥办法又复施行于华北。由敌片山兵团长及盂县、平定、五台之伪县长下令实行"并村政策"，划分各地为"无人区"与"治安区"两种，对"无人区"实行"三光政策"，杀个鸡犬不留，对"治安区"实行奴化统治。第一批盂、平两县已划定百余村为"无人区"，勒令居民于 9 月 15 日一律搬往"治安区"，否则即全村毁灭，我同胞莫不痛恨万状，誓死与敌周旋到底。

> 敌在我二分区石咀、门限石、耿镇、高洪口、柏兰、上下社之线，建立据点后，划该线以西为"治安区"，以东为"无人区"，企图将该线以东村庄焚毁。迫使该区民众，离弃家乡，走向其"治安区"，正如过去敌在东北之并村办法，目前该区部分群众，已被迫集于敌之据点附近。最近敌寇以二三百人为一路，强征民夫，在该区掠夺秋收，运往"治安区"。敌寇这一阴谋，在彻底摧毁我之根据地后，并有可能在其他地区及其他各根据地来用同样办法。

日军大"扫荡"结束后，1941 年 11 月 3 日《新华日报》发表了题为《晋东北一角敌逞暴虐世无伦匹》的文章，对日军在晋东北制造"无人区"的暴行予以揭露：

> 此次敌寇"扫荡"晋察冀边区，在所谓"三光政策"与"并村政策"的狂妄口号下，曾进行了空前未有之大屠杀与大破坏，尤其是在晋东北，其残酷程度，更是绝灭人寰。……自"八一三"以来，敌以优势兵力占领我晋东北之后，即修筑公路交通线，企图将□□互相联络成线，直贯晋东北，以东划为"无人区"，大肆进行其三光政策。在此"无人区"内，如盂县 147 个村庄，五台 100 余个村庄及平定 10 余个村庄，房屋均被烧光，粮食财物被抢光，居民到处被残杀，我流亡同胞转徙于深山中与敌人斗争。①

日军在这次"扫荡"中制造"无人区"的罪恶行径，在日军的有关记载中也得到了证实。"扫荡"作战结束后，担任"封锁兵团"之一部的日军第 1 军在其"作战经过概要"中，明确承认了制造"无人区"的事实：第 1 军命令所辖独立混成第 3、第 4 旅团参加作战，具体负责"娘子关—盂县—上社—石咀—神堂堡"一线的封锁。该两旅团于作战正式开始前的 8 月 11 日至 14 日即相继开始行动，至 24 日按计划完成了对娘子关—石咀—神堂堡的封锁线，对该地区进行了彻底的"扫荡"。"10 月 10 日根据方面军的命令，逐次返回原驻地。此次作战虽未能予共军以致命打击，但在摧毁根据地及由于沿省境设立了无人区（真空地带），给共军极大的损害。"② 而且根据当时日军有关人员及独立混成第 3 旅团的记录，日军还对设置"无人区"的"效果"进行了总结，得意地认为"设置无人地带，认为有以下效果：（1）可以摸出敌人对'准治安地区'的情报收集工作，民众工作，党、军的组织工作等的规

---

① 《晋东北一角敌逞暴虐世无伦匹》，《新华日报》1941 年 11 月 3 日。
② 日本防卫厅战史室：《华北治安战》（上），天津人民出版社 1982 年版，第 437—438 页。

律。(2)可使敌区居民获悉我方的实力和坚定的决心,从而促使其失掉对共军的信赖。"①

日军的这次大规模"扫荡"虽然被粉碎,但他们制造"无人区"的暴行并没有停止,而是变本加厉,愈演愈烈。

二 平定、盂县、五台"无人区"

日军在晋东北制造的"无人区",主要是在山西省东北部的五台县、盂县和平定县境内,即沿"扫荡"作战中构筑的封锁线,呈半环形包围晋察冀边区腹地阜平、平山一带地区。实施者是日军第1军的独立混成第3、第4旅团。

在平定县境内,日军独立混成第4旅团自8月25日开始进行全面的"毁灭扫荡",并集结其所谓红龙队、政治调查班、经济调查班、宪兵队、政治工作队以及军司令部所组织之"红部"等各色敌伪特务与军事部门,分头进行清剿,仅在郝家庄和下东寨两地,就建立两个据点,并修筑堡垒40多个。从9月24日起,日军将巨城至郝家庄与黄大崖的13个村子划为"无人区",其他为"治安区",并集结日伪军200余人,以及被抓之民夫、铁匠、木匠、泥水匠等600多人,牲口3000多头,分别组织"拆房队""放火队""挖窑队""破坏队""搜索队""拖驮队"及"运输队"等,开始一村一村地进行毁灭工作。敌寇每到一村,不论房屋窑洞,一律纵火焚毁,甚至猪圈茅厕,亦所难免,不能焚烧的石窑,则用炮弹炸毁,衣服、器具、粮食、牲口等悉遭抢光,大小树木,均被锯倒,总之,兽蹄所至,一草一木,一针一线,被毁一空。同时,强迫各该地区居民迁入"治安区"内,由伪县政府发给迁居证,并用种种卑鄙无耻的宣传,声称"皇军"优待和救济迁移的良民,每户良民可到"治安区"内领取10亩良田耕种。②此后,又在羊圈凹等地增设据点,在其他一些村庄制造"无人区"。至年底,全县共有57个村庄被毁灭。

在盂县境内,9月间,日军第4旅团片山旅团长发出布告:"日本

---

① 日本防卫厅战史室:《华北治安战》(上),天津人民出版社1982年版,第447页。
② 《晋东北一角敌逞暴虐世无伦匹》,《新华日报》1941年11月3日。

军管内的治安确保，是永久保护良民安居乐业的。日本军与中国官民协议，对于匪区地带设定无人住的地方（即是匪民辖居的村庄不准良民居住的意思）；但在设定无人住的地方内之良民要快向治安确立的地方去居住。"并明确划定 166 个村庄为"无人住地带"范围，具体包括：

平定县第三区：铺北村、北头岭、大且、马洛掌、石头坪、主铺村、张窝掌、小岭村、主铺掌、白甘泉、石门、牛鸟川、西家庄、秋岭、神灵台。

盂县第二区：庄头村、张家庄、银东掌、狮子城、张湾、红岩寺掌、红岩寺、起铺、牛羊沟、又道沟掌、又道沟、南沟掌、小蒜沟、老庄窝、响崖、岭儿沟、莲花池、烧磁窑、弧山、地嘴、水占村、石曹湾、沙井村、庙洼、圪八桃、山西峪、脑上村、四坪子、下角峪、上角峪、卫家庄、窄沟水、炭树圪洞、羊明洼、咀子村、大车沟、金沙洼、桃园、羊口沟、孩子洼、鸣冠子背、羊林窑、小石盆、造盆沟、杜乱掌、串头起、四水清、池上、乱窑子、纪沟、红红峪、石双、盘道子、西沟、钱儿沟、石掌、塔底圪洞、轩家沟、小栏、栏头起、四道洼、北水峪、小余子、牛羊道、本儿沟、东沟、花沟子、过材、白乔沟、悬沟崖、崔家庄、红土垴、家沟、四合子、盘头起、关头村、香草坪、面阳掌、宽掌。

盂县第四区：官地村、上响罗、下响罗、阳儿湾、驴鼾沟、车轮村、南窑子、榆林村、南北河、五开掌、五开口、柳沟、北木口、小峪子、大峪村、马圈村、古石铺、榆林坪、铧嘴村、白草沟、安子上、下松川、上松川、铁皂里、西坪村、苇地沟、汉梁、小坪湾、橡儿上、斜崖、口子上、赵家岔、牛圈圪崂、掌里、口子、酸枣铺、斜坡、寿银城、仁正凹、吉古堂、偏梁上、正沟、口口村、川房里、椿树底、山羊崖、长崖铺、骆驼道、市里、小崔家庄、恶口里、土岭子、罗汉堂、水林口、天壕子、宽坪于、大白凹、青口子、贾家峪、白土烟、口口村、青口山、沟掌、羊安口、南沟、道庄窑、班泉村、柒东、庄头、石家庄、羊泉村、碌碑烟。

布告还明确所谓"烬灭实行时期",时间为布告发出后一个星期内。规定"凡布告指定各村村民,据依照左记各项迅速完全到指定地外居住"。或到亲戚或本族家内暂住;或赶快到治安确立区域附近村庄(主持)搬住;或到阳泉、寿阳工厂做工。否则,"对于逾过规定期间,在指定各村内如有不搬者,按通匪论,严重处罚"。而且"在指定各村搬出后,不准随便来往。如有违者照前从重处罚";倘有民众对于指定地域来往者或居住者,亦同样重罚。①

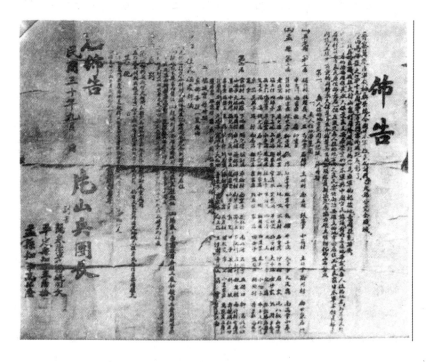

图 4-1 日军在山西盂县划设"无人区"布告

盂县最东部群山起伏,峰峦叠嶂,地形险要,东北与河北平山、井

① 谢忠厚等编:《日本侵略华北罪行档案·无人区》,河北人民出版社 2005 年版,第 136—138 页。

陉相连，南面与平定接壤，是晋、冀两省交往的交通要道，所以抗日战争一开始这一带就成为抗日力量活动的中心，八路军、游击队神出鬼没，有力地打击日本侵略军，使敌人在这一带站不住脚，扎不下根。日军对该地区的抗日力量恨之入骨，视之为眼中钉、肉中刺。因此，日军在盂县制造"无人区"首先就是从这里开始的。本来这里的山山洼洼里有大大小小的88个村庄，居住着约千余户人家，4000多口人。1941年8月13日，在日军的武力支持下，伪县、区政府出面，在最大的主村东庄头召开了有各村长参加的群众大会。敌人在会上叫嚷着宣布：将这一带88个村庄划为"无人区"，强令村民在三天之内全部迁走，腾空村子，如不肯离开，以"通八路"论处，统统杀死。但是，这些村子的居民在抗日政权的领导下实行"坚壁清野"，暂离村庄，自行躲避，不从"无人区"往外搬迁，日军因此恼羞成怒，兽性大发，便对"无人区"实行了烧光、杀光、抢光的"三光"暴行。8月15日，日军由盂县、阳泉调集2000余兵力，强押着从仙人一带征来的2000多名民夫来到东庄头村，把村子围了个水泄不通，村周围设了岗哨，架着机枪，将没有逃出去的老百姓集中到村中戏台底下开会，男人押起来当民夫，老弱病残、妇女孩子全部强行迁往淄上以西一带村庄。并在当天杀光了全村的鸡犬。接下来的半个月，日军如法炮制，将东庄头附近的所有村庄都变成了"无人区"。此后，日军又在椿树底、御枣口、西南舁、进圭社、东汉湖、千佛寺、北下庄、清城、路家峪口、盂北村等地增设据点13处，并恢复了"百团大战"时被八路军攻克的西烟镇、上社镇、兴道、下社村、会里等7处据点，控制了全县各主要交通大道。同时，开始在北部、西部地区制造"无人区"，使全县的"无人区"扩大到147个村庄。1941年秋季大"扫荡"过后，日军继续对根据地进行猛烈的"蚕食"政策，扩大"无人区"范围。至1943年上半年，盂县全县共有275个村被制造为"无人区"，包括东部地区的28个行政村和56个自然村，西部地区的29个行政村和44个自然村，北部地区的70个行政村和39个自然村。

在五台县境内，制造"无人区"的工作主要是由日军独立混成第3旅团完成的。1941年9月，日军大举"扫荡"合击晋察冀边区腹心地区阜平、平山之际，日军第3旅团即开始在五台县一、二、三区实行并村。一、二区以长城岭到河口线为界，三区以沙崖到石佛寺为界，在此界内和附近的群众都被赶入敌人所谓的"治安区"①。其中三区又被划分成3个区：北黑山屯至兰家庄这一带的老乡被集中于沙崖、兰家庄山下；东峪里、里外河府一带的老乡被集中于东峪口；陡寺以上至南坡一带的老乡则被集中于王城。②

这样，五台县清水河以东，南起牛道岭，北至长城岭，长达100余里，宽40里左右，总面积达4000多平方里就被制造成了"无人区"，包括移城沟、檀家沟、屋腔沟、黑石油、三岔沟、湾子沟、铜钱沟等148个大小村庄，共3000多户、18000多人、3万多亩耕地，变成了"百里村庄断炊烟，田园荒芜蓬蒿生，人遭残欺没活路，群狼争尸乌鸦鸣"的悲惨世界。日军强迫这里的居民全部迁往所谓"治安区"，住在东峪口、高洪口、河北、松岩口、横岭、门限石、狐峪口、石咀等敌占区的30多个"人圈"里。在制造"无人区"的同时，日军在五台境内又增设高洪口、耿镇、照吞口、松岩石、旺家庄、大建安、北大兴、郭家寨、泉岩、善文、探头、南头等20多处据点，使全县据点增加到51处，不仅严密封锁了五台与阜平等地的交通，而且把五台县境内的抗日根据地分割得支离破碎。

这样，在晋东北，日军将包括山西平定之东北部、盂县之东部、五台之东部，南北长200余里，东西宽五六十里的广大地区，制造成了荒凉凄惨的"无人区"。

三 灵丘、定襄、阳曲"无人区"

在晋东北，日军除沿封锁线制造"无人区"外，在封锁线外的阳曲、定襄、灵丘等县也制造了大片"无人区"。

灵丘县地处晋察冀三省交界，是晋东北的边陲重镇，素有"燕云扼要"之称。1941年秋季大"扫荡"前后，日军分设碉堡于北泉、上寨、

---

① 五台县政府：《秋季反"扫荡"初步总结》，1941年12月3日，中央档案馆等编《日本帝国主义侵华档案资料选编·华北大扫荡》，中华书局1998年版，第427页。

② 《敌寇"治安强化"下的五台三区》，《晋察冀日报》1941年10月22日。

下关等地，据点增加到 30 余处，构筑了三道封锁沟线，其中南山根据地的封锁线东自茶坊岭、西至下关镇，长 90 余里，日军每日四出烧杀掳掠，"扫荡""清剿"，于沟外制造"无人区"，至 1943 年全县 93 个村庄被制造为"无人区"。1943 年冬至 1944 年春，灵丘日寇为割断南山抗日游击区与川下敌占区的联系，又勒令靠近南山抗日根据地的村庄进行"并村"，东起东坡、孤子沟、小顺阳、小梁沟、张旺沟，西到上野窝、西沟等 20 余个村庄，全部搬迁到指定的村庄。敌伪首先勒令第 1 区的沙涧、石磊、东驮水、西驮水、支角等 5 个村"并村"。以上 5 村群众，在中国共产党的领导下，跟敌伪展开斗争，绝大部分群众没按敌人的指令搬迁，有的进了南山根据地，有的钻进山沟挖窝棚，也有的投亲奔友躲避。[①]

定襄县东南部山区是八路军活跃的地区。日军在 1941 年秋季大"扫荡"中，将南涧、马家窖、瓦扎坪、西笏口等 20 余村全部毁灭，制造了长 40 里，宽 20 里的"无人区"。同时，在全县增设蔚家梁、土岭口、宽沟、南王、中霍、季庄、受禄、白家山等据点，形成了一条条封锁线。

与定襄县东南部山区相接的阳曲县东北部山区，也被日军制造成"无人区"，并且沿该县东部与五台县交界线向南延伸。据战犯住冈义一供认，1942 年 1 月下旬，日军独立混成第 4 旅团独立步兵第 13 大队第 4 中队曾把山西省阳曲县大孟镇东南方 8 公里处的山岳地带制造为"无人区"。这一地区以羊店为基准，东到离羊店约 4 公里的杨庄，南到离羊店 12 公里的大汉村，再从大汉村向东 6 公里处到日军 33 高地。在此山岳地带内的 20 多个村庄全部划入"无人区"。目的是为了隔断根据地与日军的占领区，防止八路军收集日军情报，同时实行经济封锁。为此，日军发出布告，欺骗当地百姓说要将他们迁到幸福的治安地区，限令："自 1 月 10 日起 20 天以内住在此一地区的老百姓全部迁走。"1 月 22 日、23 日又下令，"在一个星期内全部搬走"。并在这一

---

① 政协灵丘文史资料委员会编：《灵丘文史资料》第 2 辑，1992 年 7 月编印，第 100—103 页。

地区经常讨伐搜索未迁走的老百姓。①

此外，日军在繁峙县境内，在晋察冀边区第 2 分区的寿（阳）榆（次）、山阴、崞县、代县，以及第 5 分区的广灵、浑源、应县等地，也大量地增设据点、碉堡，制造"无人区"，加强了对根据地的封锁、分割。在繁峙县境内，日军据点增加到 13 处，控制了繁峙通往阜平、五台、应县、浑源的各主要交通线，特别是加强了东南山区的封锁线。1943 年 5 月，日伪大同、阳高、浑源、广灵 4 县"清剿队"在大同、阳高桑干河沿岸，开始进行长达 3 个月之久的清剿，在中共桑干河工委、武工队创建的游击根据地内实行并村，制造"无人区"，将 120 平方华里内的所有小村全部并入 5 个大村。1944 年 9 月下旬，大同日伪组织"山阴南境肃清工作队"，分驻山阴马营庄、辛立庄两据点，在驻防广武日军及山阴伪县公署"宣抚班"、山阴敌领事馆、朔县新调来的特务队合组的武装"宣传队"配合下，在对山区根据地清剿之后，勒令天圪垯、南寺、水峪口、南周庄、沙家寺等 11 个村庄的居民全部搬到川下居住，将 11 个村的房屋在 7 天内全部拆毁。

这样，1941 年秋季大"扫荡"前后，由于日军疯狂大量增设据点、封锁线，制造"无人区"，晋察冀山西境内的抗日根据地被日军分割、封锁的局面基本形成。抗日根据地范围缩小，过去的游击区大部分变成了敌占区，过去的根据地部分成为游击区，部分成为敌占区，二、五分区党政军机关转移到河北境内的巩固根据地（二分区转移至平山县康庄、南庄一带，五分区转移至阜平县沙洼村一带），部分县级机关也转移至河北境内（五台县机关转移至平山县合河口一带）。各地日伪、特务、汉奸活动猖獗，根据地原来建立起来的抗日群众组织大量遭到破坏。二分区 525 个村的抗日群众组织被破坏（不包括忻县），占大"扫荡"前已建立群众组织 1190 个的一半。抗日军民在十分艰苦的环境中展开对敌斗争。

---

① 《住冈义一第二次口供》，1954 年 4 月 8 日，中央档案馆 119－2－14－3－26。

第二节　冀西"无人区"

1941 年秋季大"扫荡"前后，日军在晋东北制造"无人区"的同时，在冀西制造了"无人区"，企图与晋东北"无人区"配合，对晋察冀边区腹地形成包围，完全隔绝其与外部的联系。

一　抗日报刊的揭露报道

与长城线上的"千里无人区"和晋东北"无人区"相比，世人对于冀西"无人区"知之甚少。但通过当年一些抗日报刊的相关报道，还是可以帮助我们了解到当时侵华日军在冀西划设、制造的"无人区"的一般情形。

1941 年 9 月 29 日，《晋察冀日报》刊载特派记者戴烨《敌寇的"三光政策"与"并村政策"》一文，揭露日军在河北省的平山、灵寿、行唐一线，划设和制造"封锁沟"的"无人区"残暴行径：

> 为了实行"三光政策"，在四分区，敌人在巩固地区（即抗日根据地）的周围划分了两条线，东面从平山之白塔坡经回舍、西大吾，沿滹沱河北岸之牛城、倾井再经灵寿之朱乐、北寨至行唐、曲阳城；西面从盂县华嘴经上社、下社、会里至五台之河口、耿镇、门限石、石嘴，在这两条线之间的地区，即称为"匪区"或"无人区"，就是准备一片"光"的意思。在此两线之外直达敌人据点附近地方，则称为"治安区"。为了区分这两块命运不同的地方，敌人又在这条分界线上挖掘宽 2 丈，深 1 丈 8 尺的深沟一条，并在原有来往道路及敌寇认为危险地带的交界处，架上层层的铁丝网和修筑坚固的堡垒，以隔绝两方联络。
>
> 这样四分区的大部分地区即被划为"无人区"。这些地区是敌人企图全部毁灭的，因此敌人对于这些地区即采取烧光、杀光、抢光的"三光"政策。

1941 年 11 月 15 日，《抗日战场》第 7 期刊载《秋季反"扫荡"的经验教训》一文分析揭露了日军在冀西制造"无人区"的罪恶企图：

> 敌人动员了 7 万大兵，采取了"铁壁包围"战术，布置成铜墙铁壁，企图以极优势之兵力迫我于不利形势下决战，求得一举而歼灭我之有生力量。并屯聚重兵于我之后方地区，深入山沟僻壤，大肆搜剿，企图彻底摧毁我之物质资材，并划分"治安区"与"无人区"，实行统治东北之并村奴化政策。而在我腹地，进行旷古未有之烧杀掠抢的"三光"政策，这样以达其毁灭边区之目的。
> ……
> 敌人分割我山地与平原，扩大其面的占领，夺我物资，以及彻底对我封锁，乃乘我反"扫荡"之际，建立封锁线，北起故郡，经行□□以北，沿滹沱河南面而回舍、八里沟、马头山、常坪，直至娘子关，平地挖沟深 7 丈、宽 2 丈，山上作墙，高七八尺一丈不等，每隔三四里或七八里建立据点碉堡，且附有外壕□□、铁丝网，并划该线以东为"治安区"，以西为"无人区"，进行残酷的烧杀抢掠。又配合王阵庄、岔头至行唐之间的一些据点，在行唐以北地区，进行不断"扫荡"，一方面掩护挖沟，同时保障其"扫荡"纵深与交通之安全。

1942 年 2 月 10 日，《晋察冀日报》又刊载《从涞源到娘子关的"封锁沟"的斗争》，进一步对日军在冀西制造"无人区"的暴行进行报道和揭露：

> 从涞源西南直到娘子关，敌人修筑了一条"封锁沟"，沿沟堡垒密布（约二三里即有一堡垒），每个堡垒有十余名或数十名敌伪军看守。堡垒与堡垒之间还设有岗楼，由伪"自卫团"站岗。虽然这样，敌寇还惟恐不能达到他所谓"确保占领地"的目的，而又在这第一道"封锁沟"以西数十里地修筑起第二道"封锁沟"来。但自我北岳区军民对敌展开破击战后，敌人这个企图是大部被

粉碎了。然而，敌寇是不会放弃这个企图的，目前挖沟与平沟的斗争还是异常紧张地进行着。"封锁沟"附近敌我的斗争是更加尖锐起来。

敌寇在灵寿、行唐大捕在 15 岁以上的男女青年壮丁，强迫他们把自己的兄弟刚刚用血汗平过的松松的泥土重新挖成"封锁沟"。多少同胞因不愿挖沟而被敌寇剥得赤裸裸，用荆条抽打着，假如工作慢便要遭到活埋。敌寇为了严密"封锁"，把沟的深度和宽度都增加了。堡垒也增筑着，仅自行唐至灵寿一段就筑了 35 个堡垒。在"封锁沟"外五六里路的地带都划为"无人区"，在"无人区"内敌寇大肆烧杀。在行、灵、平三县就有 50 多个村子被烧成一片焦土。在离封锁沟 15 里以内的地区，敌寇则加强社会统制，经常搜查，放出大批的特务，在那里活动。①

二　平山县境内的"无人区"

平山县位于河北省西部冀晋两省交界处，自古以来是兵家必争之地。抗日战争时期，这里是晋察冀边区有名的"抗日模范县"，也是边区的党、政、军领导机关的驻地，包括中共中央北方分局、北岳区、晋察冀军区及边区各抗日群众团体等众多党政军机关，都长期驻扎在该县境内，成了华北敌后抗日斗争的一个重要指挥中心，曾被聂荣臻元帅誉为"晋察冀边区的乌克兰"，其重要地位不言而喻。自然而然平山县也成为日军每次"扫荡"中的重点，不择手段地采用了蚕食、封锁、反复"扫荡"等种种灭绝人性的残暴手段，当然也包括了惨无人道地制造大片"无人区"。

百团大战后，从 1941 年开始，日军从正面战场调集兵力，军事上采取步步为营的方针，经济上采取封锁、围困的方针，政治上推行治安强化运动，加强对华北敌后抗日根据地的"扫荡"、蚕食、封锁。在平山县境内，日军在其占领的回舍区四处强拉民夫，派粮款，摘门板，锯树木，运砖瓦，不仅在回舍镇大修据点和堡垒，而且从南面与井陉县接

---

① 《从涞源到娘子关的"封锁沟"的斗争》，《晋察冀日报》1942 年 2 月 10 日。

壤的白塔坡起，经西回合、孟耳庄、西大吾、东沿兴、秘家岸、南白雁、相公庄、寒虎河与灵寿县接壤，建立了一条长达70余里的封锁线，在这条封锁线上建起了许多堡垒和岗楼。堡垒分大、中、小三种，大、中堡垒由日军驻守，小堡垒由伪军驻守，大中小堡垒互相穿插、相间，沿封锁线外侧挖有深二丈，宽三四丈的大壕沟，在不能挖沟的石山上，垒起又高又厚的封锁墙，以此划为沟里、沟外，沟里为敌占区和游击区，沟外是我抗日根据地。这实际上成为后来制造"无人区"的前期准备。

1941年秋季大"扫荡"开始后，作为边区党政军机关驻地的平山县成为日军"扫荡"进攻的中心区域。起初日军来势凶猛，实行全面"进攻"，普遍"扫荡"，试图合击和包围领导机关驻地，寻找我主力决战。而我边区领导机关和主力采取适当分散和隐蔽策略，避免与敌正面作战，使敌人的企图次次落空。日寇既找不到我主力，又不断受到我主力和地方武装的打击，从9月7日开始改为"剔抉清剿"，有组织、有计划地抢掠粮食、物资，破坏房屋、耕地，抓捕群众实行"三光"政策，制造"无人区"。特别是到了这次大"扫荡"中后期，为进一步隔绝根据地与游击区的联系，在沿封锁沟、墙一线，在沟外10里内制造了"无人区"。其范围，涉及朱坊、田兴、西荣村、中荣村、南荣村、西苏家庄、侯家庄、柴庄、东庄、台头、西沿兴、北荣村、东荣村、北水、北西庄、东苏家庄、河西、屯头、东沿兴、南北马塚、西岸等22个村庄，共10875人，面积200平方华里。同时，在封锁沟内实行并村政策，在回舍区新修堡垒9个，连同原有11个，共有堡垒20个，计划将回舍区46个村合并于东回舍、南望楼、封城、王平、西冶、贾壁6个村内。

当年，四角坑、屯头、河西、东苏庄、侯家庄、北西庄、北水等村都是"无人区"。1941年初，日军在这一带建起了蛤蟆咀、白塔坡、张胡庄、四角坑、西回舍、南水、孟耳庄、双石洞、秋禾园、西大吾、田兴等堡垒，基本上是一二里就有一座。1941年秋季大"扫荡"时，9月29日拂晓，日军把河西、屯头、东苏庄等村突然包围起来，将男女老少全部赶出村外，然后放火烧房。河西村90户，1350间房屋全部烧光，就连大小庙宇厕所也无一幸存；东苏庄 50 余户，500 多间房被烧个干净，仅留下一座关帝庙。屯头村有人预料到敌人烧房，把大门垒得严严实实，有的在敌人烧房时，自己先在院中点起大火，升起浓烟，迷惑敌人，因此，全村 120 余户，烧掉 110 多户，尚有八九家未烧。"无人区"的树木被敌砍掉、锯掉，屯头村里、村外仅留下一棵三四人才能合围住的大柏树。至于河西、东苏庄等村，则一棵也未留下。就这样，清堂瓦舍的村庄变成了一片瓦砾，林果茂密的地区变成了一片废墟。房子烧了，树木砍了，人都被赶到西回舍几个"人圈"。不仅如此，日军又挑选出其中的青壮年劳力强行拉到井陉煤矿或外地去采煤当劳工。[①]

三　灵寿、井陉等县境内的"无人区"

在灵寿县境内，1941 年秋，日军侵占灵寿城后，命令伪军和伪警察四处抓捕民夫，强迫他们挖封锁沟。沟宽丈五、深 3 丈，长达 70 余里。从倾井南的滹沱河边，经倾井、狗台、景上，折向东马家庄、南宅、东西孙家楼，隔慈河与行唐县伏流村遥相对应。沿沟将通往沟外的主要道口建岗楼，设寨门切断交通，严禁行人出入。日军宣布：以灵寿城为中心，纵横各约 20 里的沟内地区为"标准治安区"；封锁沟以外的村庄为八路军"匪区"。日军强迫沟外附近村庄的居民向沟内搬迁，去建设所谓"王道乐土"，而在沿沟外 10 里左右宽的狭长地带，制造"无人区"。以后，日军又修筑了第 2 道、第 3 道封锁沟。第 2 道封锁沟，东起孙家楼，西至牛城村，宽 4 丈，长 30 里。第 3 道封锁沟，自良同村到牛山，宽 3 丈，长 20 里。该沟外划为"无人区"，距离 10 里以内的民房全部拆毁，沟内村庄敌称"爱护村"，人人领"良民证"，无论男女老幼终日挖沟修堡垒。1943 年，日军对边区根据地又实施了一次规模空前的大"扫荡"，陆续在灵寿县境内扩大制造"无人区"。这样，在灵寿县境内，南起朱乐村，北至博山村，长 160 里，宽 25 里，包括 150 个村庄，被日军制造成了"无人区"[②]。

---

① 《当前平山"无人区"工作中的几个问题》，1942 年 11 月 11 日，中共平山县委党史研究室编《平山党史资料》第 4 辑，1991 年 3 月编印。

② 《日寇八年来对灵寿人民的暴行》，1947 年，河北省档案馆 236 - 1 - 14 - 7；政协灵寿文史资料委员会编：《灵寿县文史资料》第 2 辑，1990 年 11 月编印。

与平山、灵寿两县相邻的井陉县也遭受了同样的暴行。从 1941 年春开始到 7 月底止，日军就开始对井陉县境内的路南、路北抗日根据地进行疯狂的"清乡""蚕食""扫荡"，推行"三光"政策。秋季大"扫荡"开始后，9 月 28 日—10 月 2 日，日伪军对南北芦庄、大王邦、前头庄、掩驾沟、南北孤台、柿庄、三罗峪等 11 个村进行"扫荡"，受灾群众 1100 多户。敌人将所有男人抓到矿上做苦工，将妇女赶出村外。将村里的粮食、家具、耕畜完全抢光，将房屋完全烧毁，造成了宽 10 里、长 30 余里的"无人区"。10 月，日军又在路南筑起东起石佛村，沿长峪、尖山、七狮村、流沙硼至蒋家村的 90 里的封锁线，并在沿线险要山头、交通路口修筑碉堡 30 余座，驻日伪军 300 余人，对抗日根据地实行包围、封锁。①

第三节 冀晋边界"无人区"的恢复

一 晋东北反"无人区"斗争

面对日军的暴行，晋东北抗日军民在晋察冀边区党委和北岳区党委的领导下，采取武装斗争、锄奸反特、政治攻势三位一体的对敌斗争策略，与敌人进行了针锋相对、不屈不挠的艰苦斗争。即一面展开广泛的游击战争，坚决抵制和粉碎敌人制造"无人区"的罪恶计划；一面领导"无人区"的广大群众开展生产自救运动，积极采取各种有效措施帮助他们渡过难关。1943 年 8 月北岳区党委（战线社）编印的《晋东北无人区的斗争》②，记述了晋东北抗日军民反对敌人制造"无人区"的斗争。

晋东北抗日军民反对敌人制造"无人区"的斗争大致可分为三个

---

① 《日寇在井陉制造"无人区"》，《井陉县志》委员会编《井陉县志》，河北人民出版社 1986 年版；谢忠厚等编：《日本侵略华北罪行档案·无人区》，河北人民出版社 2005 年版，第 189—190 页。

② 《晋东北无人区的斗争》，1943 年 8 月 26 日，北岳区党委战线社编印，谢忠厚等编《日本侵略华北罪行档案·无人区》，河北人民出版社 2005 年版，第 144—150 页。

阶段。

第一阶段：1941 年 7 月至年底，即 1941 年秋季反"扫荡"时期。晋东北党和政府提出了粉碎敌人的并村政策，保卫和坚持抗日根据地，决定广泛开展游击战争，争取群众脱离敌人的统治，同时发扬互助友爱精神，解决逃回的群众的衣食住问题。为此，组织县区干部和武工队，深入"无人区"宣传抗日，运用散发传单、写慰问信、个别访问串连等方式，尤其是通过宣传国际国内政治、军事形势，特别是"百团大战"取得的重大战果，鼓舞群众抗日胜利的信心，发动已迁入敌人"治安区"的群众秘密返回家园，恢复生产。

与此同时，抗日军民还加强武装斗争，打击敌人，保护群众转移。如，五台二区区小队和八路军四团，配合起来经常打击敌人。四团侦察连全连战士换成便衣，以窑子村南山的"金刚洞"为驻地，每天出动，袭击由河口通往台山公路上的日军，坚持半月之久，搅得敌人不能安宁，增强了"无人区"群众脱离"治安区"的决心。特别是军民还通力合作，袭击了敌人设在耿镇、北高洪口、石咀的据点，坚决镇压了一些罪大恶极的汉奸，张贴布告揭露他们的罪行。并对其他特务汉奸发出警告："弃暗投明，尽快反正，否则坚决镇压⋯⋯"高洪口至石咀 6 个敌据点的 30 多个敌伪人员在抗日武装的震慑下，暗地里纷纷找关系与抗日政府联系，承担了保护"无人区"人民的任务。① 在盂县，为坚持开展"无人区"的对敌斗争，盂县县委在马圈村召开会议，提出"军民团结一致，开展劳武结合，坚持'无人区'斗争，粉碎敌人扫荡"的口号，"无人区"的民兵积极配合我主力部队和游击队，打击敌人，坚决保卫自己的土地和家园。

但是，这一阶段的斗争还存在着某些缺点及诸多困难。如争取群众回乡，未能与群众的经济利益密切结合起来，导致秋庄稼大部分未收，群众眼巴巴望着莜麦被风摇落，山药冻坏在地里，争取群众形成空喊；群众回来后，没能有计划地进行宣传组织工作，及时解决群众困难，以

---

① 《五台县"无人区"三年的史实》，五台文史资料委员会编《五台文史资料》第 2 辑，1986 年编印。

致回乡群众生产、生活无着，又怕敌人报复，结果多有逃回敌占区者；敌人烧杀过后，群众情绪低落，恐惧敌人。加以敌人造谣说："八路军要把'无人区'的老百姓都当作汉奸，统统杀死。"因此，造成多数群众不敢回乡。争取群众回乡的工作并不理想，特别是在敌人活动猖獗的地区，工作遇到了较大阻力。在五台县，至1941年年底，一区8个村搬回1270人，占原有人口的71.2%；敌人活动猖獗的二区21个村搬回350人，仅占原有人口的3.9%；三区13个村搬回935人，占原有人口的30.3%。

第二阶段：1942年初至8月，即敌人对抗日根据地猛烈蚕食时期。面对这种严峻形势，针对群众嗷嗷待哺，迫切要求归乡春耕的渴望，晋东北党和政府及时发出"归乡春耕"的号召，采取武装斗争、锄奸反特、政治攻势三位一体的对敌斗争策略，与敌展开争夺人员、土地、粮食的激烈斗争。采取的主要措施有：

（1）组织大批宣传队，展开强大政治攻势，在"归乡春耕"的响亮号召下，向广大"无人区"群众说明"回乡的已种上地了，我们快回去吧！""6斤粮（敌人对'无人区'放赈）够作甚？还不是抢我们的！"将回乡开展生产自救，变为群众自己的呼声和实际行动。

（2）经过支部组织动员，分批争取群众回乡。如某村党员带领第一批群众回乡时，利用伪组织主动向敌人报告说："无人区"老百姓太苦，逃回很多，请皇军设法救济。导致敌人也毫无办法，不再追究。第二批也如此带回，第三批连伪组织人员也一同回乡了。

（3）积极解决群众衣食住的迫切需要及春耕遇到的实际困难。如，利用政府贷款、赈粮、募捐，救济"无人区"人民，帮助他们渡过最困难的时期。北岳二分区共贷款30万元，仅五台即达10万元。普遍成立春耕委员会，组织群众集体耕作，三五人一组，或七八人一伙，仅五台一区5个村就有69班，把所有劳动力都动员到生产战线上。提出"不荒一亩地"的口号，并创造了战斗的耕种方法，平静时先种平地，后种山地；紧张时上午种山地，下午种平地。并采取昼耕夜种，多种山芋少种谷，省工收量大，且早收晚收均可，敌人不易破坏。还有所谓的不耕法，即种玉茭一手拔茬子，一手下种，种山芋边挖边种。广泛地发动群众，挖窑洞、修筑崖堂、窝铺、茅棚，作回乡群众居处，如五台一区挖洞260孔，二区筑崖堂202个。帮助群众采树叶、野菜，由巩固区募集粮食、衣服，互相调剂，补充种子农具。成立救灾委员会，负责调查与救济灾民工作。如盂县各区救灾委员会，除在本县发起25000元边币募捐运动，号召干部、士绅和群众团体会员节约钱粮积极捐助外，还通电全边区各界人士予以救援。

（4）春耕与武装相结合，设立监视哨，严密监视敌人的行动，发现敌人一来即发出警号通知群众隐蔽；区游击队则积极在"无人区"活动，打击小股出扰之敌。

经过艰苦不懈的努力，这一阶段的反"无人区"斗争取得了相当大的成绩：五台县、盂县回乡人口分别占到了"无人区"人口总数的30%和70%；初步恢复了党的组织和社会秩序，村政权及各种群众组织先后恢复，有的经选举新成立，有的合组联合村公所；大部分土地播种完毕，其中五台达到了90%以上。但是，由于这一时期是敌人蚕食进攻最猛烈的时期，加上各地党和政府的许多干部在反蚕食斗争中思想上存在着严重的右倾倾向，单纯地退却畏缩，因此，给予敌人实施"无人政策"以可乘之机。特别是在二分区的某些地区，敌人更加扩大了"无人区"的范围。

第三阶段：1942年9月至1943年8月。晋东北党和政府领导抗日军民展开了猛烈的反蚕食及反对右倾机会主义倾向的斗争，并逐渐在反蚕食斗争中掌握了主动权，"无人区"的斗争随之取得了决定性的胜利，进入了一个崭新的阶段。这一时期，晋东北抗日军民反对敌人"无人区"的斗争，在前一阶段的基础上进一步采取了更有力的措施。

（1）加强调查与研究敌奸的活动，特别以大汉奸为对象，进行彻底的侦察，了解群众的迫切要求，掌握群众对敌的极度仇恨情绪，发动积极主动的群众性的斗争，坚决镇压罪大恶极的奸特叛徒，并争取协从者。

（2）以群众武装为坚持阵地的核心，猛烈开展武装斗争，锄奸肃谍，打击伪组织。各支部的坚强党员参加游击小组，由区干部领导，一面轮流到敌占区活动，一面进行训练。严密岗哨、巡逻，清除潜伏在

"无人区"的敌人密谍,并袭击敌据点。

(3)乘着对奸特严厉镇压,引起敌占区秩序出现混乱之机,展开强大政治攻势,发动大批群众归乡,并从群众切身利益出发,提出"回乡春耕,不在敌占区饿死!"在春耕时提出"武装保卫春耕,不让鬼子抢走或打伤一头牛"。

(4)进一步解决群众生产、生活中遇到的实际困难,积极开展生产自救运动:利用春耕贷款,组织运粮队到敌占区购买,从其他区借来,由各村政权抗联设法调剂等办法,切实解决种子、耕牛、农具短缺等问题;以行政村或自然村为单位,建立集体互助、集体耕作、干部集体互助等劳力组织,发扬高度的互助友爱精神,给抗属及无劳动力者代耕,分配时照顾困难的干部和群众;生产与武装结合,在生产中游击小组掩护耕作,互助小组给游击小组代耕;利用非法与合法的巧妙配合向敌规定的界限外推进春耕。

以上各项措施的实施,使"无人区"工作获得了巨大进展。到1943年春,经过又一次大规模回乡斗争,五台"无人区"群众基本全部回到了家乡。与此同时,盂县、平定(北)、定襄等县的"无人区"群众也经过斗争逐步返回了家园。① 群众的生活也因为生产自救运动的开展得到了保障。晋东北"无人区"的斗争至此获得了重大胜利。特别是进入1943年下半年以后,晋东北党和政府根据敌我形势的变化,实行"敌进我进"方针,晋东北的对敌斗争由被动转为主动,逐步扩大了根据地、游击区,缩小了敌占区,恢复和开辟了一大批村庄的工作。至年底,一专区抗日民主政权包括10个县政府、61个区公所、388个抗日一面村政权、763个抗日两面村政权、323个中间两面村政权。抗日一面、两面、中间两面村政权占到全区村政权的73.8%。二专区由抗日两面政权变为抗日一面政权的村庄74个,新开辟及恢复再建的抗日村政权102个,其中仅浑源县就恢复"无人区"村庄40个。②

---

① 中共山西省委党史研究室编:《晋察冀革命根据地晋东北大事纪》(1937.7—1949.9),山西人民出版社1991年版,第156页。

② 同上书,第212页。

此后，虽然敌人并未放弃继续制造、扩大"无人区"的企图，但在抗日军民的团结战斗下，均宣告失败。如1944年2月，灵丘县敌伪勒令一区的沙涧、石磊、东驮水、西驮水、支角等5村"并村"。以上五村群众在党的领导下，跟敌伪展开了斗争，除部分胆小怕事者按指定村庄搬迁，绝大部分群众有的进了南山游击区，有的钻进山沟挖窝棚，也有的投亲奔友暂时躲避，而且白天回村抓春耕生产。敌人制造"无人区"的阴谋终告失败。[①]

二　冀西反"无人区"斗争

针对日军制造"无人区"的罪恶企图，作为重灾区的平山、灵寿等县抗日军民在边区党和政府的领导下，针锋相对地提出了消灭"无人区"的口号，积极开展"无人区"的武装斗争。

在平山县，1941年秋季大"扫荡"时，日军在平山、温塘、回舍区等地修筑封锁沟，划沿沟沟西村庄为"无人区"，大肆焚烧屠杀，使得沿沟5里以内群众流离失所，房屋皆被焚烧，田园荒芜，野草丛生，断壁残垣，破瓦余烬，悲惨之状，目不忍睹。但是，平山县抗日军民没有被敌人的残暴吓倒，更没有屈服！他们在抗日政府的领导下，百折不挠，奋起战斗。当时这一带流传着这样一首歌："眼看一扫光，两眼泪汪汪，仇恨满胸膛，擦干泪，拿起枪，奋起打豺狼！"当时，群众逃出后，投亲靠友，河西村群众多散居在温塘、天井一带20多个村庄，屯头村群众也同样散居各村。党领导群众开展斗争，在温塘建立了游击区公所。河西村光秃一片，全部在敌人3个堡垒的枪炮射程之内，为了同敌展开斗争，他们就利用夜间挖起往西、往南、往北3条3里多长的巷道，便于进出。"无人区"全部在日寇堡垒的眼皮子底下，最危险，但是敌人的一举一动也看得最清楚，这些村庄的群众就肩负起了监视敌人，为边区搜集情报的艰巨任务。同时，敌人的"并村政策"也由于群众的积极抵抗而失败，群众多数逃走，使敌人大感棘手，被迫暂停"并村政策"。1942年春后，在中共平山县党和政府的领导下，抗日军民坚持破坏"无人区"的斗争方针，动员群众回乡回村加强武装斗争，

---

①　政协灵丘文史委员会编：《灵丘文史资料》第2辑，1992年7月编印。

开垦荒地。在斗争方式上,"无人区"内武装斗争采取分散的游击战,基干队、区游击队和游击小组相互配合,不断地给敌人以重大打击。在"无人区"内已恢复的村庄,皆建立了游击小组,每村七八人到十余人,枪支也不少。回舍区的几个村庄有 20 余支,温塘区的几个村庄有 20 余支,每支枪有子弹十余颗。游击小组成员多半是忠实、勇敢的党员和进步群众,斗争情绪很高。反"无人区"斗争也因此取得了较大的进展,到当年 11 月,除距日军据点一二里内的村庄外,先后恢复了朱坊、田兴、西荣村、中荣村、南荣村、西苏庄、侯家庄、柴庄、东庄、台头等 10 个村庄的工作,各项工作渐次恢复,社会秩序也恢复常态。

1943 年战局稍有好转,"无人区"群众陆续回到村里,砍去地里胳膊粗的蒿子和杂草,耕耘播谷。他们在村边高地上布上岗哨,立起"消息树",日伪一出动,"消息树"就倒,群众立即撤退和疏散,在紧急时打枪、甩手榴弹报讯;敌人不来便种田劳作。这样,不但维持了自己的生活,还能坚持交抗日救国粮。那时,一家几人回村耕地都有明确的严格分工:谁背锅碗,谁背粮,谁背被褥,敌人一来,各负其责,背起来就转移;敌人退回老窝,又立即回村种地。①

在井陉县,在中共和抗日政府的领导下,反"无人区"斗争也取得重大胜利。为了动员"无人区"群众返回原来的村庄,抗日政府采取种种措施给予他们多方照顾,如贷给他们款子购买耕畜,发放生产贷粮等以便进行生产,并在税收上减免第一年的统一累进税等,这样,"无人区"群众全部返回了家园。②

---

① 《平山县"无人区"情况概述》,中共平山县党史研究室编《平山党史资料》第 7 辑,1997 年 1 月编印。

② 中国解放区临时救济委员会晋察冀边区分会编:《晋察冀边区寇灾天灾一束——八年来敌伪对井径县人民的残酷暴行》,1946 年 2 月 18 日。

第五章　日军制造"无人区"的暴行

　　侵略者往往蓄意对其罪恶行径进行美化粉饰，掩盖其战争罪行，日本侵略者尤为厚颜无耻。制造"无人区"的罪魁之一，曾历任侵华日军关东军副参谋长、第十一军司令官、华北方面军司令官、中国派遣军总司令的冈村宁次在其回忆录中信誓旦旦地说：

　　　　我任第十一军司令官时期，曾以"讨蒋爱民"的标语训示部队。这次就任华北方面军司令官以后，几经思考，于1941年11月3日的明治节，向司令部全体高级军官作了训示，首先朗诵明治天皇所作诗句"国仇固当报，仁慈不可忘"，然后带领大家高呼"灭共爱民"。在那以后，我认为贯彻爱民方针至关重要，又提出了"戒烧、戒淫、戒杀"的标语训示。这条标语并非出自我的发明，而是借用了清军入侵明朝时的禁令。
　　　　顺便提一句，日、中的共产党把我的三戒标语篡改成"冈村宁次的可烧、可抢、可杀的三光政策"大事宣传。令人惊奇的是，甚至日本进步学者的著作中也引用了这种宣传。因纯属无稽之谈，毋庸置辩。
　　　　后来公布了我在1943年3月9日的训示"告华北派遣军官兵书"，并传到国内，其内容除不烧、不淫、不杀外，又加进了不干涉县政、摒弃优越感等，这都是我一向对待中国人的意见，在国内也得到好评。

　　冈村宁次还引用另外一个日本侵略者、"无人区化"政策的直接实

施者——原中国派遣军所属师团长船引正之的话,作为"有力证言":

> 岩波书店出版的《昭和史》中载有:"冈村宁次大将率领的华北方面军于1941年、1942年进行大规模扫荡战,施行了中国方面称为三光政策的残酷战术——烧光、杀光、抢光。"另外在该书店出版的《中国革命思想》一书中,亦载有:"日军在战争末期采取杀光、烧光、抢光的所谓三光政策,阻碍了解放区的成长。解放区的人口一时因此骤减一半。"
>
> 三光政策一词,我们尚属初闻。作为一个历史学家竟然生搬一方面的史料,并煞有介事地予以发表,实为可笑。
>
> 再说,这个三光政策与事实完全相反。(中略)冈村大将新阵前训的第一项便是"戒烧、戒淫、戒杀"三戒,这点我记忆犹新。每天至少在点名时听到一次列队高呼"戒烧、戒淫、戒杀"之声。
>
> 这样轻率的史书长此泛滥下去,将给青少年带来何等影响![①]

难道侵华日军在制造"无人区"过程中,真的是奉行了"灭共爱民"方针?实行的是所谓"戒烧、戒淫、戒杀"的"三戒"政策?

事实胜于雄辩,谎言终归掩盖不住真实的历史。任何堂而皇之的谎言,无论它编织得如何天衣无缝,在铁的事实面前都将露出马脚,不攻自破。从留存下来的战时档案资料、报刊报道中,从战后的调查统计、日本战犯供述、大量受害者证言中,我们不难发现,日军制造"无人区"的过程,就是泯灭人性,血腥屠杀中国人民,肆意劫掠、破坏中国人民的土地、财产的过程,而其残暴性、野蛮性更是前所未闻,亘古未有!

---

① [日]稻叶正夫编:《冈村宁次回忆录》,天津市政协编译委员会译,中华书局1981年版,第312—313页。

第一节　有计划的大屠杀

一　"又一个三光作战"

让我们先来看一段研究日军侵华暴行的日本学者姬田光义的一段文字记述：

当我等一行跨过蜿蜒曲折的万里长城进入巨大的燕山山脉后，发现山区中的无数条小溪仍结着冰。然而，山间吹来的阵风中，却已多少带来些柔和的春天气息了。只有那到处绽放的桃花，才给这些普普通通的山村增添了一道道春天的风景线……

从这里一直向西延伸的燕山山脉，在黄河处被截断后又向黄土高原蜿蜒而去。无论哪里，只要是有人居住的地方，那里都会有从山脚下用石头垒起的层层梯田。由此不难想象，这些勤劳而又贫苦的山里人，在世世代代与自然的斗争中，已付出了巨大的劳作和辛勤的血汗。

然而，突然有一天，因日本人的到来，将这些生生不息的与自然斗争的山村，变成了人与人之间进行斗争的悲惨之地。日军首先实施"集家并村"计划，即用武力将那些居住在依山傍水的村民们驱逐出村后，又强行将他们赶进已用土墙围起的"集团部落"中生活。随后，将这一广大区域划定为"无人区"。

……

虽说当地土质贫瘠，但它毕竟是祖祖辈辈传下来的土地和家园。当山里人失去这一切，又被强行赶进"集团部落"后，等待着他们的命运只有病死、饿死或冻死。因此，人们开始反抗了，有的逃跑，有的拿起了武器。在此过程中，日军则展开了残酷的大屠杀，由此上演了无数次的人间悲剧。

中国人认为，正是由于日本人的侵略才给他们带来了巨大的灾难，因此中国人当然有权利进行自卫抵抗。同时中国人还指出，日本人的侵略及其暴虐行为,具体表现是杀光、烧光、抢光的"三光"政策——日方则称为"三光作战",并且指责日本实施的这种"三光"政策是一种有军事和政治目的的灭绝种族式的大屠杀。而在万里长城线南北一带山区中所实行的"无人区化"政策,则是这种"三光作战"的最典型事例。

另外,中国人还认为在当年抗日战争的各种复杂形势中,日军始终将主要敌对目标锁定在已成为今日大陆统治者的中国共产党人身上,其目的就是要围剿和消灭共产党领导下的八路军。在华北一带,日军针对八路军采取了"扫荡战"、"歼灭战"以及"驱逐战"。而在此过程中,日军使用的主要手段就是"三光作战"。从今日的角度来分析,所谓"三光作战",实质上就是日军在广大区域内,长时间的对中国人实施的暴虐及非人道的残杀行为。

这段文字记述的是姬田光义1995年3月下旬赴中国北方山区,对当年日军实施"无人区化"政策的村庄进行实地调查时的情形。

这里所谓的"三光作战",是指日本侵华战争期间,日军特别是华北方面军,自1939年秋开始,针对中国共产党的抗日根据地进行以杀戮当地居民、对粮秣房舍等物资进行彻底的抢劫、焚烧和破坏为目标的军事行动,是对日军的毁灭性屠杀以及破坏的概括。它在侵华日军的作战命令中被称为"烬灭作战""彻底的肃正作战(讨伐)""彻底覆(讨)灭""讨灭作战""扫荡作战""剔抉扫荡作战""治安肃正作战""治安强化作战"等,中国共产党领导下的敌后抗日武装力量则将日军这种以毁灭抗日地区人力、物力,摧残抗日军民抵抗意志为目的的军事策略,简要概括为"烧光、杀光、抢光",即"三光政策"。

侵华日军在华北制造"无人区"过程中疯狂实施了"三光作战",对划定为"无人区"的区域实行"拔根断源式的摧毁",企图彻底毁灭群众的一切生存居住条件,造成绝缘式的特殊战略地带,从而隔绝抗日武装力量与群众的鱼水关系,阻断抗日根据地之间战略上人流、物流交通,并保护日军的战略要地免遭抗日武装攻击,确保其占领区的"治安",最终达到摧毁、扼杀抗日根据地的罪恶企图。正如当年驻密云县西白马关日军机枪分队长船生退助在其所写的《无人区》一文中说："作战命令规定的方针，为了建立无人区，我们要进行扫荡讨伐，把所有房屋烧掉，追杀射击中国人……不问任何理由枪毙。"[①]而特别要指出的是，日军制造"无人区"的"三光作战"，不仅仅在于它的残暴性，而且更表现在日军在推行这一政策时的计划性、系统性和规模化、长期化。

（1）杀光：日军制造"无人区"的过程就是疯狂屠杀、虐杀中国民众的过程，而且这种灭绝人性的大屠杀成为侵华日军的一种战略层面上的施策。1942年承德日本宪兵队本部编印的一份《灭共对策资料》引用中国古代的《孙子兵法》说："上兵伐谋，其次伐交，即攻伐支持敌人的第三者，在这里来说，即对民众予以讨伐。"赤裸裸地将一般民众当成讨伐作战的对象，企图通过残酷屠戮，来宣扬"皇军"威力及灭共"决心"，达到震慑民众，"使敌区居民获悉我方的实力和坚定的决心，从而促使其失掉对共军的信赖"[②]。

冈村宁次是日军在华北推行"无人区化"政策的罪魁之一。京华出版社1994年9月出版的《战争野兽——侵华日军十大战犯》一书中有这样的描述："冈村宁次对'非治安区'主要实行的是毁灭性的扫荡作战，即人们所称的'三光作战'……当年日军把这种作战称为讨伐，其作战部队亦称为讨伐队。而正是这些讨伐队，在'非治安区'内干下了杀光、烧光、抢光的种种罪行。仅在1941年和1942年这两年中，日军分别以75%和63%的兵力对敌后抗日根据地连续实行了残酷的'大扫荡'，其中兵力千人以上的扫荡就有174次。"1943年，日军又对华北各抗日根据地发动了大规模"扫荡"作战。在晋察冀边区，"扫荡"北岳地区12次，冀东地区14次，冀中地区40余次；在晋冀鲁豫边区，日军分别向太行、太岳地区展开了6次大"扫荡"；在晋绥边区，日军实施了17次大"扫荡"；在山东，日军万人以上规模的大"扫荡"有4次，千人以上的"扫荡"有46次。伴随如此频繁、大规

---

① 转引自陈平《千里"无人区"》，中共党史出版社1992年版，第68页。
② 日本防卫厅战史室：《华北治安战》（上），天津人民出版社1982年版，第447页。

模的"三光作战",使根据地大批军民惨遭血腥屠杀。"无人区"重灾区晋察冀边区主要领导人之一的聂荣臻曾说过:"整个抗战时期,被日军和伪军杀害的无辜同胞达 70 余万人,被强行抓去做劳工的青壮年达 12 万人,其中八路军官兵的牺牲者也达数以万计的规模。"

另据晋冀鲁豫边区的不完全统计,抗战八年期间,仅太行山地区遭日军杀害的同胞就高达 17 万余人,即全区人口平均每 31 人中就有一人被杀害。1946 年 6 月,中国解放区救济总会关于"中国解放区抗战八年中损失初步调查"显示,其中杀虐致死:晋绥 15.38 万人,晋察冀 48.49 万人,冀热辽 35.47 万人,晋冀鲁豫 97.61 万人,山东 89.57 万人,苏皖 23.94 万人,中原 7.17 万人,合计 317.61 万人。这还不包括中共领导的抗日部队 60 万人的伤亡。被抓人数:晋绥 9 万人,晋察冀 30 万人,冀热辽 39 万人,晋冀鲁豫 49 万人,山东 126 万人,苏皖 13 万人,中原 10 万人,合计 276 万余人。①

(2)抢光:在制造"无人区"的过程中,侵华日军企图通过实施残酷的经济封锁和物资掠夺,置抗日根据地军民于死地。而且它与日本侵略者"以战养战"的策略密切联系,是日本政府制定的一种政治军事一体化的资源掠夺战,而并非日军官兵自发性的掠夺行为。因为对于侵华日军来说,华北既是伪满洲国的后方基地,也是日军在中国大陆的屯兵基地,同时还是战争需要的各种物资的稳定供应地,承担着不可缺少的"开发攫取重要国防物资资源地"的任务。1941 年 12 月,侵华日军中国派遣军总司令部发出命令,要求今后各军的基本任务是,在构筑封锁线和彻底扼制物资流向抗日根据地的同时,"为了培养我军的战斗力,要确保占领区内重要物资的开发,并为物资的获得及输送铺平道路"。在此基础上,1942 年 8 月,华北方面军向所属各部发布了对抗日根据地实行封锁的新政策,要求各地在设置封锁沟、监视线及严禁向根据地流出物资,通过实行物资配给制进一步强化对物资和物流的严格统制。还要求"军、官、民等机关共同努力,在获得敌占区物资的同时,

---

① 谢忠厚等编:《日本侵略华北罪行档案·损失调查》,河北人民出版社 2005 年版,第 41 页。

还应主动消灭敌方的生产机构"。这就是说,"抢光"已经正式成为侵华日军对根据地实施作战的指针。

1942 年伪新民会中央总会组织部制订了一个"获得敌占区小麦的工作计划纲要"。其方针是:在小麦收获期间,应主动迅速地把从丙地区(未治安区)掠夺的小麦,转移到乙地区(准治安区)的安全地带。通过这种强制收购措施,来确保治安圈内的粮食供应及民生稳定,同时还应一并破坏共军游击队的兵站和工作据点。其中更明确规定,乙地区按规定的价格强制收购小麦,作为赔偿可用某些商品支付,但在丙地区"则一律无偿掠夺之"。据不完全统计,1940—1945 年,日军在华北地区实施"三光"作战计划,各根据地损失粮食 1149 亿斤、耕畜 631 万头、猪羊 4800 万只、农具家具 2.2270 亿件、被服 2.2963 亿件。在日军制造"无人区"的重灾区热河省,被日军抢走粮食 96 亿斤,牲畜 24 万多头,其他物品难以数计。在冀东,据当地党组织的资料统计,抗战期间,冀热边区被抢走的粮食超过 103 亿斤,马、牛、驴、骡 6 万头,猪、羊 200 万只,农具 18 万件,被服 320 万件。

(3)烧光:为了实现其"无人区化"政策,彻底摧毁抗日军民的一切生存、居住条件,日军将划为"无住禁作地带"范围内的一切房屋、成片的树木全部烧毁。"在军的讨伐期中,作为匪贼据点之山区分散房屋多数是暴露着的,随着匪团的消灭,须将此种分散房屋破坏和烧毁,而使居民集中于警备力所及的地点。"对于坐落在日军控制力薄弱的"准治安区"特别是所谓的"非治安区"内的村庄、房屋,在日军历次"烬灭作战"中,更是全部被夷为废墟,片瓦不留,反复被拆毁、烧毁多次,甚至数十次。

为了摧毁抗日军民赖以隐蔽的山林,日军趁每年冬末春初山区气候风大干燥之际,到处纵火焚烧山林。1943 年 3—6 月,关东军和伪满讨伐队在兴隆县出动 2 万余人,再次驱赶百姓离开"无住禁作地带",在五指山区、大小黄崖、狗背岭 3 块抗日游击根据地放火烧山,致使山火连绵 4 个月不息,数百里天昏地暗,参天的森林化为焦木,满山的灌木化为灰烬。从开始实行"无人区化"到日本无条件投降,热河全省每逢此季,长城沿线即山火连天。据中国解放区临时救济委员会晋察冀边区分会公布的《日本法西斯 8 年来在边区的暴行》统计，冀热边区在抗日战争期间被烧毁 333.5 万多间房屋，其中热南山区的"无住禁作地带"占 205.6 万间。至于被焚毁的森林、农作物，则因面积大、数量多而无人考证。

（4）割青"片光"：日军为了彻底毁灭山区根据地的生存条件，除灭绝人性实施上述"三光政策"外，还自 1942 年春开始，连续 3 年发动季节性的"割青扫荡"，实施"片光"政策。所谓"片光"，就是把地里的尚未长成的庄稼全部割净。每年当春庄稼刚要吐穗灌浆的时候，日军就对山地发动大规模"扫荡"，驱赶大批"治安区"百姓进入"无住禁作地带"割光庄稼。

据调查，1942 年春耕时节，日伪在兴隆、承德、青龙、滦平等县的大部分地区进行了一次割青；1943 年割青面积进一步扩大，有的地区甚至被割了两遍、三遍。割青"扫荡"时，日军逐村逐沟地搜寻，发现庄稼就强迫百姓割掉，哪怕是只种有几棵庄稼的石缝石坎都不放过。春庄稼被割后，山地军民只得抓紧种荞麦、白薯等晚秋庄稼或萝卜、白菜，希望多少能收获一点。但当庄稼苗、菜苗长出时，日军又来扫荡，连割带放牲口，又给毁得一干二净。1942 年 7 月初，丰滦密联合县第 5 区有三分之一的青苗被割掉，其中莲花瓣、化石峪、大牛圈、西口外、黄峪口、孟思郎峪等地的青苗被割得一棵不剩。1943 年 8 月，承兴密联合县有 7062 亩庄稼被割掉。1944 年 7 月，潮河东地区又有 30 个村庄共 6235 亩青苗被割光，约计损失粮食 82.75 万公斤。日军年年割青，给山区抗日军民造成了空前严重的灾难。1942 年，坚持丰滦密"无人区"斗争的抗日军政人员的粮食定量降到了每人每天小秤 12 两原粮（合市秤 7.5 两），但这也无法保证，有时只能靠野菜树叶充饥。百姓的生活更为凄惨，除抗日政府发放的少量救济粮外，几乎全靠野菜、树叶度日，野菜树叶吃光了，就吃树皮，挖草根。由于缺盐和严重的营养不良，人人身体虚弱，遍身浮肿，饿死人的事非常普遍。①

---

① 参见中共北平市委党史研究室编《侵华日军在北平地区的暴行》，知识出版社 1999 年版。

　　日本学者姬田光义对侵华日军制造"无人区"的罪行进行深入研究后指出："'无人区化'政策是日军有计划、有体系、有目的的一种追求，它也是日军继'南京大屠杀'、'七三一细菌部队'、'三光作战'等集大成之作。"因为日军的"无人区化"政策，虽然不像"南京大屠杀"事件那样集中的、惊人的大规模屠杀，也不像"七三一部队"那样露骨的、残酷无穷的、非人道的活体试验，但它是经过长期精心周密策划，且有组织地展开的一场大屠杀；它把人们从祖先留下来的土地上强行驱赶到别的地方去，有意识、有目的地摧残他们的人生和土地，是比"七三一部队"更大规模的活体试验。所以说，"无人区化"政策超越了杀光、抢光、烧光的"三光政策"事例的个别性、偶发性，是一开始就有计划地追求地区性、空间广泛性和长期性的"又一个三光作战"①。它一针见血地揭露了侵华日军制造"无人区"的反人道的残忍性、野蛮性。

　　二　"剔抉"清剿

　　"扫荡"和"剔抉"，是日军对华北根据地的两种不同的作战方式。"扫荡"是所谓"大风一过式"的作战，打一段时间就走，目的是破坏根据地的人力、物力，捕捉、消灭八路军首脑机关和主力部队，但抱着撞大运的侥幸心理，一般使用兵力较多，规模大，频次相对较少，持续时间短。"剔抉"是日军创造的一个新名词，相对于"扫荡"，特点是划小作战范围，分区清剿，反复梳篦，"以专门破坏中共党组织及指挥系统为主要目标，采取彻底逮捕中共党政及外围团体的骨干分子及领导人物的方针"②。对付"扫荡"比较容易，只要避敌锋芒，首脑机关和主力及时转移即可。但对付"剔抉"就难度大多了，因为虽然它在兵力、规模上比不上"扫荡"作战，但由于频次多，持续时间长，防不胜防。在制造"无人区"的过程，"剔抉"主要就是搜捕、清剿在"无人区"坚持抗日斗争的中共党政干部和那些不肯"归顺"进入"人圈"的老百姓。

---

　　①　［日］姬田光义：《又一个三光作战》"序章：本书问世的意义——由与陈平先生相传谈起"，参见陈平《千里"无人区"》附件，中共党史出版社1992年版。
　　②　《热河省警备厅长皆川富之呕致警务总局长山田俊介的报告》，1943年11月5日，中央档案馆等编《日本帝国主义侵华档案资料选编·东北大讨伐》，中华书局1991年版，第744页。

"剿抉"工作由派驻各地的日本宪兵队负责部署执行。同时，日伪特意组织了快速部队，如剿匪队、侦搜队、讨伐队等，这些部队完全轻装化，到达目的地后，配合当地日伪军警特不间断地在山沟里、山顶上进行"扫荡"和搜索。

承德日本宪兵队是侵华日军在热河地区推行"无人区化"政策的元凶之一，也是"剿抉"工作的主要策划者和执行者。1941年8月至1944年10月间，担任承德日本宪兵队本部大尉特高课长的战犯木村光明供认了其参与制造"无人区"的罪行：

> 1941年8月至1944年10月，曾先后指挥所属部下在热河省承德县、青龙县、滦平县及河北省密云县、迁安县等地各村镇，逮捕抗日干部及和平居民2882名（滦平地区未统计在内）。对这些人采取了各种法西斯兽行进行审讯，使用了殴打、悬吊、灌凉水、灌汽油、过电、火烧等酷刑。经过拷问而杀死1100余名，又被监禁致死48名。其中被喜峰口宪兵分队一次杀死在宽城的就有80名；被承德宪兵分队一次杀死在承德西郊水泉沟的就有100余名。更残忍的是，青龙县九虎岭村赵相阁被捕时当场被挖出双眼和心脏而死。

1942年成立的西南地区特务宪兵队，是日伪当局临时组建的特务组织，其主要任务之一就是"刺探、侦察、逮捕、审讯爱国人民和破坏地下组织"。以下是承德日本宪兵队队长桥本岬的口供记录：

> 问：现在你讲一讲你在伪满西南地区、热河讨伐中，特务宪兵队破坏抗日地下组织、逮捕、刑讯、杀害和平居民及抗日地下工作人员的具体罪行？
>
> 答：在热河省的西南和南部地区抗日地下组织很多，所以当时我命令指挥部下各特务宪兵工作队，把逮捕抗日地下工作人员当成特务宪兵队主要任务之一，所以在我任职期间，对承平宁县等抗日地下组织及其工作人员与和平居民进行了四次大逮捕，共逮捕了抗日地下工作人员及和平居民990余人，经过审讯后，将其中580余

人送满洲国承德地方检察厅，由满洲国承德特别治安庭以违犯满洲国治安维持法的名义判刑了，其中处死刑者 50 余人，判处徒刑者 530 余名。

战犯原弘志，1943 年 7 月至 1945 年 3 月间任伪满铁道警护本队长，指挥所部协助、配合日军在热河地区推行全面制造"无人区"计划。他供认：

> 从 1943 年 7 月起至 1945 年 3 月止，我任锦州本队长期间，我命部下在锦州及热河地区，逮捕中国抗日武装人员、抗日地下工作人员及和平居民总共有 9100 余人。内有抗日武装人员及抗日地下工作人员 340 名，送锦州高等检察厅及其分厅的 200 名，其中 30 名判处 10 年以上重刑。对被捕的和平居民，送至各地检察厅处理的有 2500 名，引渡给地方警察当局处理的 3000 名。审讯时，警护队严刑拷打，因而有病的、受伤的及因伤病致死的。

战犯田井九二郎，1943 年至 1944 年 4 月间任热河省伪警务厅直辖侦搜队队长，据他供认：在不到 1 年的时间里，他率领所部 50 多人，在平泉、青龙、凌源等地活动，共逮捕抗日干部及和平居民 600 多人，同时指挥各县、旗侦搜班，逮捕干部群众 400 人，共计 1000 多人。

伪《热警特秘第 37 号 269 之 4》和伪《热警特秘第 37 号 269 之 7》记载了 1943 年秋日伪实施的两次"剔抉"。第一次：9 月 11 日至 27 日，实施地区为承德县东南部、兴隆县东部、青龙县西南部和平泉西南部。第二次：10 月 16 日至 19 日，实施地区为兴隆、承德、滦平各县及喀喇沁中旗七沟附近地区。据伪满热河省警备厅长皆川富之丞给警务总局长山田俊介的报告，两次"剔抉"共逮捕 1250 人，释放 649 人，其他 601 人或上送或待审或利用。[①]

---

① 中央档案馆等编：《日本帝国主义侵华档案资料选编·东北大讨伐》，中华书局 1991 年版，第 696—701 页。

1951 年出版的《日寇侵华暴行录》一书记述了当时日军在"剔抉"时残害"无人区"人民的状况：

> 敌人对坚持斗争的人民，是非常胆寒的。对这一批不畏生命威胁，一再坚持斗争的人民，就用更残酷的办法来加以残害。在第一个山头上分布着碉堡，监视着人们的动静。只要发现人影，一定追去把他杀死。因此，躲在山谷里的人们连火也不敢生，恐怕火烟暴露了痕迹。母亲抱着小孩，怕小孩哭，时刻不敢让他离开奶头。孩子真的哭了出来，哄不住了，怕敌人听见，全洞的人们生命都要牺牲，于是，做母亲的不得不忍心用奶头堵塞孩子的嘴，使孩子哭不出来，也就这样活活把孩子闷死了！
>
> 有些地方，敌人为了彻底杀清村里的人民，在山上搭起帐篷来，住在山上，一搞就是半个月。敌人日夜地搜，一九四三年敌人在杨河峪一带（热河属）搜出了六百五十多名老百姓，都一下让万恶敌人活埋了，整整埋了一个星期。在窨窿石，敌人住了七天，到处搜人，人们藏在丛林里、山洞中，连气都不敢出。可是敌人的心最毒辣，因为找不到人，就利用军犬，到处嗅人，被嗅到的，便被军犬咬死，或被敌人杀死。有时敌人假装走开，隐蔽起来，等到老百姓爬出来时，便急急跑回，用刺刀刺死。敌人不分昼夜地在高山顶上放哨侦察，利用人民吃饭烧火的规律，白天看烟，黑夜看火。发现了群众的住处，就马上"清剿"。因此群众躲藏在山沟里，总是携带干粮，几天不敢动烟火。有的人家把做饭的烟囱沿流水做出两三里路外，才放出烟去，以迷惑敌人，因此尽管敌人怎样烧杀圈赶，竟仍有不少的人住在山沟里，不进入"人圈"。①

下面还是让充满血腥的史实来说话吧！

三 血与火编织的史实

长城沿线的兴隆县是日伪最早制造的"无人区"，也是受灾最严重

---

① 《所谓"无人区"和"人圈"》，《日军侵华暴行录》，联合书店 1951 年版。

的县之一。1942 年秋，日伪军警进行了空前规模的大"扫荡"，开始推行"集家并村"，他们强迫居民搬进大村，谁要不搬，便烧毁房屋，并以"通八路"治罪。入冬后，日伪军多次到"无人区""扫荡"，见着居民就杀光，见着房子就烧光，见着财物就抢光。前干涧村有 19 人被围住，日伪将男女乡亲全身扒个精光，用木棍乱打，然后又把他们扔到萝卜窖里，点着干柴，全部熏死。敌人在清水湖村的一个小山沟，光是孩子就杀死 48 人。全县被残杀的群众达数千人。1943 年 4 月至 6 月，日伪又倾巢而出，疯狂搞了 3 个月的全县大集家，杀人放火，烧房拆屋，白天百里烟，黑夜千山火，白色恐怖笼罩着千家万户。全县近一半地区被划为"无人区"。太平沟八仙桌共有 30 人，被敌杀害 28 人，剩下的两个男人他们英勇地坚持了一年后也被敌杀害；女人全部被捉走配给特务。隆东峪一批就杀死 40 人，有一家只剩下两个寡妇。马兰峪东有一个 30 里长山沟没有人烟，遍山是骨头，究竟死亡多少人难以估计。兴密交界之穆河川有 50 个村子，经过集家后，变成了 10 多个村子；大小黄崖四五十里长的一条山沟完全烧光了。兴隆县东南部为 5 个山川地区，全被日伪划为"无住禁作地带"，受灾甚重。以下是战后的有关战灾损失的初步调查：

一、沏河川。东西长 100 里，受灾 3000 户，两年中被敌杀害 120 人，抓走 402 人，三年中食粮损失 840000 斤，衣服 20000 件，牛 85 头，驴 100 头，羊 1500 只，猪 200 只，民房被毁 120000 间。

二、恒河。方圆 120 里，受灾 3500 户，两年中被敌杀害 250 人，抓走 250 人，三年中食粮损失 19257 斤，衣服 40000 件，牛 1500 头，马 30 匹，驴 100 头，羊 13000 只，猪 3500 只，民房被毁 17500 间。

三、黑东河。方圆 160 里，受灾 4000 户，两年中被敌杀害 140 人，抓走 155 人，三年中食粮损失 20000000 斤，衣服 8000 件，牛 2000 头，马 25 匹，驴 1300 头，羊 20000 只，猪 4000 只，民房被毁 16000 间。

四、柳河。南北长 80 里，受灾 2500 户，两年中被敌杀害 55

人，抓走 250 人，三年中食粮损失 6250000 斤，衣服 5000 件，牛 1000 头，驴 500 头，羊 2500 只，猪 1500 只，民房被毁 10000 间。

（五）黄花河。方圆 120 里，受灾 3500 户，两年中被敌杀害 320 人，抓走 360 人，三年中食粮损失 18000000 斤，衣服 7200 件，牛 1500 头，驴 1500 头，羊 5000 只，猪 3000 只，民房被毁 14400 间。

其他如农具、家具等损失，尚未统计在内。①

青龙县也是日伪制造"无人区"的重点地区之一，当然也是日军实施"二光作战"重点地区。据不完全统计，"全县共拆烧房屋 87096 间（占总房屋的 90%），烧掉粮食 1000 多万斤，烧掉其他物资不计其数"。"1943 年初秋，日军 400 多人在崖杖子'扫荡'时，不分男女老少，见人就杀，在田里射杀农民崔景旺，刀砍李福全及不满 10 岁的儿子——秃头，用刺刀扎死崔连山的哑巴妻子，将农民崔胜荣、潘老二抓到北马道挑开胸膛。仅这一天，就在崖杖子杀了 7 人。"在日伪统治期间，全县被杀民众达 7200 人。

在当时属于伪青龙县的宽城县境内，东起青龙河西岸的双松汀，西抵滦河东岸的兰旗地，北自冷岭子［后延伸锦（州）、承（德）铁路南］，南至长城，长约 150 公里，宽约 100 公里，遍及现今行政区划的 25 个乡镇、180 个村的广大区域，曾被日军制造成"无人区"。敌人在宽城"无人区"，实行"疏篦山林""断臂绝瘤"，几乎哪天都有群众惨死在敌人"扫荡"的屠刀下。在"无人区"烧得最惨的是王厂沟、松树沟、大汉沟等三大川游击根据地，村村户户碧血殷殷，烈焰腾腾。1942 年春，驻孟子岭日伪军在一个半月里，就去王厂沟讨伐 7 次，烧了 7 次。全村 230 多间房子烧得片瓦无存，十几名无辜群众被活活烧死。在山上住的猫山户，敌人也不放过，放火烧山，一片片山林化为灰烬，漫山焦土。日军还在宽城"无人区"制造了许多的骇人听闻的惨案。如，大屯惨案：发生于 1941 年农历一月十六日，全村 400 多户，

---

① 《冀察热辽典型灾情调查》，1946 年 1 月，河北省档案馆 581 - 1 - 12 - 1。

被杀 187 口，烧房 520 多间，杀绝了 14 户，有 19 户各杀剩 1 口人。刘振久家 10 口人，被敌人用刺刀活活挑死 5 口，当时仅 13 岁的幸存者侯永会，敌人一连捅了 7 刺刀，至今背上仍留 7 处伤疤。这场惨案还烧死毛驴 10 头，猪 120 口，羊 350 只，粮食 30 万斤。暖和塘惨案：发生于 1941 年 4 月 26 日下午，日军疯狂地刀砍火炼 15 人，全村 17 户人家 15 户死去了男人，成了"寡妇庄"。王厂沟惨案：发生于 1942 年农历七月十五日，王厂沟属 9 个自然村惨遭长达 8 天的毁青大屠杀，庄稼逐块割，山林逐座烧，猫山抗战的居民逐洞杀，毁田 700 多亩，杀人 112 口，其中杀绝的 45 户。如关界村 31 口人，只剩下年仅 7 岁的关贞瑞一人。当时关贞瑞全家 6 口，被杀 5 口，爷爷被敌人割掉舌头，挖掉双眼；父亲被枪杀；11 岁的哥哥被鬼子一刀劈死；4 岁的弟弟被摔死在山崖；母亲被敌人蹂躏后开胸剖腹悲惨死去。①

在宁城县，黑里河的"无人区"最为典型。南至光头山，北到王营子沟里，东到西打鹿沟，西至承德围场境内，纵横百里之外。"无人区"内，一不准耕作；二不准放牧；三不准砍柴；四不准夜宿，日伪岗哨在瞭望台上日夜监视。还有大批日军和讨伐队巡逻。凡遇人畜进入打死勿论；凡有烟火升起之处，就是日伪军攻击的目标。"无人区"内的所有房子要烧掉，牲畜、粮食衣物要抢走，人要枪杀。据不完全统计，全县有 1 万多间房屋被烧或扒掉；4 万多亩耕地荒芜；上万头大牲畜被敌人抢去杀死吃肉或死掉，粮食及其他物品的损失无法统计。"无人区"内，从"集家并村"到日寇投降共有 4000 多口人被打死、病死、冻死或饿死，其中有 200 多户死绝。西泉打鹿沟未集家前有 260 户 1600 口人，1100 间房子，2872 亩耕地，34 匹骡马，510 头牛，120 头驴，1400 只羊。1945 年日寇投降后，仅剩 153 户 721 口人，360 间房屋，75 亩耕地，44 头牛，18 头驴，200 只羊。减少的 107 户有 20 户死绝，减少的 879 口人有 420 口死掉，其余逃往他乡。据新中国成立初期调查资料记载，大营子的道须沟、上拐和西泉的范杖子、东打鹿沟四个村，烧

① 《日军在宽城制造"无人区"》，政协宽城文史资料委员会编《宽城文史资料》第 1 辑，1990 年 12 月编印。

毁及拆除民房 1127 间,抢走和打死的牛 271 头,骡马 17 头,羊 764 只,驴 41 头,小鸡 6 麻袋,杀、病、冻、饿死者 799 人。八里罕南厂子辛长河一家 6 口,辛长海一家 3 口,赵宏岐一家 7 口,齐五一家 3 口,赵春祥一家 2 口,辛长存一家 4 口,齐六一家 1 口,共 7 户 26 口人死绝。[①]

青龙县西部的九虎岭村位于迁青平抗日根据地内。在九虎岭村中有一个仅有 30 来户的小庄叫九虎岭庄,1942 年 7 月和 1943 年 1 月,曾两次受到日寇的血洗,数次遭到劫难,其中 1943 年 1 月的一次最为悲惨。这年 1 月,喜峰口宪兵分队宽城派遣队的密探侦知,八路军迁青平县委正在九虎岭村开会,承德宪兵队长得到喜峰口宪兵分队长的报告后,遂即从承德、古北口两地调集了 100 余名宪兵,加喜峰口分队的 60 余名宪兵,联合组成搜索队,在本部特高课长木村光明的带领下,连夜将九虎岭村包围。由于县委干部及时撤走,宪兵遂对民众采取了残忍的报复手段,抓捕了 19 人,将 14 人当场杀害。其残害的手段令人发指:有的被打碎下颌致死;有的被按在地上挖去双眼;有的被挖去心脏;有的被塞进冰窟窿;有的用三角尖木棍穿透胸膛钉死在地上。宪兵在过堂审讯时,使用的手段更加残酷:有的被烧红的烙铁烙掉了鼻子,有的被烙得露出了天灵盖骨。不仅对成年人如此,对未满周岁的婴儿也不放过。村民刘文振 8 个月的小孩,被日本宪兵从其母亲的怀里夺去,活活摔死。由于日寇的残暴杀戮,这个仅 30 来户的小村庄就绝户了 7 家。[②]

《晋察冀日报》1946 年刊载了《血泪凝成的数字——一个统计材料》一文说,日据期间,承德等 6 个县共有 3.3 万余人被日军杀害:

> 根据敌人自供的材料统计:13 年来,敌人在承德杀死的中国人是 2812 人,滦平是 5000 人,热南的青龙是 7912 人,兴隆是 4862 人,热东的凌源是 7037 人,平泉是 5988 人,伤者在外。被迫

① 《日寇在宁城制造的"无人区"》,政协宁城文史资料委员会编《宁城文史资料选辑》第 2 辑,1986 年 1 月编印。

② 《致敬,宜黄抗战老兵王臣》,《抚州广播电视报》2015 年 5 月 19 日。

全家出省为敌人服务及被俘为敌人当□者：承德 12722，滦平 31692，青龙□4116，兴隆 23235，凌源 16960，平泉 12227；"劳工"除外。另据伪"热河省公署民生厅"的官方统计数字，仅 1944 年平泉一县被强征无偿劳工即达 4 次之多，数目为 2457 人，其中死亡者 190 人，失踪者□185 人。

关于被杀死的热河人民，我还可以补充一点事实，当我去"拜访"了敌人在承德的屠场水泉沟的时候，我相信上面的数字是远低于敌人的残忍的！在那里铺满了厚厚的一层白骨，接连无隙的坟丘，和用镐子挖不下去的遍是尸骨的土。

在这些简单的数字里，包括着多少悲惨的事实，多少人民的血和眼泪，多少个家庭，多少个生命，多少资财的损失被列进这简单的数字里了！这是热河人民的血泪凝成的数字，这是中国人民血泪凝成的数字！我们不忍看到这样的数字，但我们需要这样的数字，这些数字说明着日本侵略者的罪恶——必须补偿的罪恶，这是敌人的欠债——必须偿还的血和泪的欠债！①

接下来，让我们再来看一看当时的日伪档案中所记载的几个史实吧！

1941 年 4 月 16 日，冀东丰润县商民向伪华北政务委员会请命，"历陈皇军扫荡匪徒村民隐痛情形叩恳拯救无辜宣抚赈恤以安民心"，其中有言：

> 窃本处地当丰润边区边陲，山脉连亘，黎民以农为业，各安所职。溯自二十七年匪变以来，兵燹相循至今，时已三载，所遭蹂躏实较平原地带为最，幸赖我皇军本睦邻之本旨，力谋促进东亚于和平，迭次讨伐，遂使一切政治逐渐恢复。奈犹有所谓八路军者出没无常，扰乱抢掠，实为治安之巨累，小民何能安不饱受其蹂躏，故每逢被害之时，则望皇军立至，横扫萑苻以解倒悬之危，因之不为

---

① 方纪：《血泪凝成的数字——一个统计材料》，《晋察冀日报》1946 年 3 月 6 日。

密报于皇军，则为潜匿以避匪。倘遇皇军到境，则无论男女老幼莫不箪食壶浆欢迎，发之于忠诚，此足可证明群黎深明大义而嫉恶如仇也。惟我皇军到境时，偶见匪踪，当即大施扫荡，村民正庆重睹天日，治安有望。殊不料皇军竟以被匪害之地带为匪区，则被匪害之村庄竟认为通匪之村庄，被匪害之人民竟认为通匪之人民，房舍或被焚毁，人民或遭屠杀，此固为我皇军治匪之严法，实未悉村民之有隐痛于中也。窃查匪徒群集而来，手持利械如狼似虎，乡长莫不惊魂落魄，畏之如蛇蝎，安能与之通谋？且乡民俱遭厉害，莫不恨之切齿，其仇不共戴天，又安肯与之通谋哉！此情此景彰彰明甚，乃人民之不死于匪者，复死于皇军，实含冤于九泉而抱恨终天也。今本处被皇军惩治之下，被烧杀者有之（如丰润县潘家峪村男女共一千四百余口只余他往者百余口，被伤未死者百余口，房千余间仅余五六十间。又吴水□房千余间亦几□被焚毁），奉令全村迁徙者有之（如杨家营、郭庄子、刘家营等村现已迁居十里以外），其被烧杀之处，则房舍丘墟，尸骸遍野，虽余少数之未死者，亦莫不焦头烂额，手折足伤，其迁徙者则田地荒芜，房舍空间，壮者尚可出而奔命，老幼莫不倒卧于沟壑之间。伏思虽无兄弟如手如足，谁无夫妇如宾如友，遽遭惨杀，则互视不能聚首；谁无房舍，谁无财产，遽遭烧毁，将何以为生，此情此景实不堪举目。思之痛心，言之堕泪。因之民等所余之村庄莫不惊悸亡魂，人心慌恐，既虑匪之再来，又畏皇军之骤至，一日散惊奔波无定，长此以往将何以堪，流离失所衣食无着，则一方之民将无所□余矣。且家产无存则难以为生，妻子离散则人心不靖，又恐时势所迫，因之铤而走险者，是又无异于与虎添翼，驱良民而入匪群也，实违背剿匪□民之本旨而更假匪以良机也。[1]

1943 年 12 月 25 日，代伪新民会河北省总会长陈会轼呈报伪新民会

---

[1] 《冀东丰润县商民呈伪华北政务委员会一件》，1941 年 4 月 16 日，南京档案馆二〇〇五②504。

中央总会，"遵化县无住地带无住村落居民被灾奇重，恳请拨粮赈济并准免征应缴食粮以筹自救"：

　　本县地居冀东长城以南，形势扼要，东指榆关，南临渤海，西（趋）北京，北控热河，故自事变以还，共匪即据为要地，此剿彼窜，倏来倏往，奸淫掳掠，焚杀抢劫，民众所受之痛苦与无辜毙命之群众不下数万，人间惨事非笔墨所能宣。迨至去岁国历十月□军方为剿匪便利，顺长城东西沿线一百五十里，南北宽约十余里构成无住地带，掘成东西遮断深壕，将人民彻底逐出，所有房屋一律焚烧拆毁，片瓦无存，尽成废墟。当时因时间迫促，所有用具粮食衣服器皿农具完全未能携出，火焰涨天，哭声震野，其中以无法生活而投河觅井悬梁毙命及身投火窟者难以数计。至县境之内若干地区又复划为无住村落，一般居民被逐失业，转徙流离，形同乞丐。本年春虽蒙治安总署督办齐赐以赈济，但车薪杯水难救饥黎。今岁盛夏长城无住地带治安早已好转，其他各县皆得耕种，惟遵化因特种关系未得耕种，使五万余亩膏田变成荒野，一年以来灾民生活只能求亲靠友或乞讨为生。今秋既无生产来年实为可虑。民等生于斯长于斯，既不愿地方离乱，复不忍坐视数万同胞冻饿而死，为此公举代表为民请命，□仰我钧会关心民瘼，拟请由冀东道区就近□集赈粮项下先行拨给一部以救灾黎，一方布告下□准予居民耕种以安民心。如蒙恩准，则数万居民有生之日皆戴□之年。现在天□地冷，数万灾黎不胜迫切待命之至。复据冀东道总会长呈略开，查遵化县今岁所应缴食粮在华北不啻太仓一粟，在该县免征此数，施行自救，由县公署及新民会县总会设立赈济办事处妥筹救济之方，则若千万灾民或能延一线生机，不致铤而走险。明年耕种牛□农具籽种更需筹□维持，惟此推选代表为民请命，准予免征应缴食粮以筹自救，是否有当，敬□钧命实行各等情。前来查该县无住地带及无住村落房屋废墟，土地荒芜，居民流离情况颇惨，实有赖于救济与恢复耕种增加生产之必要，至本年度应缴食粮以应准予免征，籍维民命。①

日军不光在长城沿线"无人区"灭绝人性地实施"三光作战"，在晋东北、冀西等"无人区"又何尝不是如此！

在华北日军 1941 年秋季大"扫荡"中，在五台县第 3 区，根据日军所谓"治安区"与"无人区"的划分，柏兰镇以东明查湾、东峪里、里外河这一带大大小小 21 个村子全被敌人放火烧光了。在后峪沟，日军将三角城一带住民男女老少 53 人赶到双庙村一个农家院中，放火大烧，一个 10 口之家被烧死 9 口，未烧死的 1 人也被敌刺死。一个 4 口之家被敌烧死 2 口，杀死 1 口，1 名妇女被敌强奸之后又惨遭刺杀。在后峪沟一道小山沟内，日军杀死群众 120 人，其中绝大部分是被敌赶到东大地集体烧死的。在五台第 2 区屋腔村（刚及百户的山沟小村），全村 430 人，被敌杀死 50 人，逃亡饿死者 110 人；房屋被烧毁 840 间，拆毁 353 间，剩余 30 间也都坍塌倒坏，不堪居住；耕畜原有 78 头，被敌抢走 70 头，猪羊鸡 500 余只完全损失，衣服被掠 1200 余件，一切器物被捣毁净尽。② 在平定县，敌人所到之处，处处挂着"此地为无居民之地"的牌子，村村贴着片山旅团的布告。8 月 19 日，敌人围攻秋林村，杀了没跑脱的 30 多人。20 日又到后山搜杀，艮东掌 7 户人家，27 口人，除当时不在村的 9 人外，其余 18 人死在敌人屠刀下。据统计，日军在平定县第 3 区 14 个村，屠杀 320 人，抢走牲口 442 头，羊 1200 多只，粮食 193 万斤，拆毁窑 1500 多个，烧毁房屋 2900 多间。就这样，日军首脑人物在检查"无人区"时，竟暴跳如雷地训斥其下属："为什么要留下四堵墙?"③ 日军在灵丘南山制造"无人区"时，据不完全统计，杀死、刺死、摔死、烧死无辜群众 98 名，奸淫妇女达 700 余

---

① 《伪中华民国新民会河北总会呈第一四七二号文》，1943 年 12 月 25 日，南京档案馆二〇〇五②503。

② 《日寇在晋察冀边区所制造的"无人区"》，1946 年，谢忠厚等编《日本侵略华北罪行档案·无人区》，河北人民出版社 2005 年版，第 151 页。

③ 政协平定文史委员会编：《平定文史资料》第 11 辑，1995 年 8 月编印。

人，其中上寨一名年仅 13 岁的幼女被 7 个鬼子轮奸，杨某的儿媳被 45 个鬼子轮奸一昼夜，甚至八九十岁之老太婆亦难幸免；烧毁粮食 6700 斤，抢走粮食 45000 余斤，抢走之物品折合 52018 元，抢走边币 458000 元，现洋 98 元；烧毁房屋及窝棚 1688 间，抢去衣服 817 件。①

另据当时的《晋察冀日报》报道，在晋东北，敌人烧毁 146 个村子，人民的铁锅、农具、家具、碾子，敌人则完全破坏。在盂县第 4 区，抢走粮食 6.4 万斤，衣服值 61358 元，白洋 993 元。在崞县一个区，抢走粮食 50 多石。在五台县第 6 区抢走粮食 1000 多石，在第 1 区抢走白洋 800 元。在平定一个区抢走粮食 700 多石。在定襄县第 6 区抢走粮食 700 多石。②

让我们再来看看日伪档案中有关的记载，这也许是更能让人信服的证据吧！

其一：伪山西省长苏体仁致伪华北政务委员会电③
（1942 年 1 月 15 日）

为友军为彻底剿灭五台县第二区共匪起见将该区划为无住地带，村民一万一千二百余名流离失所沦为饿莩，伏恳俯念灾黎凄惨迅予拨款救济由

华北政务委员会委员长王钧鉴：兹据五台县李知事呈称，查职县第二区共匪盘踞四载有余，苛捐剥削民不聊生，现友军为彻底剿灭起见，将该区划为无住地带，所有八十四村房屋悉被焚毁，村民一万一千二百余名流离失所沦为饿莩，凄惨状况目不忍睹，际此严冬冻馁尤甚，恳请速拨巨款施救等情。到署除派员携款三千元前往急赈外，惟省库奇绌，杯水车薪，难收实效，伏恳钧座念灾黎凄惨，迅予拨款救济，不胜迫切，待命之至。

---

① 《秋季"扫荡"中暴敌兽行旷古未闻》，《晋察冀日报》1942 年 11 月 24 日。
② 《敌寇在边区西南线的经济掠夺》，《晋察冀日报》1942 年 1 月 17 日。
③ 南京档案馆二〇〇五②512。

其二：伪华北政务委员会救济字第 307 号①

(1941 年 12 月 9 日)

(节　录)

为遵令呈复核拟山西省上党长治工厂办法及救济盂县平定两县灾民共请饬拨四万元交省长负责转饬办理并随时具报由

……又省署代电称，据盂县平定两县知事呈报，盂县二四两区计一百五十二村居民一万三千二百五十七户，平定五区计三十三村居民五百七十二户，以友军将该地区划为清野地带，所有房屋悉数焚毁，沦为饿殍，其中代（带）病者约有三四万，凄惨境况不忍触目，现正向各关系机关洽商临时收容所办法，请迅拨款急赈各等情。当派巡回医疗班前往诊治，并先派员携款分别赈济抚慰。惟省库奇绌，殊难为继，伏恳迅予拨款救济等因。本会查该省署代电及上党道尹呈称各节自应分别筹济……

第二节　实施毒气战、细菌战

为了制造"无人区"，日军除了灭绝人性地实施了"三光作战"外，还惨无人道地发动了毒气战、细菌战。

一　施放毒气，荼毒生灵

长城沿线的兴隆、宽城、承德等县境内山高林密，又因为地处伪满洲国所谓"西南国境"的偏远之地，正是日军进行各种试验的理想场所，其中就包括细菌、毒气、气球炸弹等生化武器。"其实，西南国境线一带本来就是日军频繁进行细菌战及其他项目的理想试验基地。"

承德县的车河流域乃是进入八路军五指山抗日根据地的北入口，关东军用尽各种手段对这一地区的百姓进行了残酷迫害，其中包括细菌试

---

① 南京档案馆二〇〇五②511。

验、毒气试验及毒气球爆炸试验等。特别是车河堡一带遭日军逮捕杀害的村民极多，而且各种中毒死亡者也不计其数。

据当地村民们回忆，1943 年夏季，车河堡一带落下一些形状大小不一，但直径都不大的气球。这些气球一落地就破裂开了，里面立即喷出一股气体，人一闻就出现眼睛流泪、头痛、呕吐及头昏等症状。不仅如此，据有的村民回忆气球溅落的草地都枯黄了，人接触后也出现了体内水肿及皮肤溃烂等症状。当时有人将气球捡回去用作铺盖时却发现，其材料既不是塑料，也不是纸和布，也没发现粘贴气球用的糨糊痕迹。因当地人还没有见过这种材料，所以就把它说成是"日本纸"。当时那些直接看到气球并闻到气味的人，有的眼睛出了毛病或昏迷过去，但经过一周时间又都恢复正常，但也有人躺了很长时间才病愈。气球来后，经过一周或 10 天左右，村里便开始发病，因高烧、昏迷死亡者很多。一般为五六天便死去。虽然还不能证明村里的病症与气球有关联，但当地人却都把它叫作毒球。以下就是一些村民回忆当时的情景：

马殿新：放羊时，见过一个像气球那样的东西落了下来。午前 11 点左右，我走在羊群的前面，所以没发现。估摸两个时辰后，我赶羊群下山时就看见了那些气球。当时我没看到飞机来过，只看见气球慢慢地落下来，正落的时候，就听到"噗"的一声它就破开了，立刻冒出烟来，我闻到一股子味儿，感到有股气，泪水流了出来。回家后饭也不想吃，一下子就迷糊过去了。

刘廷满：那飞机早走啦，当时也没看见扔过什么东西。过了一会儿，有个像降落伞的东西慢慢悠悠地飘落下来，刚一落地立刻就裂开了，四下散出了烟雾，人一闻到后马上昏倒。第二天，那片草地都枯黄了，谁要吃那片地里的野菜，准保得病。

杨宝林：那味儿挺难闻的，后来人们都管它叫毒菌。我回家后也昏倒了，连续睡了七八天什么也吃不下去。

李东顺：我听说后就急忙往家跑，进门一看，全家人都躺着呢，也不知道是怎么一回事。

唐木来：我发现山上有个破气球，就捡回家来。大小有 5 米左右，但不知道是啥材料做的。那时候也没有塑料布，反正不是咱中国的东西。全家翻看之后眼睛就都有毛病，以后发病了。

同时，村民还回忆了当年在当地出现的"雀盲眼"之谜。那时，人们吃了日本人配给的食盐后，走路时，不知为什么大白天的，眼睛一下子就什么也看不见了，紧接着就昏迷过去，一下子摔倒在路上，还有人因此从山崖上摔死了。人们都称它是"雀盲眼"。这一带的人也都得过，不过大多数人过几天就恢复正常。后来人们发现，配给的食盐中掺入了一些小黑粒的东西，不仔细看就发现不了。那种小黑粒闻着无味，吃起来有点涩。日本投降后，人们不再吃配给的食盐后，村里的这种病也就消失了。

日军在宽城县也搞过毒气弹试验。关东军第八〇四部队中根小队大岛光的亲笔供词就记述了日军在宽城县亮甲台的毒气试验经过。据大岛讲，大致是在1943年的7月至8月期间，他们在亮甲台突遭八路军的夜袭时，曾在村口向外发射了3枚催泪弹。数日后，为了进一步测试毒气弹的威力，奉中队长之命，他们小队又向村外地头上正在休息的20名村民发射了2枚催泪弹。此后他们看到，其中有七八个人捂着嘴，蒙着眼，边咳嗽边流泪地逃走了。①

如果说日军在伪满境内使用毒气弹的方式主要是秘密投放，或派出小部队进行试验，还半遮半掩、有所顾忌的话，在长城内侧，日军则是毫无顾忌、明目张胆地使用毒气，而且使用频率高得惊人。百团大战后，日军对敌后抗日根据地发动报复作战——"冀号作战"，关东军也于1941年5月向河北省派出了独立守备队的4个大队人马前去增援，其中每个大队都配备了毒气和防毒面具。战犯小川政夫当年曾在独立守备步兵第7大队服役，根据他在1954年8月22日的供词，其所在部队当时携带毒气装备的内容如下：

---

① 《岛光亲笔供词》，1954年9月13日，中央档案馆等编《日本帝国主义侵华档案资料选编·细菌战与毒气战》，中华书局1991年版，第474页。

红色毒气筒——各中队配备 5 个

绿色毒气筒——各中队配备 100 个

绿色毒气棒——各中队大致配备 100 个

小型毒气发射弹——各中队配备 100 枚

防毒面具——各中队配备 50 个

此外,各大队的兵器委员还另携带各种型号的毒气筒 200 个。①

在"冀号作战"期间,关东军派出的部队在 27 师团师团长富永政信的指挥下,在与八路军的战斗中多次使用过毒气。战犯坪井真平供认,1941 年 6 月中旬,在"冀号作战"期间,独立守备步兵第 7 大队 4 中队在河北丰润某村,为搜查八路军,集合村民,逮捕男女、孩子 40 人,禁闭在一间房内,从窗口施放进去催泪瓦斯和发烟筒各 1 筒,将由窗户跳出的 2 人杀死,其余 38 人被毒杀。② 另据战犯鹈饲房照口供,1941 年 6 月下旬,在扫荡河北遵化沙堡营村时,召集村民 200 多人开会,找出 10 人,说他们隐藏八路军武器,进行拷问,但农民一句话也不说,于是将 1 名农民推到土坑活埋,两名灌水拷问死去。后逮捕五六十名农民,扣留在一间民房里,投放了 1 个催泪性的瓦斯弹,其中 10 名被毒死,其余都处于半死状态。③

1942 年 4 月,日军在蓟县、玉田县、遵化县及丰润县的一些村庄实施"扫荡"的过程中,也使用了毒气。4 月 8 日,日军第 27 师团独立第 15 旅团(旅团长铃木启久)第 1 大队包围了在鲁家峪附近八路军冀东军分区医院,向伤病员及工作人员藏身的 12 个山洞施放毒气,造成 190 人被毒死。4 月 16 日下午,铃木启久部队包围鲁家峪村,再次使用毒气,残忍毒杀村民群众。据铃木启久供述:

---

① 《小川政夫的笔供》,1954 年 8 月 22 日,中央档案馆 119 - 2 - 873 - 1 - 25。

② 《坪井真平 1954 年 9 月 27 日笔供》,谢忠厚主编《日本侵略华北罪行史稿》,社会科学文献出版社 2005 年版,第 252 页。

③ 《鹈饲房照 1954 年 9 月 20 日、21 日口供》,中央档案馆 119 - 2 - 1032 - 1 - 4。

1942 年，师团得到了情报，说八路军数千人正在丰润县北部山区的王官营一带集结，由此我军开始了"丰润大讨伐"。按照第二十七师团长原田熊吉的命令，我负责指挥第一、第三联队参加此次作战。讨伐中，我向部下发出了"务必全歼王官营附近的八路军，并将其根据地彻底捣毁"的命令。

第一联队在王官营附近包围了八路军 100 多人，战斗中击毙对方 60 人。王官营的战斗结束后，我又得到了情报说"八路军正在鲁家峪一带构筑秘密工事"。随即，我命令第一联队马上赶赴那里进行彻底扫荡，并命令该联队长向我报告扫荡结果。其后我又亲自赶赴鲁家峪进行了视察。但抵达时，这里的扫荡战已基本结束，看到的只是我军正继续对藏在一两个山洞里的八路军展开攻击的场面。视察了缴获的战利品后，我又向田浦联队长下达了彻底捣毁八路军根据地的命令。按照我的命令，第一联队在鲁家峪烧毁民房 800 户，攻击山洞时部队还使用了毒气，致使约 100 名八路军干部死亡。另外还残杀了在鲁家峪一带避难的村民 235 人……①

鲁家峪惨案的幸存者张俊金，就铃木部队在鲁家峪使用毒气残杀村民的罪行做了如下证言：

1942 年阴历三月初二（4 月 16 日）午后，铃木部队包围了我们鲁家峪。日本鬼子从山洞里把李善、王井同、陈玉坤、徐德胜、于长万、孔建明等七位老人拉出来后就用刀砍死了。然后又把这些尸体扔到李有学家的梨窖里点火焚尸；70 多岁的刘清池老人被日本鬼子绑在了大谷门口南面的树上，敌人先用棍棒狠打，随后又点燃干柴将他活活烧死；60 多岁的李风林是被敌人用石头砸死的；50 多岁的李树坤被刺刀捅死；张井元则是中弹身亡；躲藏在单阴背山一个山洞里的刘俭、卫殿英、刘保和等人是被毒气熏死的；李

---

① 《铃木启久口供》，1955 年 5 月 6 日，中央档案馆等编《日本帝国主义侵华档案资料选编·细菌战与毒气战》，中华书局 1991 年版，第 461 页。

有中家后山的山洞里，也有 16 个农民被毒死。李长志一家 10 口人中竟有 6 人被毒气熏死在这个山洞里。

　　这次大扫荡，日本鬼子在鲁家峪连续驻扎了 16 天。被烧死、熏死、打死的村民竟达 200 多人。其中丰润县六区薛家屯的铁连发一家 7 口是到我们村来避难的，但他的两个儿媳妇、一个孙女及一个孙子都在这里被毒气熏死了。他的一位 18 岁的姑娘中毒后先被日寇轮奸，最后又遭到了枪杀。①

二　散布细菌，制造瘟疫

　　1941 年秋，日军对晋察冀边区实施大规模"肃正作战"前后，日军在实施"三光作战"，制造"无人区"的同时，还实施了细菌战。在晋东北的盂县活口川，日军施放了伤寒细菌，结果导致当地村民 141 人死亡。在晋察冀边区腹地平山县，大"扫荡"后期，日军在全县大部分区域散播病菌，制造瘟疫，使全县二分之一，共计 9 万多人染病，其中 14719 人因病死亡。由于得病的人多，死的人多，开始死了还有人埋葬，到后来连抬尸的人都没有了。

　　据战犯住冈义一供认，1942 年 2 月下旬，日军独立混成第 4 旅团对太谷、榆社、和顺、昔阳等 4 县的八路军根据地发动"扫荡"作战期间，他所在的日军中队奉命掩护大队医务室曾根军医大尉以下约 10 人散布伤寒菌和霍乱菌，于榆社及和顺县龙门村、官池堂、阳乐庄及其他两三个不知名的村庄，在民房中向碗、筷、菜刀、面杖、面板、桌子等食器上涂抹细菌，又向水缸、村中的水井及附近的河中投放细菌。②

　　1942 年 6 月 28 日，日军在五台山地区"无人区"的封锁沟各处散放毒气，中毒者鼻子和额顶又痛又痒，而用手一摸，顷刻红肿满面，手亦随之肿大，嘴唇麻木。同年 7 月至 8 月间，日军又以制造"无人区"

---

　　①　《张俊金关于铃木启久部队在遵化县鲁家峪村施放毒气的证词》，1956 年 6 月 9 日，中央档案馆等编《日本帝国主义侵华档案资料选编·细菌战与毒气战》，中华书局 1991 年版，第 462—463 页。

　　②　《住冈义一的笔供》，1956 年 5 月 31 日，谢忠厚主编《日本侵略华北罪行史稿》，社会科学文献出版社 2005 年版，第 178—179 页。

为目的，于五台县长畛、麻子岗、苏子坡等地散布带有鼠疫病菌的老鼠，造成当地鼠疫流行，在短短1个多月的时间里，仅麻子岗一村118人中就有48人染病，其中35人死亡。下面是日军独立混成第3旅团第7大队第1中队中尉中队长菊地修一关于武装掩护散布细菌罪恶的反省：

我于1942年7月，以北支那派遣独立混成第三旅团独立步兵第七大队（大队长斋藤严郎中佐）中尉第一中队长的身份驻屯在山西省神池县城。当时有独立混成第三旅团独立步兵第八大队长藏重某中佐指挥大队主力。为了实施该旅团在五台地区制造无人区的目的，又实施了对五台地区的扫荡作战。

同年同月，我根据独立混成第三旅团长毛利少将的"在独立步兵第八大队长的指挥下参加该次作战"的命令，和首先向崞县（独立混成旅团司令部的驻地）前进的指示，指挥部下约80名向崞县城前进。翌日10时许，在独立混成第三旅团司令部由高级参谋若山某中佐直接以口头下达了如下的命令：为了散布细菌进行准备。若山对我说：由第一军司令部（驻于太原）派来了细菌组。保护他去五台县城，以后归入独立步兵第八大队长藏重某大佐的指挥下。详细的指示已电示藏重大队长了。又要（我）捕获散布细菌用的老鼠送交旅团的医务室。我马上命部下捕鼠的同时，感到捕捉有困难，又到了在崞县城里驻屯的独立混成第三旅团通讯队，托副队长泷泽太郎中尉捕鼠，以后就到了旅团的医务室。在医务室里有两个笼子，其中各装有两只细菌鼠。综合旅团军医及部下大野曹长听细菌组的人的谈论：在太原的第一军司令部进行各种细菌的研究，并实验效果，这次带来的细菌鼠也是在太原培养的，把普通的老鼠和细菌放在一块儿的话，过一至三天，通过鼠共同在一起吃东西就能传染，把这个放出去，以细菌鼠吃的食物等为媒介可以传染人。我的中队和通信队共捉到了5只鼠，送交医务室。次日保护着细菌组（日军军曹一名，军医一名）人员2名，由崞县乘火车向五台县河边村前进，此后在东冶镇住了一宿后，把部下两个分队分别配置在东冶镇和东冶镇至五台县城中间的分哨后又向五台县城内前进，其后我亲自把细菌组的 2 人引到城内独立步兵第八大队本部，到了当时留守的军医铃木某中尉那里。暂时的保护任务完了后，在五台县城宿营的同时，以一部分兵力担任五台城门的警备。以后听说细菌组在五台城培养细菌鼠。

1942 年 7 月中旬，我奉正在扫荡五台县台怀镇附近的山岳地区的独立步兵第八大队长的命令，将一部分兵力留在五台县城，指挥着主力约 50 名由五台县城出发向五台县豆村镇前进，和在田家庄担任警备的独立步兵第八大队的某中队作了接替，对附近实施清剿，第八大队的一个中队则追上前去作为第一线部队。以后根据在五台城内驻着的独立混成第三旅团的联络军官传来的命令，保护细菌组的一名军曹，把他送到第一线部队独立步兵第八大队长那里了。在该地区的散布细菌的情况不明。以后又根据五台县城的旅团联络军官的电报命令，指挥部下约 50 名保护细菌组的另一名，于 7 月中旬的一天早晨由田家庄出发，到了五台县长畛、麻子岗，在 10 时至 11 时之间，在村中民房内，由细菌组放了至少有 4 只细菌鼠。随后中队即返回田家庄。当时长畛、麻子岗附近是所谓交错地区，有部分居民住着。以后于 7 月中旬指挥部下约 50 名到长畛附近实施清剿，11 时许到了长畛。这时几乎已没有居民居住。就在这时候，根据旅团连络军官的命令，由留守在田家庄的独立步兵第八大队某中队的军官，指挥后约 10 名保护着细菌组的一人来到长畛，传达了把剩下的细菌鼠（数不明，但至少有 2 只）放掉的指示。我 12 时由长畛出发向长畛东北方约 4 公里的某前进，主力在村外停止，以一部兵力保护细菌组侵入村中，12 时细菌组放了至少有 2 只细菌鼠，马上按原路返回了田家庄。其结果使□家到 70 余家的麻子岗的男女居民 68 名患病，其中 48 名惨死。又于 7 月中旬，接到五台县城旅团联络军官的"在五台县苏子坡发生了传染病，为了调查已有从五台县城由伪五台县保安队保护的铃木某军医中尉等人向该地前进了。因此要马上向苏子坡前进，掩护铃木某军医中尉"的命令，我指挥着主力向苏子坡前进，叫保护而来的伪五台县保安队约 100 名返回五台县城了。

当时苏子坡是无人地带的集中村庄,有因制造无人区而从豆村镇东南方地区强制移来的居民 300 名居住着。对苏子坡散布细菌的情况不明。铃木军医指挥卫生兵 3 名视察居民患病情况,又使我的部下指挥班长去视察情况。综合军医和指挥班长的谈话:患病的居民最初呈示如同伤风样的症候,头很痛,二三天后即不能动,七天前后就死亡了。我到达苏子坡次日午前,有一名居民在苦闷中死去,铃木军医烧掉尸体时,我派遣部下指挥班长以一个分队在苏子坡西北侧高台上,浇上汽油烧掉了。当时尚有患病的居民 10 余名。关于细菌的性质则不明。次日又有一名居民死亡,仍以上述方法在村西北侧高台把尸体烧化了。在苏子坡驻了四天后,我保护的军医等人返回五台城,此后经东冶、河边村、定襄返回了神池县城。根据 1942 年 9 月在神池县城听到的情况:说传染病又蔓延到五台县城附近,五台的独立步兵第八大队还采取了防疫措施,但其情况不明。①

对日军在制造"无人区"过程中发动细菌战的罪恶行径,当年的《晋察冀日报》曾先后刊发许多报道予以揭露。

1940 年 11 月 9 日《晋察冀日报》报道:

敌人在盂县(山西省)普遍撒放病菌,故所有灾区患病现象极为严重,如八区之榆林、南北河,四区之上下石塘,病在炕者竟达人口总数的 95% 以上。

1941 年 12 月 25 日,《晋察冀日报》刊发由特派记者戴烨采写的《人间地狱》一文,文中记述了这样一个惨烈事实:

———————————

① 《菊地修一关于武装掩护散布细菌罪恶的反省》,1954 年,中央档案馆 119 - 2 - 12 - 13。

在盂县城，敌人收集老鼠、蝗虫，在上社，敌人收集蝇子，在椿树底，敌人收集蚊子，并规定 1 毛钱找 20 个，起初人们还惶惑不知作何用处，一直到疾病到处流行，人们才从汉奸嘴里晓得，敌人收集了蚊子、蝇子、老鼠、蝗虫，是用以传染疟疾病、伤寒、霍乱、鼠疫等疾病的，因此在"治安区"（即"集家并村"地区）疾病流行得非常厉害，几乎每村病人均在 90% 以上，而在盂口村里，竟没有一个健康的人。在五台（县）东峪口一天即死去 10 余人，一月死掉五六十人，盂口同样亦死掉五六十人，毒菌使人们成群的死亡。这样残忍的杀戮方法是旷古绝今的，日本法西斯刽子手的残忍，已经超过了任何最野蛮的野兽！

1942 年 2 月 28 日，《晋察冀日报》刊发报道：

最近敌寇"扫荡"定县时，曾大批放出老鼠。当敌被我痛击溃窜后，各村的道旁沟渠中，即发现有许多大老鼠满地乱爬，尾巴拖地，似有病状。

死鼠则身上有红色斑点，此系敌寇所放毒鼠，企图造成鼠疫，毒害我军民无疑。……敌寇遂在其占领区按户要鼠，或出钱收买，但民众多予拒绝。

1942 年 3 月 7 日，冀中军区司令部、政治部在《晋察冀日报》上登载《告全世界人士书》，控诉日寇乘"扫荡"之机散放毒菌：

敌寇于 1942 年 2 月 14 日配合军事"扫荡"沿平汉路定县一带散放大批经过注射鼠疫细菌的病鼠，企图造成鼠疫流行的大惨祸。

1942 年 6 月 16 日，《晋察冀日报》刊载作者署名亦容的《粉碎鬼子的"毒菌战"》一文，揭露：

敌人散放病菌多是在"扫荡"当中，派出汉奸间谍带着制成病菌的毒药，丢到咱们吃水的井里；赤痢菌多是放到人家住的房子里；鼠疫或是鼠伤寒的病菌，是把注射过这种病菌的老鼠，丢到村子里。

尤其残忍和令人震惊的是，日军在鲁西实施了大规模霍乱细菌作战。1943年夏季8月，鲁西地区接连下了十几天的大雨，导致卫河、漳河、滏阳河、滹沱河等河流水位暴涨。驻扎在临清的日军独立步兵44大队乘机将卫河西北岸的堤防决溃，同时由该部日军第3中队长将南馆陶北方约距5公里远的堤防决溃，由第2中队决溃了临清县尖冢镇附近卫河北岸的堤防。同时，第5中队和机枪中队又用铁锹将临清大桥附近卫河北岸的堤防破坏，掘成宽50厘米、高50厘米、长5米的决口，决堤后，由于泛滥洪水的冲撞，又将决口处150米长的一段堤防决溃。并将霍乱菌撒放在卫河水里，利用泛滥的洪水扩展蔓延。结果，在南馆陶附近150平方公里，从临清县尖冢镇附近到河北省威县、清河县一带225余平方公里，从临清县到武城县、故城县、德县、景县一带500余平方公里，总计875余平方公里的土地被洪水淹没。洪水所到之处，瘟疫（霍乱）横行。许多村庄一夜之间就死亡上百人，尸横遍野，出现了"早死有人埋、晚死无人抬"的悲惨景象。从8月下旬到10月下旬，仅鲁西北18县就有20万以上中国和平居民死亡。[①] 据日本军方秘密统计，该霍乱瘟疫波及鲁西地区24个县，中国平民死亡42.7万余人，再加上其他地区的间接受害者，死亡人数不计其数。另据《中共冀鲁豫边区党史资料选编》记载："鲁西北……出现了大面积的灾荒，冠县、堂邑公路两侧、马颊河两岸约1500公里的土地上，形成了涉及莘县、冠县、聊城、堂邑4个县10余个区1000多个村庄的40万人口死亡的'无人区'。"

此外，关于日本细菌部队在华北抗日根据地进行细菌战的真实情况，在战后据一位曾在日本七三一细菌部队工作过的人员透露，为了试验该部队研制的细菌炸弹的爆炸威力，曾在"北京和华北地区的战斗中

① 《矢崎贤三的笔供》，1954年，中央档案馆119-2-516-1-5。

进行实地试验"。这就是说，日军不仅派人在根据地人工散布细菌，而且还派飞机投掷过细菌炸弹。据国民政府战时防疫联合办事处的疫情报告称，自 1941 年 12 月底日机飞绥远、甘肃、陕西、山西 4 省后，1942年 1 月即发现鼠疫，至 3 月初，绥境死亡 313 人，山西河曲死亡 26 人，陕西榆林亦有死亡。[①] 这证明，侵华日军确曾使用飞机进行过细菌战。

---

① 《国民政府战时防疫联合办事处 1942 年 3 月中旬第 2 号疫情旬报》，谢忠厚主编《日本侵略华北罪行史稿》，社会科学文献出版社 2005 年版，第 179 页。

第六章 浸血的"王道乐土"——人圈

"圈",一个中国北方农村地区非常熟悉的字眼,指的是关养牲畜的地方,如猪圈、羊圈、马圈、牛圈等。"人圈"当然就是把人像牲口一样"圈"起来的地方,它是侵华日军在制造"无人区"过程中的又一"伟大发明"。

为了实现所谓"匪民分离",彻底断绝人民群众与抗日武装的鱼水联系,侵华日军在推行"无人区化"政策,实行"集家并村",强迫广大散居在"无人区"里的群众离开世代居住、耕作和繁衍的家园,搬迁到指定的地方集中居住,实行法西斯的集中营式的残暴统治和摧残。日军称为"集团部落",群众把它叫作"人圈"——表达对于日本侵略者像对待猪羊一样对待中国人民的愤激之情。

第一节 "集团部落"的建设

一 侵略者口中的"王道乐土"

1934 年 12 月,伪满民政部的训令说,建设集团部落的一个重要原因是,"荒僻之区,住户星散","占全国过半之农村,将永守其原始生活而无向上之术","人民不能浴国家之惠泽"。

1936—1937 年,当伪满日伪当局建设"集团部落"达到高潮之际,伪三江省明确了所谓集团部落建设的"根本精神":

> 组织集团部落的根本目的,是为了部落居民参加建国工作和建设王道小社会。

对过去从无近代国家统治体验的、仅按血缘的自然的狭小社会关系而生存或者几乎没有社会关系而散漫存在的民众，使其首脑与国家行政权力结合而固定于一定地区，依靠信赖而构成为有机的大社会。

而且，集团部落具有"保卫居民"和"增进居民福利"两种机能：

所谓保卫机能包括：第一，依靠防卫设施和自卫团的警备机能；第二，消灭零散住户和通过实行保甲制分离匪民的机能。

所谓增进居民福利的机能，即以集团部落的集团生活为基础，使居民的政治、经济、社会地位提高的机能。①

总之，建设集团部落的目的，就是要"增进民众福利并使之享受王道光荣"。而在集家状态下的民众福利是：

（1）从地区上分离匪民，排除匪害；（2）渗透地方行政；（3）经济合作，利用共同设施；（4）提高文化。

即从根本上促使部落民参加建国工作，建设王道小社会。

伪满洲国治安部编辑、1942 年出版的《满洲国警察史》也记述说，建设集团部落"是为了使多年来饱受匪害之苦的僻地居民，在萎缩疲惫的困境中重新获得新生"。"尽可能倾听并尊重民意"，"进行适当说服工作"，"并非强迫收容，而是喜于自己生命财产的安全与自家经济的更生发展"，是"居民自主奋发和警察的指导相一致"。② 而战后由日本防卫厅战史室编写的《华北治安战》中也将日军制造"无人区"说成

---

① 中央档案馆等编：《日本帝国主义侵华档案资料选编·东北大讨伐》，中华书局 1991 年版，第 427—428 页。

② 伪满洲国治安部编：《满洲国警察史》下卷，"康德" 9 年（1942）朝鲜印刷株式会社出版，第 385 页。

是"采取收购农作物并保障今后生活的手段使居民迁出"①。1941 年 9 月，在晋东北的盂县，日军第 4 旅团片山旅团长发布设立"无人区"的布告中甚至宣称："日本军管内的治安确保，是永久保护良民安居乐业的。日本军与中国官民协议，对于匪区地带设定无人住的地方（即是匪民辖居的村庄不准良民居住的意思）；但在设定无人住的地方内之良民要快向治安确立的地方去居住。此种民众，日本军不但是极表同情，而且很是怜爱的。""对于指定村庄搬出者之生活，由其所管辖之县公署共同制定办法予以现在及将来的保护。"②

那么，接下来，就让我们来看看，日本侵略者究竟是怎样建设"王道小社会"，又是如何"怜爱""保护"民众的吧！

二　"人圈"的建造

因为有以往东北的"成功经验"可资借鉴，因此，日伪在如何建立集团部落的问题上，制定出了较为具体的办法和步骤：

（1）集家工作直接以警防需要为基点，事先使民众明了何以要建立自兴部落和更生部落，促进合作。

（2）统一工作人员意识与态度，划定分担地区。

（3）要求青年行动队积极协助。

（4）部落建设位置，由县、旗长和防卫联络会议审定。确定位置时，考虑警备机关、警备道路状况、部落间的联防关系等，尽量以原有部落为基点，并考虑与耕地的距离（因情况而异，大致为 6 公里左右）。

（5）决定集家户数，原则上以耕地距离等为依据，但不得少于百户（从警防机能、政治、经济、文化实策考虑）。

（6）同时进行是集家最理想的做法。

（7）修筑防墙和房屋的顺序，根据以往的实践，可先修建住

---

① 日本防卫厅战史室：《华北治安战》（上），天津人民出版社 1982 年版，第 215 页。
② 谢忠厚等编：《日本侵略华北罪行档案·无人区》，河北人民出版社 2005 年版，第 136 页。

房，搬家后再构筑防墙。

（8）在修建地区内，调整村甲区划，以一部落为一甲（暂定）。

（9）集团部落内自卫团的组织、训练不流于形式，训练自卫直接需要的科目，并供与洋炮。

（10）厉行连作制，集中民生工作。①

具体而言，日伪建立"集团部落"，是与军事讨伐同步进行的：

> 集中兵力，连续进行毁灭性"扫荡"，残暴的烧杀抢掠，造成无人无衣无粮无房，威迫群众进入"人圈"。同时，增设据点，修筑公路，将坚持山沟人民继续清剿剔抉，配合以特务活动，其汉奸进行诱降自首，采取各种引诱方法（如对路北人民不烧不杀不再抢掠，并在组合配给上给以一些经济利益）。其集家步骤，从山边集家，结成"人圈"，再集小"人圈"而并大"人圈"，逐渐在"圈"内建立伪组织机构，加紧统治。②

而且在这一过程中，日伪往往是先进行试点工作，进而再全面推进，大规模实施。

"集家并村"的指挥机构，一般是由伪县、旗公署的军、警，以及协和会的主要成员组成特别工作班，负责"集家并村"的全盘工作，在当地坐镇指挥。在"集团部落"即"人圈"的选址上，或者是在公路或大道两旁的原有部分村庄的基础上建造，或者是在没有村庄的平地上划设一定区域建造。然后强迫被划归该"部落"里的来自山沟的零散住户，到"部落"里盖简易房居住。

日伪还对"部落"的建筑模式，包括建造时间、规模（户数与面

---

① 中央档案馆等编：《日本帝国主义侵华档案资料选编·东北大讨伐》，中华书局1991年版，第606—607页。

② 《中共冀热边特委关于热南地区一年以来敌我斗争的总结》，1944年4月18日，中共河北省委党史研究室编《长城线上无人区》，河北人民出版社1993年版，第83页。

积）、格局、经费、建设次序等作了明确规定，具体到炮台的长、宽、高，壕沟、土墙的高、宽（包括底宽、上宽）、深，及其使用什么样的材料等都有详细的说明。如"部落的形式，避免多角形，原则上以正方形为准。作为防卫设施修筑炮台、壕沟、土墙、铁丝网"，"壕的标准是上宽十四尺，底宽三尺，深十尺，为防止内部塌溃，壕内设有排水沟。土墙的标准是高十尺，底宽六尺，上宽二尺五寸，并把它连接到炮台"。在实际建造过程中，虽然受到各地不同地形地貌影响，但基本上都大同小异。具体而言，"人圈"四周都就地取材修筑围墙，墙外挖有又宽又深的壕沟；墙顶布设铁丝网或插满荆棘，防止攀爬；墙外侧是等距离的垛口，内侧设"马道"，一般的可双人并行。围墙的四角和大门，以及墙内的重要街道、重要地段都建有碉堡，"人圈"中心建有高大的瞭望台，可以监控整个部落全局。每个部落一般只留一至两个可供出入的大门。部落内设有伪军驻地，伪警察所、村公所、组合、义仓、学校等公共设施。

部落的建设费，日伪表面上规定："房屋补助金——在财政上尽可能补助；经费——经费开支限于必须和最少限度，以减轻居民负担，原则上除购买材料外，均以居民的劳力充之，尽量将大部分资金作为工资，变成居民的收入。"但实际上，部落建设完全是在日伪的武力强迫下进行的，所有用工劳役全部是强制群众无偿提供，所有用料也全部是由群众承担的。而且日伪在驱赶民众进入"集团部落"时，并没有按照建设"集团部落"计划所说的"先修建住房，搬家后再构筑防墙"，而是先构筑防卫墙，再建住房。修筑"集团部落"的过程，也是对民众的奴役、掠夺、虐杀的过程，许多人在修筑"集团部落"时被日伪虐待致残、致死。如建昌西南修筑部落围墙时，"敌人强迫所有15—60岁的男性平民轮流出工，有不出者，轻者大打出手，重者按'思想犯'拘捕起来。从1943年3月至8月，在修筑108个'部落'中，就有90余名无辜百姓被打死，近200人被打成重伤致残。王宝营子黑沟的樊秀章，在轮到他出工时，因老母病重，只晚去了一会儿，便被活活打死。喇嘛洞和新开岭两个乡分别有30余人被当场打死，或打成重伤不治而亡"。

下面我们就以日伪制造"无人区"重点县青龙县为例,来看看"人圈"究竟是如何建造的。

1941年关东军西南地区防卫司令部制定的《西南地区肃正工作实施纲要》确定把青龙的"肃正"重点置于宽城大地村,作为局部试点,实行"集家并村"。当年8月,伪青龙县政府召开了全县各机关、各协和会、各警察署、各村公所头目参加的"集家并村"动员大会,宣布《青龙部落建设通告》及"集家并村"命令,决定把大地村作为首批试点,并成立县集家工作指导部。大地村成立集家工作五人小组,负责大地村的集家。集家工作组下设:武装班、巡视班、拆房队。另外,命令大地警察署警备队、县本部驻孤山子中队、大地日本宪兵分遣队、大地协和会分会、大地村伪自卫团共350人在集家工作组统一指挥下,施行所谓协同作战。

动员大会后,集家工作组随即设计了"大地标准部落实施方案",规定:在大地中心村公路沿线建立大地、熊虎斗、木匠屯等三个武装"集团部落",搬迁22个自然村。部落规格200米见方,四周修筑石墙,墙高3米,宽1米;四角设炮楼,东西各开一个大门;墙上拉设铁丝网,墙外挖土壕。部落间隔2公里至10公里。

该方案获得日伪当局的批准后,即开始在大地村实行"集家并村":任务交付各班,武装班负责武力督迁,巡视班负责巡回检查,协和会搞欺骗舆论宣传,拆房子队负责拆烧。日伪规定,群众必须在10天里搬家,迁入"集团部落",否则以"反集家罪"论处,即不搬——烧,拒者——抓,逃者——杀。其中松树沟8个自然村,瓦房沟3个自然村的120户,500多口人全部搬入大地,最远的离了十几华里,700多间房子全部拆烧。被赶到部落的居民只好先露天居住。在集家过程中,枪杀、刀挑、活活烧死13人。把老百姓赶入"人圈"后,日伪接着划定"无住禁作地带",规定在部落10华里以外均为"无人区",并埋上界碑。部落内部,日伪宣布部落法规,建立自卫团。这样,敌人在这里折腾了一个半月后,宣布所谓"试点"(也叫实验区)圆满结束。

试点结束后,伪青龙县政府组织各级要员到大地进行所谓"参观学习"。1942年3月以后,开始在全县全面铺开,村村派驻集家工作队。

至 1943 年末,伪青龙县完成全县的"集团部落"建设,共修建 358 个部落,搬迁 1291 个村庄,占全县 1686 个村庄的 71%,216300 人被赶进"集团部落"。其中,作为重点的宽城境内修筑部落 99 个,集合自然村 1382 个,集家户数 28100 户,占总户数的 82%,集家人口 124000 人,占总人口的 85%,"无人区"面积 1170 平方公里,占总面积的 70% 以上。[①]

1946 年 2 月出版的《北方》杂志刊载署名"厂民"采写的《人圈》一文,真实记录了一个"人圈"的建立过程:

> 这是滦平县边境的一个叫红果寺的"人圈",它完全是在白地上建起的。为了它,5 个村庄,几百间房屋成了废墟……为了它,12000 个劳动力浪费掉了。
>
> 那年秋天,庄稼快成熟的时候,黄澄澄的谷子穗,垂着它沉重的头,高粱红得发紫,棒子也绽裂开来。庄稼人正忙着准备收秋,忽然狗腿子特务、警察传下了一道命令:凡是 15 岁以上 50 岁以下的居民,不论男女,第二天一早集合,去修部落。
>
> 这像一盆凉水,浇得人凉了半截,眼看着庄稼丢在地里,眼看着一年的希望就此落空,怎么不难过。可是,特务的鞭子,警察的枪刺,没有道理可讲。庄稼人只得带着铁锅、扁担、筐子、带着一肚子委屈去了。一路上,人们哭的哭,号的号,孩子冻得嗷嗷叫。
>
> "人圈"的范围已经划定了,这儿原有的一片庄稼,赶不及收起,都被踩烂,挖的挖掉,有的扔在一边,让牲口吃着。人们看着像踩自己的庄稼一样难受。在警察监工的皮鞭和斥骂之下,百多个男女老少,忙得支应不及,搬石头的搬石头,挖泥土的挖泥土,打墙的打墙,没有一双手空闲一分钟,没有一张嘴敢随便讲一句话,要不然,一巴掌就打上脸来,一皮靴就踢到屁股上来。
>
> 快到 50 岁的陈淮南,因为他年老身体衰弱,支工迟慢,不就被警察拉出去,罚在石头上跪了半天吗?警察还提高嗓子,学着日

---

① 谢忠厚等编:《日本侵略华北罪行档案·无人区》,河北人民出版社 2005 年版,第 65—67 页。

本腔，以一儆百地教训："你的调皮，不好好地办事！"

还有些人由于别的原因挨揍，比如做工时用手抹一下冻得挂下来的鼻涕；比如规定妇女每人一天交 50 块土坯，不曾够数；比如监工警察在你家吃饭有了大米白面却没有鸡肉；比如被看中的妇女没有懂得更多的顺从……

直到天黑，好容易放回了家，已经够累的了，妇女还得忙着做饭、喂猪。大家把肚子塞饱，再赶快摸黑下地抢着收割，要不然，就没有时间料理庄稼，下年没有吃的了。

人们实在支持不住，腰疼得挺不起来的时候，才躺在炕上休息，但一会儿天又发白，催命的哨子就吹开了。白天工作着，眼皮常常合拢来，如果被警察看见，又是一顿好揍。

就这样，没日没夜地操劳着，折磨着，花了两个多月的功夫，"人圈"算是修成了。

看吧！四四方方四道围墙，那是由远方搬来一块块石垒成，是用几百人的血汗和眼泪抹成的。墙厚三四尺，高一丈七八尺，顶上插着一排尖利刺手的酸枣枝。墙上每隔两丈留 1 个枪眼，墙里垒着站台，好叫老百姓日夜去守望，围墙的四角上，各有 1 个炮楼，坚固圆形的墙上密密麻麻的枪眼，窥视着远方。

"人圈"有两个门，刚好 1 辆卡车通过，大门的上面有守望的岗楼，形式是长方的，一样开有许多枪眼，大门前写着：

"××部落"，两边是："建设部落，自兴乡土"，或是"王道乐土"之类的标语。

"人圈"围起来了，但是里面还是空空的，这时特务、警察又到各村去传达第二道命令：限本月底以前，所有居民都得离开原来的村庄，搬进部落居住，谁不去烧谁的房子，决不宽容。

于是家家户户起了一片哭声，一片叹息！

别了，你辛勤开恳［垦］的土地，亲手建造的房屋。虽然这儿每一样东西都非常熟悉。这儿寄存着一切希望和梦想，现在却不得不被迫离开了。房子拆毁，只留下几堵残破的墙壁；土地荒芜起来，树木被砍伐，什么都破坏了，什么都毁灭了，敌人却偏偏说得好听,"建设部落"。

　　成群的人忍着气往"人圈"里搬,男子们扛着柱子,担着筐子、锅子,女人们抱着鸡雏,抱着烂席片,孩子们带着寒冷和啼唤。①

看看吧,这就是侵略者说的"尊重民意"!这就是侵略者承诺的对民众"怜爱"和"保护"!

三　"人圈"的分布

　　在伪满洲国靠近"西南国境线"的热河省,建设集团部落——"人圈",制造"无人区",是侵华日军治安肃正工作的中心环节,它与"整顿加强警察体制,充实特搜机构,以及发放良民证,收缴隐匿武器,实施检查,调查户口等一系列匪民分离工作",共同构成"治本"工作的内容,"其他工作都是以集团部落建设为轴心进行的"。

　　至1943年,日伪当局在热河省9个县的全部或大部分地区基本完成了"集团部落"的建设:

　　　　在以丰宁为中心的六个村庄以外的丰宁全县,承德县全县,青龙县全县,喀左旗要路沟地区、佛爷洞地区、子尔灯地区、白枣一部分地区、三十家子一部分地区、茶棚一部分地区,喀中旗七沟地区、松树召一部分地区、黄土梁子一部分地区、八里罕一部分地区,围场县吉民一部分地区,兴隆县蓝旗营子一部分地区,隆化县荒地地区、马家营子地区、太平庄地区、官地地区、县城南部、三岔口一部分地区、郭家屯一部分地区,喀右旗七家地区、旺业甸地区、五家地区等,国境各县之全部地区,或腹地主要治安不良地带建立。并户工作和建筑围墙工作现已完成,房屋建筑也大部分接近完成。②

---

　　①　中共河北省委党史研究室编:《长城线上无人区》,河北人民出版社1993年版,第113—115页。
　　②　中央档案馆等编:《日本帝国主义侵华档案资料选编·东北大讨伐》,中华书局1991年版,第609页。

以受灾最为深重的所谓"国境五县"（丰宁、滦平、承德、兴隆、青龙）为例，可以从中共承德地委党史资料征集办公室编写的《暴行与血泪》一书中见其大概。

表6-1　　日军在原承德地区集家并村和制造"无人区"概况①

	县别	兴隆	青龙	承德	丰宁	滦平	隆化	合计
全县	总面积（平方公里）	3690	3310		8765	3215	6102	25082
	自然村数	2500	1686		2517	1199	1150	9052
	户数	30275	45980		33650	43574	29010	182489
	人口	137885	229879		169267	245410	107226	889667
集家并村	部落数	199	358	448	277	543	114	1939
	自然村数	2000	1219		2265	720	460	6684 [6664]
	户数	22216	33231		30285	25648	8200	119580
	人口	111825	166199		152243	128240	430000	601507 [988507]
划无人区	面积（平方公里）	1301	2400		2000	230	30	5961
	占总面积%	40 [35]	72.5		23.1 [22.8]	7.2	0.5	23.8

另据形成于1946年的档案材料，抗战时期热河省共有214179户，1070895人被集家，分别占总户数、总人口的33.4%和28.7%。其中各县被集户数、人数及所占百分比，详见表6-2。

当年的《热河抗日简史》记载称："伪热河省四百万人口，有一百零五万人被敌驱入人圈。"② 也与表中所列总人数基本相符。

_____

① 中央档案馆等编：《日本帝国主义侵华档案资料选编·东北大讨伐》，中华书局1991年版，第772页。

② 转引自中共河北省委党史研究室编《河北中共党史研究论文选》，中共党史出版社1997年版，第511页。

表6-2　　　敌伪时期热河省"集团部落"被集户数人数比较①

(1946年)

县　别	户　数			人　数		
	总数（户）	被集数（户）	占比（%）	总数（户）	被集数（户）	占比（%）
承德县	56462	30076	54	320894	150380	46
兴隆县	28940	22365	77	138939	111825	80
滦平县	43574	39947	92	245411	199735	81
丰宁县	50930	28032	55	254683	140160	55
隆化县	33511	8514	25	192552	42570	22
围场县	52581	3135	6	272226	15675	6
青龙县	71188	43260	61	439600	216300	49
建平县（喀右）	88757	9800	11	580635	49000	8
平泉县（喀中）	87532	11570	13	499019	57850	11
凌源县（喀左）	128039	17480	14	781940	87400	11
总　计	641514	214179	33.4	3725899	1070895	28.7

热河省内无住地带设定要图

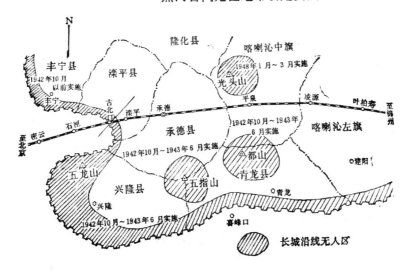

图6-1　日伪在热河省划设的主要"无住地带"示意

---

① 《敌伪时期热河省集团部落被集户数人数比较表》，1946年，参见谢忠厚等编《日本侵略华北罪行档案·无人区》，河北人民出版社2005年版，第40—41页。

在长城内侧的冀东地区，日伪在制造"无人区"过程中虽然没有实行全面集家，但在一些地区也建立了若干"人圈"，主要集中在遵化县、迁西县和迁安县。如，在遵化县，长城沿线东端的 17 个村的居民被赶进洪山口"人圈"，西端的 9 个村被赶进新立村"人圈"，共计 950 户，4600 口人。在迁安县，共有 5034 户，23486 人被赶进"人圈"，在迁西县，共有 70 多个村庄数千人被赶入"人圈"。

在晋东北"无人区"和冀西"无人区"，日伪在制造"无人区"的过程中，在一些地方也实行"集家并村"，建立了一些"人圈"。如，1941 年秋季大"扫荡"期间，日军将五台县境内的移城沟、檀家沟、屋腔沟、黑石油、三岔沟、湾子沟、铜钱沟等 148 个大小村庄，共 3000 多户，18000 多人，3 万多亩耕地的山区，划封为"无人地带"，强迫这里的居民全部迁往敌人所谓"治安区"，住在东峪口、高洪口、河北、松岩口、横岭、门限石、狐峪口、石咀等敌占区的 30 多个村子里。①

1941 年 9 月 29 日，《晋察冀日报》载文对日军的这一暴行给予了报道和揭露：

> 最毒辣与阴险的手段，就是敌人把对付东北的一套"归大屯"的统治办法，完全向"治安区"实行了。敌人为统治的便利，曾先后在井陉二区青石岭及平山屯东、侯家庄一带，并小村为大村，强迫老百姓烧掉自己的房子，扔掉自己的土地，带破碎的家具、搬向敌人的据点和"治安区"去，过奴隶的生活。不过，实际上，"归大屯"的内幕还不是这样简单的，据本月 23 日某村被迫并村逃回来的老乡谈，敌人把强迫走的 2500 多人当中的青年妇女完全送到回舍堡垒上供敌人玩辱，青壮年男子送到矿井里去做苦工，剩下的老壮妇女小孩都完全用刺刀给刺死，这就是敌人的所谓"归大屯"的办法。②

---

① 《五台县"无人区"三年的史实》，政协五台文史资料委员会编《五台文史资料》第 2 辑，1986 年 11 月编印。

② 谢忠厚等编：《日本侵略华北罪行档案·无人区》，河北人民出版社 2005 年版，第 173 页。

此外，1943 年春，山西大同日伪当局在阳高桑干河沿岸的游击根据地内实行并村，将 120 平方华里内的所有小村全部并入 5 个大村。1944 年 9 月下旬，在对山阴县山区根据地进行"清剿"之后，对岭后各村进行"宣抚"，实行"清乡"，勒令天圪垯、南寺、水峪口、南周庄、沙家寺等 11 个村庄的居民全部搬到川下居住，将 11 个村的房屋在 7 天内全部拆毁。

第二节　地狱般的非人生活

一　完全丧失的人身自由

群众一旦被日伪赶入"人圈"，就失去了作为一个人应有的所有尊严，失去了所有的人身自由，变成了日伪的奴隶，像牲畜一样任人宰割。

"人圈"的围墙一般都高达一丈二三尺，宽三四尺，墙上留有垛口，四角有碉堡。每个"人圈"只留一个至两个大门供人出入，门上有岗楼，岗楼上有自卫团或警察站岗，严格盘查人员出入。一般是早上日出三竿放行，太阳西坠锁门，遇有"敌情"，十天八天不开门。到了晚上，则严禁出入，夜不归宿者，必须请假。未经批准，夜不归宿者以"通匪"论处。

> "集家并村"以后，敌人把许多村拼凑起来的"人圈"的周围筑起一丈多高的石墙，墙的两头开两个门或三个门，是老百姓出入的。沿着石墙，在村的四周建筑炮楼，石墙分为两级，底下一级作为蹬石，立上去可以向墙外射击，以便看守。平时不许随便出入，要想出入须先向部落长请假登记，许可后再出去。人们的自由完全剥夺了，如同猪住在里面，因此才叫"人圈"。①

---

① 《所谓"无人区"和"人圈"》，载《日军侵华暴行录》，联合书店 1951 年版。

原王厂乡公厂部落农民刘春阳，因出围子没有请假，就被自卫团长打得死去活来，鼻口冒血。康丈子部落康自祥，出围子种地，因晚了没返回，第二天就被以私通八路的嫌疑罪被打得 3 个月不能下炕。1943 年冬，木头凳大丈子部落贫困农民范庆有，白天外出讨饭，回来时门已上锁，虽经苦苦哀求，仍未开门放入，结果这位身上无衣、肚里无食的善良农民竟被活活冻死在荒野。

兴隆县茅山镇的温秀贵老人回忆说：

> "人圈"垒了东西两个大门，太阳照到东门上，人可以出"人圈"种地，太阳照到西门上，必须进门。有一回老叔出了"人圈"，回来晚了，还没到"人圈"门口，就被守卫的兵用枪打死了。当时正是冬天下雪，家里人知道老叔没回来，以为他躲到山里了。半个月以后，雪化了，老叔的后背从雪里露了出来，被村里人发现。家里人赶去一看早都冻硬了，身上是枪伤。老婶伤心过度很快死了。

为了限制人民的正常活动，日伪在"人圈"内部实行《证明书》制度。日伪先是下大力气调查登记户口，然后强迫群众将全家人按姓名、性别、年龄、职业等项写于木牌上，挂在门旁，以备随时查点。进而日伪强迫 15 岁以上的男子领取《证明书》（良民证）。《证明书》上有姓名、年龄、职业，并按上本人指纹、贴上本人照片，串亲、赶集均要携带，就连下地也不能离身，否则就被说成是"八路匪""嫌疑犯"，轻者棍棒加身，重者坐牢丧命。

警察特务每夜都挨门清查户口，见着年轻妇女就强奸，见着财物就掠夺，见着猪、鸡就抓去吃掉。人们丧失了基本的人身自由。

二　极端恶劣的生存条件

进入"人圈"的人们，原来的家已被烧毁或拆掉，而拆下来的木料又被用于修筑关押自己的部落。因此，绝大多数群众失去了盖房能力，只好搭一个马架子窝铺居住。

部落里的房子,那所谓新的"家",还不曾盖起,睡觉吃饭是最要紧的,那就首先搭起炕来再说。但新土炕是湿的,烧着劈柴,不时蒸发出白色的水汽。夜晚,寒风瑟瑟地吹来。几家子挤在一个炕上,还像浸在水里一样寒冷。因为这个家没有打墙,还没有来得及盖屋顶,又没有被子等任何挡寒风的东西,有时下起雨来,飘起雪来,就只得挺挺地淋着。

慢慢地等柱子竖起,把墙打起,屋顶上胡乱盖一层草,就算是家了。可是冬天土冻,没法抹墙,直到第二年春天,也许支差多,地里忙,心里又不愿长住这个家,那么房就不知哪天才盖好了。

现在家"集"来了,让我们做一番巡礼吧!

房子像鸽子笼一样紧挤着,那么凌乱,那么肮脏,人和猪和鸡挤在一起。因为没有院子,没有空地,到处是粪便和垃圾,是恶心的臭气。炕上是臭虫,身上是虱子,墙上是这些小动物的血印子。在这儿,繁荣的不是人,是细菌。这不是人的家,是疾病、瘟疫和死亡的家——这就是"人圈"。

在人民中间暗暗流传着一支歌:

……

四围修据点,外边围子圈,
邻近老百姓,一齐往里搬,
百姓无住处,四围搭草铺。
七家子八家子住在一个屋,
屋子也不大,住也住不下,
外边下小雨,屋里摸蛤蟆。[1]

"人圈"里居民的生活日用必需品,实行所谓"配给"制。如有的"人圈"规定,每年每户洋布7尺半,每人一年白面1斤8两,豆油4两,每人每月盐7两半,每户每月洋火1盒。此外,还配给少得可怜的

---

[1] 中共河北省委党史研究室编:《长城线上无人区》,中共党史出版社1993年版,第115—116页。

一点碱、糖、大米等。这些配给品，经过县、村、甲、排层层克扣，发到居民手里时就很少了。农民没有火柴用，只好用火石打火和保存火种。没有灯油，就用松柴照明（当地百姓叫油松明子），熏得人们鼻子、眼睛等处都是一片黑。

由于日伪掠夺了绝大多数的粮食，所剩无几的粮食又要交租，因此，"人圈"的民众只能靠吃树皮、野菜过日子。热河省的青龙本来就是一个缺粮县，一般农民家中粮食很少，有的是糠菜半年粮，有的只能吃一秋，绝大多数农民则终年以野菜、乞讨生活。日本占领时期，由于受到变本加厉的残酷压榨，情况更加恶化。农民除了要交纳"义仓粮""民生积谷""出荷粮"外，还要交"地亩附加粮""报县粮""捐献粮"。庄稼尚未成熟，日伪军政机关就派人到各地，向每个农户下达纳粮任务。庄稼刚见黄，伪县公署、兴农合作社就率武装警察到各部落督催，命令快收、快打、快交。等将粮交完，多数农户已是所剩无几了。尤其是集家区的人民更苦。被划作"无住地带"的土地，由于缺工少肥，大幅度减产，被划作"禁作"的土地颗粒无收，可缴粮时却以亩计征，不能少交一粒，否则就要挨打、坐牢。当时流传的民谣说"早上菜，晌午汤，晚上稀粥照月亮"，这是民众生活的真实写照。在青龙县二道沟部落，"居民近300户，粮食能自给自足者不达十分之二三，糠菜半年粮的也只有半数左右，不少人家是交完'出荷'之后，已是仓柜空空，全年之依靠野菜、柳叶生活，年过七旬的赵文株老两口，数月没摸到粮食，最后无病而终。农民赵文忠之妻吃树叶脸吃得铁青，死后嘴里还含着树叶"。"农民赵坤与七八岁的小儿子，数日不动烟火，老少皆饿死在炕上。崖杖子村崔宽全家6口人饿死4口，小菜园村周景春全家6口人全部饿死。"群众为了生存，只好冒着生命危险去关内贩运些生活物品，被日伪军、特务抓住就当成"秘输犯"治罪，轻则没收物品，重则被打死。

部落里的民众穿得更差，配给的布不但少，而且质量差，用水一洗就碎，群众称为"唾沫缎"。许多居民全家只有一条裤子，谁出门谁穿。一些"小孩冬夏光腚"，甚至"十七八岁的姑娘穿不上衣服，不在少数。不少人披麻袋片子，或一件老羊皮筒，冬天毛朝里，夏天毛朝外，没有炕席，没被子是普遍的"。冬天里"为了取暖只能靠烧热炕、烤火盆，小孩身上烤出了花，有些人钻到莜麦秸子里睡觉"。因为部落里的妇女，绝大多数衣不蔽体，于是在一些马架子屋里，专门挖个洞，来了客人妇女蹲在里面用来遮羞，人们叫它"遮羞洞"。当时曾经流传着这样的民谣："大好山河敌侵占，烧杀抢掠修人圈，死走逃亡家破产，十七八的姑娘没裙穿。"

"人圈"里的居民形象地把"人圈"生活的悲惨状况概括为"四多"，即讨饭的多，病死的多，吃糠咽菜的多，披麻片、光肩膀、露乳房的多。

日伪当局自己也不得不承认"集团部落"对民众的侵害：

> 集团部落……在政治经济方面，又可分为有利与不利两个方面。前者是，可作为实施行政、经济各项政策的桥梁，进行启蒙、教育、训练的据点；后者则是，使住地与耕地相距太远，以致耕地面积缩小，赋役加重，需用建设资金及资财增多，因此群众受到经济上的打击很大，更加贫困化，等等。
>
> 对在极端薄弱经济基础上生活的居民来说，因搬迁和房屋修建、构筑防卫设施等所需的人力物力，确有不堪负担之苦。且近几年来由于该地区治安不良，成为彼我双方争夺对象的居民，牺牲很大，再将建设"集团部落"的负担加在他们肩上，致使民力枯竭更为严重。①

由于居住空间狭窄，再加上人畜共居，卫生条件极差。加上民众的极端贫困导致的营养不良、体质下降，抵御疾病侵害的能力大大下降，导致瘟疫肆虐，各种传染病流行。

---

① 谢忠厚等编：《日本侵略华北罪行档案·无人区》，河北人民出版社 2005 年版，第 20—21 页。

牛心坨部落曾在 1944 年夏，一天就死了 17 口人，二道沟门部落 1944 年 8 月 27 日这天就有十家办丧事。木头凳大丈子部落李峰的孩子得病，伪警说是传染病不让治，硬是从围墙里扔到墙外活活摔死。

兴隆大水泉部落有 2000 多口人，到抗战胜利时，据统计死于瘟疫的就有 600 多人，死亡率约 33%。日本学者仁木富美子曾对该部落瘟疫情况做了专门调查：

大水泉"人圈"是 1943 年 2 月建成的，里面住着 300 户 2000 多口人。到日本投降时，圈内人口是 600 多人，被日军杀死 700 多人。那时，西北沟就有个死人堆。这里一直驻守的是伪满洲国军。

瘟疫最厉害的是 1943 年 4 月至 5 月，每天都死 2 人至 3 人。一直持续到 9 月前后。仅孟庆宽一家就死了 15 口人呐。

这种病的症状是头昏、意识不清、呕吐、泻肚、不能进食、发疹。有的患病后当日就死了，也有的过 2 日至 3 日，或 5 日至 6 日死的，再长一点儿也过不去 10 天。凡是死去的人，身上都出红斑点，中医说这叫"羊毛疗"。

据统计，兴隆县仅在 1943 年死于瘟疫的就有 6000 多人。

三 敲骨吸髓的经济盘剥

与其"以战养战"的总体战略相适应，在经济上，日伪对"人圈"里的农民实行的是超经济的残酷压榨和剥削。日伪强迫部落民众缴纳各种极重的租税，主要有粮食租税、正项租税和杂项租税三大类。

首先，是"粮食租税"：

1. 粮谷出荷粮，每亩土地缴粮 1 斗，每亩下地缴 0.77 斗（每斗 30 斤）；

2. 民生集谷粮，每亩缴 1 斗，（1943 年每亩缴 1.2 斗）；

3. 义仓粮，每亩缴 1 升；

4. 米谷株式会社粮，每亩缴 2 升；

5. 地亩捐粮，每亩缴 2 斤；

6. 地亩附加粮，每亩缴 1 斤。

合计每亩地年缴粮七十八斤。当时，贫农、中农生活无路，耕作粗放，又遭自然灾害，平均亩产粮食不足百斤。农民缴了苛捐，所剩无几，为了生存，不得不向地主、富农借债。

其次，是"正项税"：

1. 民生税，每亩地 2 角 4 分；

2. 地亩税，每亩地 5 角；

3. 地亩附加税，每亩地 2 角 5 分；

4. 门牌税，每户 1 元；

5. 协和会税，每个成年人 2 元；

6. 牲口费，每头驴 4 元，每只羊 7 角 5 分，牛马骡每头 5 元；

7. 出生费和死亡费各 2 角；

8. 宰杀费，每口猪 4 元，每只羊 2 元；

9. 材料费，每亩地 2 角；

10. 兴农合作社股金每户 1 元；

11. 义款每户 6 角。

再次，是"杂项税"（主要是"慰劳"日伪军和伪官吏）：

1. 送菜，每甲三天一次，每次 50 至 100 斤；

2. 送柴，每甲三天一次，每次 500 斤；

3. 送猪，每甲每月 3 至 10 口，每口猪至少杀肉 80 斤；

4. 送鸡，每甲每月 5 至 20 只；

5. 送礼，宪兵队长结婚、寿辰，每甲 70 元，警察中队长以上官员，每甲 30 元；

6. "团员"费，每甲经常派两名"自卫团员"到村公所听差，每月需 150 元至 200 元；

7. 棍团费，每甲抽 10 人专门受训，每月需 100 元；

8. 劳工费，每甲每月抽 10 人至 300 人，需 200 元；

9. 村甲职员费，给每人每月 100 元至 150 元。[①]

当时流传着这样的民谣："人圈"里的穷人没法熬，租税重、利息高、苛捐赛牛毛，逼死穷人三把刀！租税、利息、苛捐杂税把农民逼得走投无路，民众的赤贫化是一种普遍存在的现象。

除了遭受种种苛重的物质盘剥外，日伪还强迫"人圈"里的群众服各种繁重的劳役。如，在丰宁县茨营子"人圈"，经常有 3 种劳役：一种是到热河东部背煤修铁路，每次服役半年；一种是到红堂寺煤矿，背煤、盖房、修路，一去也是半年；一种是在本村听差、修路。去热河东部的要 21 岁、22 岁的青年，自带路费，到那里都穿军队的旧破衣。到红堂寺的要 27 岁、28 岁、37 岁、38 岁 4 种年龄的人，到那里吃不饱，不给钱，衣服看见肉。留在本村服役的是 30 岁、40 岁两种年龄的。其他年龄的有的当"围兵"，有的当"自卫团"，整天地出操、集合、站围墙。剩下能种地的，受苦的，尽是老弱的。所以有许多相当肥沃的土地，都荒芜着没有劳力耕种。另据承德 8 县 3 区调查统计，从 1933 年到 1945 年，日本侵略者以伪满洲国所谓的"劳动统制法""劳务新体制纲要""国民勤劳奉公法"等一系列"法令"为借口，共从承德境内"无人区"以及"无人区"以外的地方征用劳工 14 万多人。这些劳工除了在本县及承德境内的大庙铁矿、双头（塔）山选矿厂、宽城峪耳崖金矿、兴隆县倒流水金矿、承德—古北口铁路线以及热河省的北票、阜新煤矿等地干繁重的体力劳动外，其余全部被押送到东北辽宁省的抚顺、大连、本溪、鞍山、丹东，吉林省的浑江、长白山，黑龙江的虎林、黑河、漠河等地从事下井挖煤，修筑铁路、公路、防御工事等繁重的体力劳动。

此外，"人圈"里的每家农户，种地、喂家畜也不能自由。为了适应战争的需要，日本侵略者强迫农民平地种棉花，"官棉花"每亩要产 100—150 斤，交坏棉花还不行。市价棉花每斤 10 多元，而官价只给 3

---

① 谢忠厚等编：《日本侵略华北罪行档案·无人区》，河北人民出版社 2005 年版，第 117—118 页。

毛。好的旱地又强迫种大烟，收了烟全用官价交了公，剩下种杂粮五谷的地也就较次了，就这样每亩地得交 1 斗至 1 斗半的粮税，有些地还得每亩多交 20 多斤柴火。地荒着也得纳粮，说是为了鼓励"增产"。打下粮食归"大堆"（大仓），即"粮食组合""义仓"。按期去领来吃，不让老百姓家里有存粮。在丰宁县的茨营子村，产量比建"围子"以前要减少一半。有 70% 的人民每年都不够吃，过着半饥半饱的苦日子。另外，每个人还折价 100 元，抽 1/10 的捐；100 只羊抽 30 只归"组合"，每只给 2 元；牛 100 头抽 10 头归"组合"，每头给二三十元。养牛、羊、鸡、驴等都得登记，警察按期来查，喂瘦了要受罚，死了得报销，不然到年头就向你要活的。因为捐税太重，喂家畜的人家也就少了。在"围子"里，人们没有闲的时候，天天有劳役；也没有饱的时候，粮食被搜刮尽了。这就是热河农村在敌寇统治下破产的写照。

可见，日伪对"人圈"里中国人民的经济掠夺已经到了敲骨吸髓、无以复加的程度，难怪诗人厂民在《人圈》一文中激愤地将之概括为"什么都要，什么都不给"。

1946 年 3 月 6 日《晋察冀日报》刊载的《血泪凝成的数字》一文，列举许多触目惊心的调查数据，对日伪的这种经济盘剥进行无情的揭露和控诉：

日本侵略者及在其刺刀支持下的伪"满洲国"政府，用种种方法掠夺热河人民，使热河人民长年地濒于饥饿死亡中。

热西丰宁县一共包括 40 多个村，被集家兼并起来的五家营子，人口不过 9000，每年要交纳的"正额"粮食是 450 吨，"储金"30 万元，"门户费"20 万元，猪 800 只，羊 300 只，牛 400 头，驴平均每年 365 天中有 219 天被征用，鸡全部杀光。此外，人，每年有 500 个"劳工"，无偿劳役 6 个月。

在被敌人称作"模范"地区的建平县七家村，原设 6 个伪警察署，每个警署治辖 100 个部落，约计人口不过 9 万。1943 年交纳的粮食是 5280 石，占总产量的 1/3 以上；1944 年则增至 7260 石，但这还只是非法掠夺在外的"正额"。

据围场中学校长沈正谊先生谈：围场县城不过两万人口，而每年要交纳牛 100 头，羊 400 只，猪 200 只，其他牲畜（骡、马、驴）150 头，"储金"60 万元，壮丁 50 名。

围场全县约有 1000 顷耕地，强迫农民全部种成鸦片，并规定总收额为 160 万两，必须全部交出。一户农民因虫灾欠收交数不足，竟被迫以烟土二两五钱卖掉十七八岁亲生女儿，而烟被列为"等外"（即不合格）必须重交。

以上数字还只能说明敌人的"正额""征收"，"正额"以外的掠夺，又何从统计！13 年——有一位老先生把它算成了 4680 天——多么悠长的岁月！敌人的疯狂掠夺已使热河人民变得一无所有了。①

第三节　集中营式的严酷统治

一　残酷的军事化管理

敌人对"人圈"的统治是非常严密和残酷的。日伪在"人圈"里建立起层层组织，什么县、村、甲、牌、军、政、警、宪等各种反动组织多如牛毛，村长、助理、司计、甲长、部落长、自卫团长以及每个自然区为一牌的牌长等各级伪职员比比皆是。日伪借此严密监视、管制"人圈"里的人民。

日伪对"人圈"的管理，实行所谓村甲牌制。"行政上设村长、甲长、牌长（相当于华北地区的伪大乡长、保长、甲长）。一般的一个部落一个甲，十几个部落结成一个村。另外，部落中还设有'部落长'，专门管理'自卫团'等事项。"以 10 户或 30 户为一牌，设牌长一名，实行连坐制，一户出事全牌都要受到牵连，日伪企图通过连坐制，使部

---

①　中共河北省委党史研究室编：《长城线上无人区》，河北人民出版社 1993 年版，第126—127 页。

落里的民众相互监视，从而达到其统治目的。

"人圈"内一般驻有部落警或讨伐队。设警长一名、警察十四五名（部落警），负责"部落"内的治安。但在一些重镇、要地，日伪都设有警察署、警察分驻所、警防所，驻有日本守备队、宪兵队、伪满军讨伐队、协合会青年行动队等。例如二道沟门部落就驻有警防所警察、特搜队、巡防队、讨伐队、武装自卫团等反动武装人员达 300 多人。同时，日伪还在"部落"安插很多特务，秘密监视人民群众的行动。他们往往巧立罪名，任意抓人入狱。见到两三人结伙闲谈或夜间点灯唠嗑，家中有茶缸、小铁锅、灰色和草绿色衣服，衣服超过五个扣子，布鞋超过两双，出外做农活日落后归圈等，皆以"通八路"罪名列为思想犯，抓入监狱。家中存有中华民国书籍，书写的抗日语句，搜出无证明书的人、枪支弹药、八路军粮票等，皆以共产党员罪名列为政治犯逮捕入狱。家中存有大米、白面、纸烟、手电等物品，皆列为经济犯入狱。

此外，部落里还设立了伪协和会组织。它名为协和会，实际上是日伪的特务组织，其成员均为受过特殊训练的特务。他们主要承担侦察中共党、政、军情报，发展部落内部特务组织，监视部落内人们的一举一动，对居民进行欺骗性宣传。实际上，协和会与其他日伪行政、军事机构并无本质的区别，它以伪善的外表，掩盖了日伪镇压屠杀民众的残暴。

日伪在"人圈"里还大搞所谓"治安的自卫体制"。强制将成年男子编入男子"武装自卫团"，团长由部落长兼任，进行军事训练。日伪通过建立自卫团，把青壮年控制起来，一方面对民众进行劳役剥削；另一方面，又使得八路军减少扩军的兵员，从而相应地加强了日伪的力量。同时，部落之间实行联防制，一个部落出现情况，发出信号，相邻部落则必须出动支援，以确保"人圈"安全。

一般的部落还把"部落"内 18—40 岁的男女都组织起来，有的发给一根镐把（群众叫"棒子队"），有的什么也不发，只要一有情况，以敲鼓或打锣为号，都得持械而出，有镐把的拿镐把，没镐把的拿棍棒，还有的什么得劲拿什么，如烧火的拿掏火耙，捞饭的拿笊篱，切菜的拿菜刀等。按照部落警的指挥去围追八路军或抗日工作人员。为了检验群众是否听从指挥，敌人经常搞这样的演习，不出动者或不持械者，皆以反满抗日论处。有时，敌人假冒八路军去叫门，如果开了门，他们就说私通八路军，非抓即打。后来人们摸清了敌人的规律，敌人冒充八路军来，就狠狠地揍他们一顿，还会受到表扬。

有的"人圈"，日伪建立了挺身队和保乡团。所谓"挺身队"，就是把各村凡年在 18 岁至 35 岁的男性公民登名造册，以"部落"或自然屯为单位组成挺身队。由村公所和警察分驻所，联合选派骨干充当队长。由当地警察分驻所或协和青年行动队给以军事训练。训练的科目，包括一般军事基本动作，如何射击以及发现情况如何报告。保乡团就是把 36 岁至 45 岁的男性居民登名造册编制起来。每个村为总团，由村长兼任总团长。甲为分团，由甲长兼职分团长。具体任务由分挺身队长安排，分配给"部落"把门、轮流站岗放哨的任务，充当挺身队的帮凶或补充缺额。

挺身队和保乡团，不仅在集家区里建立，而且在尚未集家的地区也同样组织建立。比如当时喀喇沁右旗（建平）除毛沟五家、七家、旺业甸 3 个集家村外，其余各村从王爷府开始，经过公爷府、龙山、西桥、楼子店、新地、东丰泰（沙海）、叶柏寿等直至本旗最南部的榆树林子、朱碌科为止，全部建立了保乡团和挺身队。到 1943 年 1 月中旬，日本侵略者召开全旗灭共大会时，伪旗长乌拉巴图在会上宣称，已在全旗 39 万人中选出建立保乡挺身队的就有 24 万人。

在对"人圈"里妇女的管理上，日伪更是奇思妙想，发明了所谓的"跑人圈"制度和"跑山制度"。

"人圈"里的女人们，每天早晨要扔下自己的小孩，到"人圈"外跑一个圈，叫做"跑人圈"，跑回来才能煮饭喂孩子，否则就是犯罪。每礼拜还要"跑山"，把妇女集中在一个山麓下，发号赛跑。山顶上早已暗藏着一些丧尽天良的狗腿子警察们，在妇女快到山顶时，鸣枪恐吓，以图快意。不去跑山的，也是犯罪，要受非刑。"人圈"的妇女们被敌人奸污，更是"公开合法"的事，因为如果拒绝，又是犯了"通匪"罪。"人圈"中这样悲惨的生活真是一言难尽！①

二　"大检举"，大屠杀

日伪把民众驱赶到"人圈"以后，便开始了"检举"。所谓的"检举"，就是在部落内部清除"反满抗日分子、抗日干部、党员"，罪名有所谓的内乱罪、背叛罪、思想犯、国事犯、嫌疑犯、经济犯、密输犯等 50 多种。尤其恶毒的是，日伪在"圈"里安插密探，发展特务，暗地监视群众的抗日活动，什么"思想不良""反满抗日""私通八路""行为不端"等，都逐级上报，然后分期分批地逮捕、屠杀。具体方法是："用武力来威胁群众，把群众围起来，用枪尖比着，一个一个地逼你供出'通匪'（指八路军）或'检举'别人'通匪'，如果不说话，使用皮鞋木棒乱打一阵，有的灌凉水，灌煤油、辣椒水，有的用开水往身上浇，用炭烧，冬天用冷水泼，有的跪在烧得通红的铁板上，种种非刑，不一而足。"在日伪的大"检举"下，许多无辜民众遭到屠杀。

厂民在《人圈》一文中这样描写道：

老百姓搬进"人圈"以后，接着来的是血腥的大检举。

天还没有亮，成行的汽车，成队的宪兵，就把"人圈"密不通风地围住了。他们带着各种毒辣的刑具，各种该死的罪名："通匪""济匪""窝匪"，这是所谓"国事犯"的重罪。

一声哨子吹起，无论你在做什么，都立刻放下，赶去集合。枪尖把男女老少团团围住，然后指名点出，要你招供你是"通八路"，逼你说出八路军在哪里，逼你咬出旁人。不招的话，等着你的是各种刑罚。起先是打，鞭子、棍子、劈柴，拿到什么是什么。

---

① 《所谓"无人区"和"人圈"》，《日军侵华暴行录》，联合书店 1951 年版。

其次是灌煤油或辣椒水。第三回把烧得滚烫的开水往身上浇，第四回，把木炭火烧红的铁筷子烙。第五回呢！忽然传你吃起烧饼来，声调也缓和了，劝诱你，要你说出。好家伙，你硬不说，那么最后是枪崩。自然，这次序并无一定，更不包括所有的刑罚，这只是一个名叫徐凤早的青年人所看到过的某一回事实经过而已。

牺牲在大检举里的老百姓太多了，随便举出个数目字吧！前年秋天，宽城一天杀七八十；李庄子被抓去了80多，杀了55名；彭庄子一气杀了6个；山嘴子一下抓走五六十。老百姓一提起来都汗毛直竖，说："可了不得，汽车三天两天来，一起早谁也跑不出去，圈住了人，也不问青红皂白，拉出去就是毒刑拷打，顶不过刑罚，就胡说一阵，不说的活活打死。"一个小学教员谈虎色变地说："国事犯这个官司谁也打不起，一抓去不死也得脱两层皮。"①

"检举"，既有局部的"检举"，也有大范围地区性的"检举"，有一次抓人十个八个的，也有一次抓几十、几百的，长年不断。而且随着"集家并村"的全面推进，"检举"的频率、规模也随之增加和扩大。每一次大检举的过程，就是日伪军警、宪、特、法院、检察院相互配合协作，对"无人区"民众进行大屠杀的过程。

在"无人区"的重点县份兴隆县，从1940年起日伪就开始搞"大检举"，但还没有普遍实行，只是限于局部的某地区、某一村落，如南土门、茅山、大灰窑的"检举"等。其原因多半是由于八路军经常在某村活动，或日伪军警在某地遭到八路军攻击，日伪对该村进行报复而进行的。对被"检举"的人，也要罗织一些诸如"国事犯""经济犯""密输犯"以及"通匪""资匪"等罪名，加以逮捕治罪。但1942年以后，情况与前大不相同。日伪在每年的旧历年前后，都要进行全县规模的"大检举"。从1942年1月至1944年6月，日伪先后进行了四次全县规模的"大检举"。

---

① 中共河北省委党史研究室编：《长城线上无人区》，河北人民出版社1993年版，第116页。

第一次是在 1942 年 1 月下旬，日伪在大川各村，进行了第一次全县规模的"大检举"。几天之内，逮捕了 2000 多人。在各地就地屠杀了 400 多人，其中在兴隆街南土门山沟集体屠杀了 200 多人。其余均运至东北各地充当劳工，极少有活着回来的。正月二十四，日伪又在茅山、果园、东峪、老营盘等地搜捕，就地用酷刑致死致残十几人，死在外地 60 人。茅山东坡 20 户，被抓去 28 人，成了"寡妇庄"。

1943 年 2 月初，日伪军在大川各村进行了第二次全县规模的"大检举"，逮捕约 5000 人。在县内屠杀数百名，其余全部送往东北各地充当劳工。2 月 7 日（正月初三）夜，日伪军将澈河川的大莫峪村包围。大莫峪村 67 户，被逮捕 73 人，他们被捆到兰旗营"人圈"（警察讨伐队队部和警察分驻所所在地）过堂审讯，有的被火烧，有的被刀砍。农民司俊雨被吊打时挣断了绳子，抓起劈柴把伪记录官打蒙，在越墙时被日伪军赶上用刺刀挑死。梁哑巴、曹清、靳志等 3 人也被日伪军当场刺死。2 月 12 日，被集体屠杀 30 多人。大莫峪这次死在兰旗营及外地的计 69 人，也成了"寡妇庄"。揪木林是一个 55 户的小村庄，被杀死和抓走 41 人，也成了"寡妇庄"。高台子、灰窑峪是邻近龙井关的两个小自然村。"检举"前，伪警察分驻所所长杨文宏来通知：某日，"皇军渡边队长来村训话，全村人开会准备欢迎"。届日，群众集合，日伪军突然包围了会场，两村的青壮男人 70 多人全部被抓走，均未生还。

到了 1944 年，第二次世界大战的战局开始发生显著变化，德、意法西斯在非洲、欧洲战场上连连失利，日本侵略者在东方战场也陷入被动局面，于是加紧了对"满洲"的控制，首先就是抓紧在西南国境线上彻底摧毁"无人区"里的抗日根据地。

为了控制 199 座"人圈"，半年内，日伪策划了两次"大检举"。

1944 年 2 月，日寇嗅到在"人圈"内并未切断广大人民群众与八路军、游击队的联系，兴隆日本宪兵队曾向锦州"西南防卫"司令官呈报情况说：澈河流域一带（即迁遵兴县八区）居民"完全当八路匪、通八路匪，没有好人"。因而，伪锦州军事特别法庭人员于旧历正月初二，秘密到达澈河川。初二夜，大批日伪军警在全县"人圈"里逮捕 2000 多人。最残酷的是兰旗营附近的一些"人圈"，被捕的数百人全部被捆绑押进兰旗营，几天不给饭吃，不给水喝。直到正月初八午后，才给每人两碗粥吃。军事特别法庭的日寇就地过堂，手持毛笔，在每个被刑讯逼问的人的鼻梁上点点，有的点红点，有的点蓝点。假说点蓝点的人释放。于是就将鼻子上点蓝点的 120 人带到"人圈"外的西下坡，用多挺机枪扫射，将这些人全部打死。这次"大检举"，在全县各地屠杀几百人，其余全部送往东北充当劳工。

1944 年 6 月间，伪满兴隆县在全县 19 个大村 200 多个部落又同时进行了一次"投匪家族大检举"。日伪军警将所有"人圈"内的八路军和地方抗日干部的家属，不分男女老幼全部逮捕，据统计 500 人左右。在野蛮拷打和污辱后，又全部运往东北充当劳工。

日寇在兴隆大肆制造"无人区"的 3 年里，共屠杀 15400 人，抓走 1.5 万人，其中除在本县集体屠杀约 1000 人外，其余全部被送往东北和日本内地充当劳工，几乎全部死在外地。①

在另外一个"无人区"的重点县份青龙县，日伪对民众"大检举"、大屠杀，较之兴隆县"毫不逊色"。1942 年 3 月 9 日，伪青龙宪兵队、警务科对大地、熊虎斗、榆木岭、椅子圈、唐丈子等 24 个村庄实行一次"大检举"，抓捕 422 人，惨杀 342 人，其余判刑，仅唐丈子一处就杀害 100 多人。1942 年 5 月、10 月、11 月，日伪在宽城搞了三次"大检举"，伪热河省高等法院派人坐镇判决，抓捕 213 人，杀死在宽城街南山根 164 人，其余送往承德、鞍山。

从 1943 年至 1945 年初，日伪在青龙县搞"大检举"次数之频繁，规模之大，杀人之多更是令人震惊。1943 年 1 月，伪热河省警务厅特高课长高石（日本人）亲临宽城坐镇指挥"检举"。抓捕 1500 人，杀死 410 人，当劳工 630 人，其余释放。山家湾子两个部落，从 1943 年到 1945 年"检举"46 次，被"检举"341 人，被杀 79 人。1943 年夏，青龙县日伪机关别出心裁实行"防范月"，在特务股长赤种（日本人）指挥下，在宽城境内抓"浮浪"300 多人，押了一个月。1943 年 12 月

① 谢忠厚等编：《日本侵略华北罪行档案·无人区》，河北人民出版社 2005 年版，第 114—121 页。

30 日，敌人在全县 99 个部落里搞大型"检举"，残杀 2000 余人，仅塌山一带就杀死 800 多人。

"大检举"过程中，日伪拿中国人民生命纯属当儿戏。1943 年 1 月 13 日，宽城日本宪兵队带着相面先生到洪丈子"检举"，把全庄人集中到东沟门，让相面先生相面，哪是八路军，哪是共产党，结果当场胡乱点名，抓走 27 人，杀害 8 人，其余判刑。更为荒唐透顶的是：1942 年春，驻亮甲台日伪军在亮甲台街搞"检举"，把全庄人围在一起，让所有人都张着嘴，敌人逐个检查，哪个人的牙白就抓谁。敌人的理由是，凡是牙白的都是八路军，因为八路军爱刷牙。1942 年冬，徐家店有一家娶媳妇，亲朋好友前去道喜，宽城特搜班闻讯赶到，把新郎、抬轿人、贺喜人十多名"检举"送往宽城。

在屠杀办法上，凶狠残暴，花样翻新，亘古少闻。什么断食空腹（不给饭吃，强迫招供）、倒栽莲花（倒头活埋）、军犬舞蹈（让狼犬扑身乱咬）、肉滚绣球（把人脱光放进钉满钢针的木箱里，盖上盖顺地乱滚）、电磨粉身（把人放在电磨里碾成肉酱）、枪刺沙袋（把人放在口袋里敌人练习刺杀）、钢针刺骨（用钢针扎人致命处）、火烧活人（将人身倒上汽油，点燃烧死）、虾公见龙王（把人头脚捆在一起，像虾一样投入水里淹死）、木桩勒马（把人绑在木桩上活活勒死）、电动绞死、开膛取心。1944 年 5 月 8 日，大地日本宪兵分遣队队长吉尾带领大队特搜班去南沟门讨伐"检举"，将青山口村干部王福、邢金堂抓捕，带到大地小西沟门，毒刑追问八路军情况，王、邢二人至死不说，破口大骂，恼羞成怒的日军竟将二人开膛把心肝取出。当时，叛徒马君捧着两位烈士血淋淋的心肝对其主子说："食心人脑聪，吃肝人眼明。"正好吉尾有眼病，于是当场吃掉心肝，并赏马君 10 块银元。至于像灌煤油、辣椒水、凉水，压杠子、砍头、刀铡那是司空见惯。[1]

随着"大检举"频率的不断增加，规模的不断扩大，"检举"的范围也发生了变化，即从有目的地搜捕"反满抗日分子，抗日干部、党

---

[1] 谢忠厚等编：《日本侵略华北罪行档案·无人区》，河北人民出版社 2005 年版，第 69—71 页。

员",到不分青红皂白肆意捕杀青壮年男子。曾任日本宪兵曹长的战犯太田秀清交代说:在他参与的多次"检举"中,上级的命令都是,对18岁至60岁或20岁至50岁左右的男子实施一网打尽。

日本侵略者为什么要如此不加区别大规模逮捕无辜群众呢?1943年8月出笼的承德日本宪兵本部的《灭共对策资料·第一四号·冀东地区中共党的概观》道破了天机:

> 将乡村青年逮捕送满洲一事,是否以破坏乡村的党、政、民兵各组织为直接目的,另当别论,而使党失去工作对象则是最大的打击。
>
> (中共)党工作的对象即民众,其中尤其是青年层,他们同时又是扩军对象、生产的源泉。
>
> 拨赤区青年入满洲当苦力,使之离开乡村,切断他们与党军的联系,作为剿共工作是极其有效的。通过此举,使党失去工作对象,阻碍党的发展,降低赤区生产,薄其经济力量,断绝扩军的源泉,进一步破坏乡村组织,动摇党的立足点。①

三 特别治安庭的法西斯审判

为了欺骗中国民众,日军还给其在"无人区"内逮捕、屠杀群众,披上"合法"的外衣。其主要方法,是对在"剔抉""检举"中捕获的群众,名义上经过所谓审讯、定罪、判刑等"法律手续","合法"地进行杀戮。为达此罪恶目的,"特别治安庭"粉墨登场了。

关于"特别治安庭"的设置,曾参与组织指导热河"特别治安庭",时任伪满司法部参事官的日本战犯饭守重任供认:

> 1942年3月前后,我出席了伪司法部审议八田参事官起草的关于设置特别治安庭之件的会议。……根据这个法律,在某一个地

---

① 中共河北省委党史研究室编:《长城线上无人区》,河北人民出版社1993年版,第319、321—322页。

方治安状况紧迫,为了恢复治安,认为有绝对必要的时候,由司法部大臣命令,得在特定的高等法院内设置特别治安庭。在这个庭里,对治安事件的审理,第一审即作为终审。关于开庭,规定可在法庭法院以外的适当场所进行。此项法律的立法目的,是因为1941年度,八路军为解放热河进行了袭击伪满的进攻,故需迅速处置协助八路军作战的爱国人民,以使关东军的侵略行动收到效果,恢复伪满的治安。由于实行这个法律,1942年4月以后,锦州高等法院设置了特别治安庭。①

"特别治安庭"完全是应镇压中国军民的抗日活动的需要而设立的,其目的是"对热河的爱国人民,与其用军法会审,由军方处理,不如让熟悉裁判业务的法院审判,这样既可以减少裁判上的错误,又可以安定民心"。当然,所谓"既可以减少裁判上的错误,又可以安定民心"只是设置"特别治安庭"的幌子,其实质是为了以"战时审判态势"的名义,实行"第一审主义",一审即终审,便利日伪对中国抗日军民就地判决,"合法"、快速地实施屠杀。

热河省的"特别治安庭"自1942年4月开始设置,到1945年8月日本战败投降,一直存在。其间,适应"西南地区特别肃正"的需要,随着日伪制造"无人区"进入高潮,"特别治安庭"作为临时随军机构,跟随日伪军、宪、警到各地"扫荡""剔抉""检举",所到之处,随时开庭。除锦州高等法院的"特别治安庭"外,日伪根据制造"无人区"的需要,先后在划设为"无人区"的各县县城以及重要据点附近,设置了14个分庭,共约25个审判点,包括承德地方法院、兴隆县城、古北口警察署、青龙县区法院、青龙县冷口、喀喇沁中旗平泉区法院、承德县下板城伪满警察署、滦平县城、隆化、兴隆半壁山警察署、丰宁县城、兴隆县鹰手营子、喀喇沁旗八里罕等地方。

"特别治安庭"不仅可以随军"现场执法",在历次"扫荡""剔

---

① 中央档案馆等编:《日本帝国主义侵华档案资料选编·东北大讨伐》,中华书局1991年版,第735页。

抉""检举"中就地判决杀害中国抗日军民和无辜百姓，而且还对那些被判刑收监的"犯人"恣意虐杀。据饭守重任交代："三年多的时间，被'特别治安庭'处死的热河省爱国人民就有 1700 多名之多，在裁判上实行了空前的大屠杀，并对 2600 多名的爱国人民处以无期徒刑、有期徒刑二十年、十五年、十年、八年等的重刑，投狱监禁，其中数百人因营养不良死亡在帝国主义的监狱里。"另据战犯长岛玉次郎的回忆，《西南防卫军战果统计》记载，仅 1942 年至 1944 年上半期，被热河"特别治安庭"审判的约有 4000 名，其中死刑 1000 名，判刑入狱 3000 名。而且被判入狱的 3000 名中，在狱中因拷问、做试斩对象、病理试验、人体解剖或因营养不良等而秘密处死的约 800 名，其中因拷问致死的在 50% 以上。之所以这样做"是考虑到如对抗日爱国人员全部宣布死刑，会更加激起人民大众的反抗，无法压制，因此减少公开处死刑的数目，而在暗中秘密地不依据任何法令来处死"①。

　　但实际的数字，恐怕要远比上面数字多得多！为了说明上述数字的不实，这里仅以战犯桥本岬、长岛玉次郎等的供词作一反证：

　　　　农历一九四二年腊月三十日深夜，我与混成第八旅的参谋计划消灭光头山八路军抗日根据地，逮捕抗日地下工作人员。但当时来不及做好对抗日地下工作人员的侦谍工作，就命令永井工作队的特务宪兵与黄土梁子地方警察共 60 名，在满洲国军大崎部队协助下，把光头山南侧附近地区所有成年男子全部逮捕起来，送到黄土梁子警察署，这次共逮捕了当地和平居民与抗日地下工作人员 520 名，由宪兵警察严刑审问了 10 天，将其中 210 名送至满洲国承德地方检察厅，由满洲国承德法院判刑了。②

　　　　1943 年 2 月，在热河省喀喇沁中旗七沟村，承德第二游击队长逮捕了承平宁县政府属下的抗日的农民约 200 名，其中约 100 名

────────────

①　《长岛玉次郎证明书》，中央档案馆等编《日本帝国主义侵华档案资料选编·东北大讨伐》，中华书局 1991 年版，第 744 页。

②　《桥本岬的口供》，谢忠厚等编《日本侵略华北罪行档案·无人区》，河北人民出版社 2005 年版，第 2—3 页。

是在承德审判的。①

　　上述仅仅两次局部的逮捕事件,即送审判决近 300 名,其全部逮捕送审的数目就可想而知了!

---

　　① 《长岛玉次郎证明书》,中央档案馆等编《日本帝国主义侵华档案资料选编·东北大讨伐》,中华书局 1991 年版,第 741 页。

第七章 残破的"无人区"经济与生态

日本侵略者制造"无人区"的暴行,不仅使广大"无人区"人民的生命财产遭受到了空前的大劫难,而且使当地的社会生产受到了近乎毁灭性的破坏和打击,直接导致了"无人区"社会经济的全面崩溃。同时,"无人区"的自然地理和生态环境也受到了极大破坏。

第一节 遭摧残的农业生产力

一 劳动力资源短缺、枯竭

日军残暴地杀捕使"无人区"的人口锐减,劳动力资源严重短缺以致枯竭。

以受灾较为严重的滦平县为例。滦平县处在冀东、热河边界,即敌人所谓"国境绝缘线"地带,为我热河抗日军民极为活跃地区。因此,日伪对滦平人民的残害更加残酷。据战后(1946)初步调查,从1940年到1945年,该县境内被日本侵略者抓走、征用、杀害的人民多达106924人,伤亡20700人;抓走当伪军、劳工计31692人;被敌人强迫"勤劳奉公"54532人。三项合计人数占该县总人口的43%以上。

(一)抓走壮丁:

1. "国兵":1940—1944年计1290名,历年共抓走4000名。

2. "劳工":1945年一年中即抓走3600名,历年共抓走27692名。

3. "勤劳奉公队",仅大庙一地即达300名,全县一年中被征

3300 名,历年共征 54532 名。

(二) 被杀害的人民

　　1. 加罪处死的 7500 名。

　　2. 因强迫"集家"而致死者 12000 名。

　　3. 人民因做买卖而被杀的(即所谓"经济犯")500 名。

　　4. 走入"无住地带"或不加罪名而死的 700 名。

　　总计:20700 名。[①]

　　据当年的保守估计,日军在热河制造"无人区"过程中,共屠杀、虐杀 10 万余人,抓走劳工 15 万人![②]

　　在冀晋交界的晋东北、冀西"无人区",人口也因为日军的残暴行径损失严重。在晋东北,受灾严重的北岳区二专区 340 个村庄,被日伪杀害计 22035 人,被捕去 6100 人,合计 29035 人,人口损失占专区总人口的 25%。[③] 在冀西,1941 年秋季大"扫荡"期间,日军在平山县制造"无人区",残杀 1839 人,染病者达 9 万多人,其中病死 14719 人,占总人口的 13.38%。1943 年这样的悲剧又发生于行唐、灵寿两县。在灵寿县第 3、4 区 90 多个村庄,全家全村地染病,病死者达 3800 余人,绝门绝户者即有 45 家之多。[④]

　　在山东鲁中"无人区",九山、米山两区 130 个村庄,1941 年有居民 37357 人,至 1943 年春天,被敌捕杀和逃亡的已达 28876 人,只剩下不过 8485 人。如许家峪 350 口人,逃得只剩 9 人,其中一个瞎子、一个跛子和几个走不动的妇孺。[⑤] 大批青壮年男丁被杀、被捕、被掳

---

　　① 《冀察热辽典型灾情调查》,1946 年 1 月,河北省档案馆 581 - 1 - 12 - 1。

　　② 参见陈平《千里"无人区"》,中共党史出版社 1992 年版,第 91 页。

　　③ 《日军在晋察冀边区制造的"无人区"》,1946 年,谢忠厚等编《日本侵略华北罪行档案·无人区》,河北人民出版社 2005 年版,第 154 页。

　　④ 《灵寿县石坎村惨案调查》,1947 年 9 月 21 日,河北省档案馆 236 - 1 - 14 - 5。

　　⑤ 钱钧:《"无人区"响起了歌声》,《解放日报》1944 年 11 月 19 日。

走，这对当地劳动生产的影响可想而知。

据《大众日报》记者顾膺1944年的调查统计，当时米山区8476人外出逃荒，占全区原人口总数的58%；九山区10866人外出逃荒，占全区原人口总数的69%。①崔册村639人逃荒，占全村原人口总数的78%。寺头镇镇志记载，王瑞村298人逃荒，占全村原人口总数的93%，全村只剩下6户、6口人；宫家庄279人逃荒，占全村原人口总数的83%，全村仅剩下10户、17口人。九山镇镇志记载，该镇夏庄村逃荒和死亡473口人，占全村原人口总数的95%，只剩下7户、27口人。大量人口出逃或死亡，使临朐县人口急剧减少，八区的米山、九山和五区的嵩山一带剩下的人口只有原人口的四分之一，被称为"无人区"。其实，大量人口逃荒和饿死、病死的不只是临朐八区、五区，临朐的其他各区和蒙阴八区，益都三区，博山四区、五区、七区也非常严重。地处原临朐四区的杨善公社的社志记载，抗战前该地4100户、24676人，1943年剩1053户、4523人，外出逃荒要饭的13076人，去东北卖劳工的3168人，儿女妻子卖到外地的1162人，冻饿而死的2271人，其中死绝户304户。地处原临朐四区的治源公社的社志记载，1934年该地4466户、23528人，1942年剩2015户、10760口人。1942年2月，临朐二区的辛寨镇河北村刘兆敬一家5口人，先后饿死、病死4口，剩下仅12岁的刘兆敬逃荒要饭。山东省档案馆馆藏档案记载，临朐二区的王家庄村抗战前有村民94户，400多口人，1943年时仅剩下27户、110人。地处平原的临朐一区西朱堡村原有村民55户、298口人，1943年时52户逃荒，只剩下3户、27口人。临朐三区的上林村，共37户人家，1943年时下关东19户，去青岛1户，外出讨饭5户，全村只剩下12户，饿死、病死10余人。地处原临朐三区的城关公社的社志记载，抗战前该地有村民7103户、29487人，1943年时有5789户、9780口人，外出逃荒14403人，冻死、饿死2464人，典妻卖子1162人。

---

① 《日军"三光"政策制造临朐"无人区"》，《齐鲁晚报》2015年8月6日。

二 大量耕地荒芜、被占用

日军修"人圈",挖"封锁沟",划定"无住禁作地带",使大批良田被占用或荒芜。在长城沿线,日军实施"集家并村",制造"无人区",绝大部分是"无住禁作地带",这些地带多靠近深山地区,不许居住,不许耕作,不许放牧,不许通行,违者格杀勿论;少部分为"无住地带",这些地带多为半山区,虽然允许种地、放牧,但由于群众出入"人圈"时间限制极严,加以缺乏耕畜、农具等困难,耕地也常常荒芜。如,基本上没有划定"无住禁作地带"的丰宁县,因无法耕种,荒地达 11 万余亩;"无住禁作地带"不多的平泉县,荒芜耕地 8.8 万亩。兴隆、青龙等"无住禁作地带"多的县份,荒芜土地都近 50%。[①]据抗战胜利后,解放区的调查统计,在热南地区,9 个县中有 6 个县荒芜土地 600 万亩,每亩以产粮之大斗计算,4 年共减收粮食 720 万大石。[②]

在晋东北,由于日军在五台县制造"无人区",1941 年,椰子坪、黑山坪、四合村等 12 个村庄土地 6082 亩,荒芜 4573 亩,仅有 1509 亩耕种;明查湾、广银沟、外河府等 4 个村庄,所有 1930 亩土地全部荒芜。1942 年春,43 个"无人区"村庄荒芜土地 490 顷。[③] 据 1946 年调查初步统计,北岳区二专区 340 个"无人区"村庄,荒废耕地 102070亩,按每亩亩产 2.5 大斗计,4 年中共减产粮食 255175 大石。[④] 但这个数字要远远低于实际数,据《盂县县志》记载,盂县全县 442 个"无人区"村庄荒芜土地达 12 万亩,而这仅仅是盂县!

在冀西,平山县 22 个"无人区"村庄 32000 亩土地全部荒芜,其中仅温塘区就有荒地 50 多顷。1942 年春,日军在灵寿县三、四区制造

---

① 参见陈平《千里"无人区"》,中共党史出版社 1992 年版,第 74 页。

② 《敌寇制造无人区(人圈)热南四万二千平方里的土地人烟罕见》,1946 年 2 月 5 日,谢忠厚等编《日本侵略华北罪行档案·无人区》,河北人民出版社 2005 年版,第 39 页。

③ 《晋东北"无人区"的斗争》,1943 年 8 月 26 日,中共北岳区战线社编印。

④ 《日冦在晋察冀边区制造的"无人区"》,1946 年,谢忠厚等编《日本侵略华北罪行档案·无人区》,河北人民出版社 2005 年版,第 154 页。

"无人区",使 3 万多亩耕地被荒芜,[①] 仅 3 条封锁沟即占用耕地886.5 亩。[②]

三　生产资料损毁殆尽

日军制造"无人区"中推行"三光"政策,使作为农业主要生产资料的种子、农具、牲畜等损毁殆尽。如,长城沿线的丰滦密"无人区",仅密云一个县即有 3 亿多公斤粮食被抢走,90600 头牲畜被掠去。兴隆县东南部沏河川、黑河川等 5 个山川地区被划为"无住禁作地带"的 3 年间,损失粮食 2710 多万斤,牲畜 9640 头。[③] 北岳区二专区 340个"无人区"村庄耕畜损失 19321 头,占原有耕畜总数 90%。平山县,到 1942 年 11 月,西沿兴村原有 180 多头牲畜,只剩下 10 多头;侯家庄原有 100 多头牲口,还有 20 多头;东庄原有 60 多头牲口,只剩下七八头了。[④]

山西省是日伪制造"无人区"的重灾区。据战后《山西省三十六年度农业复兴建设计划》有关说明:八年间全省"耕地荒芜者达 1000万亩以上,农具和耕畜损失数量均占总数 60% 以上,大多数农民不仅无力购买种籽、肥料,而生产所需之农具、耕畜亦成严重问题"。"经此八年抗战,损失惨重,日寇所至之区,牲畜损失殆尽,不特农业动力感觉缺乏,而作物赖以生长之肥料亦告断绝,致地力消尽,产量大减,而农村形成十室九空之现象。"[⑤] 这无疑给战后农业生产力的恢复带来严重困难。

四　社会经济走向全面崩溃

日军制造"无人区",使社会生产力遭摧残,社会经济被全面摧毁。其最直观的表征,就是"无人区"人民的赤贫化,陷于水深火热

---

① 《灵寿县石坎村惨案调查》,1947 年 9 月 21 日,河北省档案馆 236 - 1 - 14 - 5。

② 《日军八年来对灵寿人民的暴行》,1947 年,河北省档案馆 236 - 1 - 14 - 7。

③ 《冀察热辽典型灾情调查》,1946 年 1 月,河北省档案馆 581 - 1 - 12 - 1。

④ 《当前平山"无人区"工作中的几个问题》,1942 年 11 月 11 日,参见中共平山县县委党史研究室编《平山党史资料》第 4 辑,1991 年编印。

⑤ 山西省农业善后推广辅导委员会编:《山西省三十六年度农业复员建设计划》,1946年 10 月。转引自岳谦厚等《日本占领期间山西社会经济损失的调查研究》,高等教育出版社2010 年版,第 254 页。

之中。

这一点，从当时日伪档案中已可窥一斑。1944 年 4 月，伪满军事部思想战研究部所编《西南地区治安问题之考察》中说：

> 西南地区的地理及社会的各种条件，一般地说，同归屯并户，建立集团部落所产生的各种民生问题关系很大。将依赖狭小平地的居民集中于较大部落的结果，肯定会使居地远离耕地，对一草一木都在生活上起作用的贫困居民，生活上必然要产生各种矛盾。如因划定广大的无人地带，使农耕地缩小，这虽是暂时的，但本年度规定实行的禁种地区，对群众的影响很大（例如青龙县今年比去年减少的耕地面积，据民众申报之数，约为百分之五十，县当局调查的数目是百分之三十。再者，无人地带也有若干群众潜居，完全在匪方保护之下，这种情况，一方面是由于匪方的招民，另一方面最大的原因，不外是如被赶到平地无法生活）。另外，对在极端薄弱经济基础上生活的居民来说，因搬迁和房屋修建、构筑防卫设施等所需的人力物力，确有不堪负担之苦。且近几年来由于该地区治安不良，成为彼我双方争夺对象的居民，牺牲很大，再将建设集团部落的负担加在他们肩上，致使民力枯竭更为严重。①

"无人区"经济被摧毁，其直接恶果是人民生活遭受空前严重的困难，没房、没钱、缺粮、缺穿成为普遍现象，饿死、冻死者不计其数。如，在丰滦密"无人区"，密云县冷风甸村 17 户，1942 年就饿死 12 人。② 在山西五台县，从"无人区"迁住到"治安区"的大都是妇女、儿童和老人，不分男女老少挤住在一起，一个房间住好几户，有的甚至住在房檐下、畜圈里，吃的是清水煮野菜、荞麦秸、烂山药，苦不堪言。1943 年上半年，北岳区二专区 10 个村统计，无法生活的即有 630

---

① 军事部思想战研究部《西南地区治安问题之考察》摘录，中央档案馆等编《日本帝国主义侵华档案资料选编·东北大讨伐》，中华书局 1991 年版，第 612 页。
② 中共中央党史研究室科研管理部编：《日本侵华罪行纪实》（1931—1945），中共党史出版社 1995 年版，第 52—53 页。

多人，乞讨的 60 多人，加上伤寒、疥疮病流行蔓延，在 653 户中就死亡 546 人。① 在鲁中临朐"无人区"，从 1941 年起仅仅 3 年内，临朐南部 100 多个村庄就陷入了历史少有的饥荒里，周围数十平方公里几乎完全断绝了烟火。"无人区"内剩下的基本上是保甲长和行动不便的老弱病残。有的地方连保甲长也外逃了。老弱病残走不了又缺少食物，生活非常凄惨。各村不断有人死去，人死后没人埋，到处都是死人，后来死人竟比活人多。死去的人被老鼠等动物咬得残缺不全。勉强活着的人饿得奄奄一息，有的脸肿得像铜盆，肚子很大，肚皮透明，连肚子里的青菜都看得见，走动时用手拉开下眼皮，才能看见路；有的瘦得皮包着骨头，并患有黑热病，皮肤呈黑色，走动时一手扶墙，一手拄着拐杖，头发长得跟野人一样，讲话都没有力气。

1946 年 2 月出版的《北方》杂志刊载了《人圈》一文，文中这样记述了"无人区"人民悲凉凄惨的生存状况：

这是冬天，在杨树底下村，一群褴褛的赤裸裸的孩子，靠着泥墙在晒太阳，用乞怜的眼光看着行人。一个名叫丫头的 13 岁女孩子，上身赤条条的，下面穿一条破烂的单裤子。8 岁的黄口子，只有一件大人的单褂子，晃晃荡荡，风可以从任何一处吹进去，他蹲蜷在那儿，用衣角盖着发紫的小膝盖，而肚脐却毫无遮掩地露了出来。11 岁的虎春子，披的是他爸爸的破羊皮袄，没有裤子。8 岁的栓子则全身光光的。所有这些孩子，有着一张营养不良苍青的脸，蓬乱干枯的头发，冻得紫黑的皮肤，像鸡爪一样乌黑瘦嶙的小手小脚，颤抖着蜷缩着，像一条条肉虫。我不知道他们出世到现在曾否有过一次笑脸。

站在孩子旁边一个女人说："伪满洲国来了，不让挣钱，也没挣处，日系人配给又没我们的份儿，哪儿来的穿的，盖的单被片，稀里哗啦都破了，孩子们溜溜光光都没有穿的，就只好成天躲在炕

---

① 《五台县"无人区"三年的史实》，《五台文史资料》第 2 辑，1986 年编印，第 86 页。

上号。"

这是敌人统治的结果，我们不会忘记！

在黄土梁子，有3个战士过路，跑得很累，很口渴，想到老百姓家烧开水。他们在一家外面叫门，里边两个女人坐在炕上，又急又羞地说："别进来，别进来，我们给烧。"战士们不愿麻烦老百姓，说："不，我们自己烧吧！"女人们还是不让，问她们为什么，才知道她们一个没有裤子，一个裤子是穿洞的，所以不便出门。这3位八路军战士听了都默默掉下泪来，没有迟疑，立即把自己的衬裤脱下来送给那两个女人。

某部队第一次走过三块石村的时候，给了一个孩子3件衣服，正好第二次又过那里，看到孩子依然赤身裸体地蹲在风地里，觉得奇怪，有人开始怀疑起来，是不是他们装腔呢！后来问那孩子，才知道他的父亲前年上山打柴冻死了，母亲外出讨饭也冻死了，家里有一个哥哥一个嫂子，全没穿的，上回3件衣服就是哥哥嫂子穿了，可以去打柴干活。战士们听了，又把好些衣服给了孩子。①

上述惨状，当时的伪政府也不得不承认。如伪山西省长苏体仁1942年1月15日在致伪华北政务委员会的电报中称：

> 兹据五台县李知事呈称，查职县第二区共匪盘踞四载有余，苛捐剥削民不聊生，现友军为彻底剿灭起见，将该区划为无住地带，所有八十四村房屋悉被焚毁，村民一万一千二百余名流离失所沦为饿殍，凄惨状况目不忍睹，际此严冬冻馁尤甚，恳请速拨巨款施救等情。到署除派员携款三千元前往急赈外，惟省库奇绌，杯水车薪，难收实效。②

---

① 中共河北省委党史研究室编：《长城线上无人区》，河北人民出版社1993年版，第121页。

② 《伪山西省长苏体仁致伪华北政务委员会电》，1942年1月15日，南京档案馆二○○五②512。

代伪新民会河北省总会长陈会轼 1943 年 12 月 25 日在向伪河北省政府和伪新民会中央总会的呈件中也说：

> 本年虽蒙治安总署督办齐赐以赈济，但车薪杯水难救饥黎。今岁盛夏长城无住地带治安早已好转，其他各县皆得耕种，惟遵化因特种关系未得耕种，使五万余亩膏田变成荒野，一年以来灾民生活只能求亲靠友或乞讨为生。今秋既无生产来年实为可虑。民等生于斯长于斯，既不愿地方离乱，复不忍坐视数万同胞冻饿而死，为此公举代表为民请命，□仰我钧会关心民瘼，拟请由冀东道区就近□集赈粮项下先行拨给一部以救灾黎，一方布告下□准予居民耕种以安民心。①

由此可见，"无人区"经济在日军摧残下，已经全面毁灭。

第二节　被破坏的地理和生态环境

日本侵华战争期间，日本对华北的破坏和掠夺性的经济"开发"，再加上战争的原因，导致了华北自然环境和生态的破坏。

一　被改变的地形、地貌

1941—1944 年 8 月间，日军为制造"无人区"，封锁分割中共领导下的敌后抗日根据地，大修据点、碉堡、封锁沟墙、强占大片民田土地，动用劳力达 4500 余万人次！② 如 1941 年，日军为了切断平西和北岳、冀中十分区的联系，沿房山、涞水、新城、易县、涿县一带的山地与平原的交界处，开始分片修建宽 5 米、深 6 米的"惠民壕"。北起周口店，经张坊、洛平到新城与涿县交界的津畔村，修起了三条封锁沟

---

① 《伪中华民国新民会河北总会呈第一四七二号》，1943 年 12 月 25 日，南京档案馆二〇〇五②503。

② 宋任穷：《宋任穷回忆录》，解放军出版社 1994 年版，第 198—199 页。

(墙),全长35公里,合计动土100多万立方米,日军为此几乎动用了这一地区所有的人力、物力。① 1942年,日军对冀中区实施残酷的"五一大扫荡",在8000多个村庄修建了1750个据点和碉堡②;从宁晋县东南角高口起,沿束鹿县、晋县、赵县边界至换马店,挖成深、宽各一丈余的"县界沟",长百余里;再加上从罗口到赵县大安的封锁沟和新修的公路,将这一地区分割成一个个的小块。③ 以下是晋察冀边区和晋冀鲁豫边区抗战八年来日伪修筑碉堡公路沟墙占地的不完全统计。

表7-1 晋察冀边区抗战八年来日伪修筑碉堡公路沟墙占地统计④

(单位:公亩)

区别	冀晋区	冀察区	冀中区	冀热辽区	合计
占地	1228800	528384	6451200	6844416	88928256

其中,在冀热辽区,日伪共挖沟2000里长,宽3丈,合1080000方丈,折18000亩;修碉堡2500个,平均每个占地10亩,共2500亩。

表7-2 晋冀鲁豫边区抗战八年来日伪修筑碉堡沟墙占地统计⑤

类别	个数	面积			折合土地(亩)
		宽(尺)	深(尺)	长(里)	
碉堡	1103				16545
抗路沟		30	15	13170	118530
封锁沟		30	15	2200	24444
合计				15370	159519

说明:上表仅是晋冀鲁豫边区太行、冀南行署区属河北省之冀西10县、冀南30县的统计。

---

① 中共涿州市委党史研究室编:《涿州人民革命史》,河北人民出版社1993年版,第79页。

② 高存信:《粉碎"五一大扫荡"渡过难关赢得胜利》,《冀中平原抗日峰火》,河北人民出版社1987年版,第196页。

③ 《宁晋人民革命斗争史》,第2集,中共宁晋县委党史资料征集办公室1987年编印,第29页。

④ 参见《晋察冀边区八年来敌伪烧杀抢掠统计表》,1946年1月20日,谢忠厚等编《日本侵略华北罪行档案·损失调查》,河北人民出版社2005年版,第70页。

⑤ 《晋冀鲁豫辖区所属原河北省冀西十县、冀南三十县敌灾天灾损失报告书》,1946年4月15日,谢忠厚等编《日本侵略华北罪行档案·损失调查》,河北人民出版社2005年版,第175页。

二　惨遭蹂躏的自然生态

日伪为了制造"无人区"。往往恣意纵火烧毁群众赖以隐蔽的山林，从而使自然生态环境遭到严重破坏。热河地区有许多原始森林，特别是热南一带，曾是清王朝帝王陵寝——清东陵的"后龙风水禁地"。雾灵山以南至长城线几乎包括整个兴隆县，方圆几百里，总面积约 2500 平方公里的广大山区范围内，清政府不准居住、耕种、采矿、砍伐、狩猎等，并在周围驻兵把守。几百年的封禁使这里草木丛生，古树参天，鸟兽成群，成了一个天然的动、植物保护区。与之毗连的冀东和京、津一带也因此雨雪充沛，气候宜人，潮河、白河、滦河等大小河流终年流水不断，造就了很好的生态环境。清王朝灭亡后，"后龙风水禁地"开禁，营造了几百年的森林虽然遭到军阀、官僚们的砍伐破坏，但仍然保留下很大范围。然而日本占领华北期间，由于日军的疯狂破坏，大面积的森林被烧毁殆尽，郁郁葱葱的壮丽河山成了一片焦土。与此相联系，京津及冀东地区的自然生态也受到很大影响。

当年参与制造"无人区"的主犯铃木启久在其《制造"无人地带"》一文中，描述了他与日军第 27 师团长原田熊吉乘飞机视察"无人区"时的情况：

飞机沿长城线向西飞行再折向南边，不久就飞到迁安县北部地区上空。这里原来青色的森林出现了一块块的红色和黑色的烧毁和烧焦的痕迹。我想："到了，从这里起就是所制造的无住地带了"，我打开地图查看时，飞机已到了遵化县上空。看看下方，只见森林中出现无数个烧成红色和黑色的大火后的灾迹。许多显然是整个村庄焚毁后，大火蔓延烧向山林形成更大的山火，这些灾迹有的呈长方形，有的呈椭圆形，非常之多。一根根光秃秃的烧成黑色的树干，杂乱地林立在山头。原来是一片葱茏翠绿的森林、田畴，现在是一片焦土和荒凉、恐怖的无人秃山，没有一点生机和人的气息，到处是焦黑的枯木，杂乱的散处在山间。原来有成群的飞鸟由下而上消失了，悦耳的雀鸟的鸣声再也听不到了。①

在冀西，平山县屯头村、河西、东苏庄等村一带原来曾是林果茂密的地区，1941 年 9 月日军将这一带造成"无人区"，树木都被砍掉，屯头村仅留下一棵三四个人才能合围住的大柏树，河西、东苏庄等村一棵树也未留下。在灵寿县，慈河沿岸及各处林木，每届春夏，苍翠遮天，空气潮润，调节气候，点缀风景。但由于战时日军破坏，且且而伐，不久便使全县稠密如麻之林木荡然无存，其中果木树损失 13 万棵，杂树 58 万棵。② 该县三、四区，由于日军 1942 年春天制造"无人区"，致使 3 万余亩沃田被荒芜，人稀绝迹，蒿草成林，虎狼成群。北霍营村一个 8 岁女孩，晚上与父母睡在院子中，被狼衔到村西北沟吃掉了。西刘家庄有一个羊群，一夜之间被狼咬死 40 多只羊。③

在山东临朐"无人区"，日军灭绝人性的"三光"政策，不仅使划设为"无人区"的地区人烟罕见，就连一切家畜、家禽都绝迹了。白天，村里鸦雀无声，死一般地寂静，井口被青草所罩，井水发出难闻的气味，街上、庭院甚至屋里到处是高达房顶的黄蒿，有的黄蒿竟有手腕粗，房屋东倒西歪，没有门窗，布满蛛网。夜里，只听得见狼的嚎叫声。野兔、狐狸经常出没于废弃的庭院，有的人家甚至成了狼窝。1943 年，八路军沂山支队司令员钱钧就曾在崔册村西头一户废弃的民房里逮到过一只狼羔。田野里没有庄稼，长满野草，道路全部被一人多高的黄蒿淹没，方圆几十里地没有道路。

由此可见，"无人区"的生态环境遭受破坏之严重。

由于上述自然环境和生态的破坏，华北地区人民抵御自然灾害的能力大大下降，天灾、病灾接踵而来。首先是水灾，因为日军的"扫荡"

---

① 中共河北省委党史研究室编：《长城线上无人区》，河北人民出版社 1993 年版，第 365—366 页。

② 《日寇八年来对灵寿各种建设的破坏》，1946 年，谢忠厚等编《日本侵略华北罪行档案·损失调查》，河北人民出版社 2005 年版，第 164 页。

③ 《日军在灵寿三四区制造的"无人区"》，1947 年 9 月，河北省档案馆 236 - 1 - 14 - 5。

破坏，人民无力防洪，河流两旁，每至雨季均遭水灾。1939 年发生了民国以来前所未见的大水灾，曲阳、平山等县境内的滹沱河所有沿岸堤坝大部分都被冲毁，仅平山县被冲毁土地即达 43000 多亩。其次是旱灾，年年有旱灾，最惊人的是 1942 年及 1943 年两年，从春天到初伏一直没有降雨。灾情严重的曲阳县 70% 的土地只种了些秋季菜蔬和荞麦，缺粮灾民最多时达 80000 人，甚至有饿死饿病者。再次是虫灾，蝗虫、稻包虫等灾普遍的每年都有。1944 年，平山县 8500 亩稻田灾，10 余万秋禾被蝗虫咬坏，虽很快扑灭，但亦减收三四成。[1] 最后是病灾，由于人民食不果腹，衣不蔽体，健康水平下降，导致各种瘟疫流行。在晋绥地区，"伤寒、疥疮、疟疾、天花曾成为普遍之严重现象，死亡率达惊人程度，如今春岢岚城内 10 日死 19 人，东豹峪村半月内死 16 人……平鲁四区熊沟梁村患伤寒者占全村人口 70%，其中有 3 家 18 口人全部死绝"[2]。由此可见病灾之严重。

---

① 《晋察冀边区抗战损失调查材料》，1946 年 2 月 18 日，谢忠厚等编《日本侵略华北罪行档案·损失调查》，河北人民出版社 2005 年版，第 77、82 页。

② 《中国解放区救济委员会晋绥分会致鲍丁函》，1946 年 4 月 26 日，谢忠厚等编《日本侵略华北罪行档案·损失调查》，河北人民出版社 2005 年版，第 213 页。

附录一　制造无人地带

铃木启久[①]

——一

　　这里一带的道路旁，排列着整齐的青青的杨柳，几层高高的烟囱吐出黑色的浓烟。3 架卷扬机不断地发出一阵阵运转声响。离卷扬机不远的地方，有两三座金字塔形的高耸的煤山。煤块中冒起的自然发火的火烟升向天空。山下，是一片葱茏的树林。广阔的树林中间，有一幢精巧的豪华的房屋，那是开滦煤矿所有人的宅邸。

　　这里是开滦煤矿的中心地——唐山。

　　开滦煤矿公司的大门前，站着穿着漂亮制服的警察，这是"开滦煤矿特别警备队"派出的警卫。

　　根据日军步兵团司令部的命令，开滦煤矿必须每天产煤 11 万吨（原文如此，数字有误——编者）。为了完成日军的任务，煤矿当局下令全矿日夜三班制不停开工采煤，名义上每班是 8 小时工作时间，实际上由于强迫规定的采煤数量太大，每个矿工每班要在坑道内连续做 10 小时以上的苦工。矿工们仅仅有很微量的粗麦面果腹，日夜受到敲骨吸髓般的剥削。矿工穿的衣服积满了煤炭、脏物和尘垢，变成了纯黑色，

---

　　① 铃木启久，前日军第 127 师团师团长、中将。铃木于 1942 年 1 月至 1943 年 7 月间，任日本第 27 师团少将步兵师团长和"北部防区"司令官，驻在冀东地区（伪冀东道），司令部设在唐山市。

闪闪发光，仅仅是腋下和膝盖极小部分还看到一点点原来的蓝布颜色。在衣服的屁股和膝盖部分，缝满了大大小小的补丁，仍然难免露出肌肤。矿工们一年四季也无法洗澡，脸、手都积满一片片黑色的污垢。只有牙齿是白色的。他们用眼睛瞟着矿警，小声地说："今年中秋节听说又不放假啦！"

一眼能望到这些情景的地方，是步兵团司令部的一幢砖造的两层楼房屋，从这里的窗户外望，令人心胸豁达。

在这间房间中，我（铃木）和冈村方面军司令官面对面坐着。冈村是在街上一切行人都禁止通行的严密戒备中来到这里开会的。只见他悠然地吸着香烟，坐在沙发中沉思。步兵团司令部的周围显现出异常的气氛，大量的上了刺刀的日本兵在周围警戒。

冈村有他的一套使用人的本领，有统驭人的能力，轻易不得罪人，但是总是把部队的功绩归于他自己。这时冈村对我说：

"今年4月的扫荡战，你的部队粉碎了鲁家峪的八路军秘密阵地，获得了很大的战果。这个地区的治安大大改良。你辛苦了，希望你进一步奋斗，好好地干。"

"不，这不过是偶然的机会罢了。"当时受到冈村的奖励，我心里也不禁有点高兴。

"这个地区的治安确实是好起来了。"

"只是表面上好，实际上恐怕还没有到那个程度。"

"那究竟是怎么一回事呢？大体上鲁家峪的阵地是八路军冀东地区重大的根据地，这个地区的阵地若有损失，就对根据地有影响吧！"

"我军占领鲁家峪，使八路军的确受到巨大打击，但是他们放弃这处阵地，并不表明八路军减弱了。他们往往放弃一处阵地，又进入另一处山区。另一方面他们对地下工作非常努力，可以说这是增加他们的实力。前几天，从丰润到唐山的重要公路上，1辆日军的联络军车白昼被袭击，1名联络兵被打死，军用联络书信也被抢走了。玉田到丰润的公路上，也发生同样事故。在汽车公路上还发现埋了不少地雷。虽然这个地区表面上看来，八路军不像以前那样活跃了，像是一处白色的地区，但是只要剥开一层表皮就发现红色的土地。那么八路军的根据地在什么地方呢。我只能回答说，在'山区'，因此我们必须对'山区'彻底地打击不可。"我向冈村司令官说出了心底里的本意。

"那么说，你对此事有什么打算呢？"冈村问。

"在我的兵力掩护下，可以进行一次彻底的清剿，首先把凡是与八路军有任何关系的人一律杀无赦，彻底破坏他们的地下组织；其次，要使治安区居民同八路军完全隔开，这是绝对必要的。"

"你的意见可以作为一个方案加以考虑。"冈村的话似乎不是十分赞成我的意见。不过他又说：

"总而言之，这个冀东地区对于日本大陆政策是十分重要的地方，必须进一步在治安上加强不可。"

"在这长城附近的山地，有相当多的中国居民，这里虽然不完全是八路军的根据地，但他们隐藏八路军确是事实。在这方面，我们必须干一下。"我继续发表了我的意见。

经过大约1小时的会谈之后，冈村回到宿舍休息去了。

这一天的黄昏，各条十字路口和小路、要冲附近都有武装士兵严密警戒。不一会儿，两辆车头架着机关枪，满载日军武装士兵的军用卡车一前一后护送着一辆小汽车驶到了K饭店的门前，冈村司令官从车上下来，后边跟着的是副官。冈村把帽子和军刀交给副官，在艺妓们的引导下进入一间精致的房间。在房间里，受今天晚上冈村邀宴的高级将校已经到场并开始闹哄哄地高谈阔论了。

不久，有大量艺妓陪酒的酒宴开始。随着酒过数巡，场面也越来越乱，许多军官轮流跑到冈村处敬酒。每一次冈村都夸奖这些将校的功劳，勉励他们。每一个将校也都大事阿谀，吹捧这个长官一番。冈村说："男人在外面胡闹不算什么坏事"，他首先就乘酒兴对艺妓们胡闹起来。

这时突然有个电话找我听，我离席一会儿回来，向冈村报告：

"刚才接到丰润打来的电话，日军一小队在走出某村时被八路军伏击。我方损失为战死1人，轻伤1人，没有什么大事。"

冈村镇静地说："哦！是吗？"像是若无其事地走开，经过两三个军官的酒席后来到我面前，说："来，再干一杯！"

接着他又说：

"近来治安军（日军走卒伪华北自治政府军）怎么样了？无论如何他们总是中国人，要充分了解利用中国人的心理和习惯。这点非常重要。好好利用中国人的心理习惯，如不能好好利用，即使花尽了气力也是达不到效果的。这方面的诀窍你要好好注意。"

冈村讲完这番话后，又同艺妓、酒女们胡闹去了。在饭馆的外面，荷枪实弹的士兵严密地警戒，"保护"长官们在酒馆里狂欢。

二

这里是天津的所谓"日本租界"。在一幢二层楼的房屋门前，两名日本兵在守卫。屋里是西洋式和日本式的混合布置。这是日军的一个师团长的住处。在宽敞的客厅里，壁上挂着西洋式的风景和花卉的大油画。天花板上吊着 3 盏西洋式的大吊灯，把室内照耀得灯火辉煌。

原田师团长坐在沙发里面，装模作样地吸着香烟，他叫侍者拿一杯咖啡在我面前。

"今天请你来，实际上是听听你的意见，又向你传达一些做法，昨天冈村方面军司令官找我去北平谈了谈。据军司令官说，你管辖的地区，八路军的势力表面上似乎看来平静，实际上一揭开表皮就露出红色的实质，是吗？如果照你的意见，这个地区是不能任其自然发展的。因此，你再说说今后要怎样做才好？"

"一个办法是，把八路军的地下组织从根本上加以破坏。要做到这点，必须全面的，特别是对山区方面进行彻底的搜查和清剿，凡是和八路军有丝毫联系的，统统要处决掉，不能赦免。"

"噢！据方面军的想法是，为了彻底粉碎八路军，从长城起 2—4 公里内划为'无人地带'，在这块地区内，不准有人居住，不准耕作，一切人的活动统统禁止，交通限制也要大大加强。我们师团准备执行这一计划，你的意下如何？"

"方面军和师部有这样的意图，我是一定赞同的。不过，我想执行这个计划时，如果在两公里之内划为'无人地带'，恐怕极不容易做得彻底，因为长城线两公里以内，大体上没有居民。居民少的地方，作为八路军根据地的价值也少。4 公里以内，有相当多的村庄，那是相当有潜力的根据地，如果只划 2 公里，那么 2 公里之外仍是八路军的根据地，这就恐怕做得不够。"

"那么就 4 公里吧！"

"什么时候要完成这一任务？"

"最迟到下月半，因为南方战事相当激烈。说不定什么时候要调军队到南方去，所以要快点。"

三

在步兵师团司令部一间宽敞的会客室中，桌上放着上等香烟、点心、水果、咖啡等。我在听取部下联队长（相当于团长）田浦和小野的报告，接着我对他们说："听到你们的报告，你们每天都在各方面加强搜查，今天说逮捕了多少八路军通讯员，明天又说处分了多少为八路军工作的人员，好像八路军的组织一个一个都被破坏了，各个部队都建立了治安区。但是，有些部队刚刚说肃清了敌人，几天后又说发现了八路军，照理说那些联络站已被破坏，可是许多地区连地雷、通讯器材也被运了进来。"

"依我的判断，可以说治安情形比过去更坏了。我查了查我的管区内的实际情况，第一联队方面，不久前发生了在丰润县日本军车被伏击事件。这里是治安最好的地区，它接近铁路线林西的北侧，换句话说，是日军警备部队的耳目之前的地带，居然发生了军车被袭击，死伤日军各 1 名。又在玉田街，一夜之间公路被挖成寸断。在遵化县的山区，日军不止一次中地雷埋伏，不仅小分队的日军，甚至整个中队的日军也受到骚扰性射击。第三联队方面，第三中队在抚宁以南遭受伏击，接着又在东昌附近的某村，日军一小队遭受袭击，都受到相当的损害。4 月下旬日军在丰润地区的扫荡战，最近对王官营和鲁家峪都展开扫荡，确实取得了战果。但是仅仅两个月后的 7 月，在同一丰润地区，出现了比 4 月扫荡时更多的八路军和游击队。为了追剿这股部队，日军先后在玉田遭受伏击，损害不轻。"

我对部下说："从 7 月以后，八路军的大部队一直难以发现，综合军管区的情况看来，你们认为治安已趋好转的判断是错误的。特别是最近八路军的大部队一直未能找到，是由于你们的粗心和麻痹造成的。因此你们各部队进行的搜剿，几乎是形式上的。"

"另一方面，你们只是放纵下级去干，自己对工作不检查，不到第一线严格地监督。这样多的被袭事故，怎能使日军获得战果！照这样的情形下去，将使日本的'大陆政策'规定我们所负担的重要任务地区不能达成目的。过去我们干的方法证明都没有收到效果。这次我们要用最厉害的方法彻底消灭八路军。当然，现在不能说到处是八路军的根据地，但是近长城线的山区，却是危险的地方。这一带同满洲方面有联络，有居民就有八路。遵化、迁安两县接近长城。我们决定从长城线起将 4 公里以内的居民统统赶走。你们快点回去通知县顾问，把这个决定贯彻下去。"

我说完了这番话，就直接传达了步兵师团的命令。这道命令就是命部属从 9 月某日开始，在 20 天内将这一带居民赶出去。在限期内所有中国居民的房屋一律焚毁。20 天之后不论任何理由，绝对不准中国居民在"无人地带"进出和耕作。凡在禁区内通过的一律须持有军部发的特别许可证，如果有人反抗，定予严惩不贷。

听我下达命令之后，两个联队长急忙回队去了，我立刻将县的日本顾问叫来，把命令递交给他，并且要他将步兵团的命令向伪政权仔细传达，并强调"这一命令将严格执行"。

四

数天之后我把田浦和小野两个联队长召来，问他们关于"无人地带"的工作情况。两个联队长报告说："山里面居民比想象的要多，工作大体上做完。"

小野报告说：

"在我的管区内，有一座娘娘庙，因为拜佛的人非常多，庙主又说：'这里绝对没有八路军。'我就允许他们不拆了。"

"正是这样的建筑物，游击队才会利用，你快点把它放火烧掉。你们今后工作更加要仔细，这样粗心是不行的。你们事后去检查了没有？"我怒气冲冲地教训他们。

"还没有去检查!"

"你们太糊涂了，做事情样样都要命令，不命令就做得不彻底。不彻底的事情等于没有做，有时反而有害。你们马上给我去检查，检查一遍还不行，以后要继续不断地搜查有没有逃回来的人。那天，我到第一线去视察，看到大路小路满是背着行李的人群，一眼望去连续不断，没有想到山里面住着这么多的人。把那个地方彻底整顿一下，八路军就无法作根据地。今年7月玉田遭袭击的事件就不会发生。你们马上回去给我仔细检查，一个老百姓也不准居住，统统将他们赶走。"

几天之后，第一线的部属把检查报告交了上来，这些报告是：

"农民1名偷偷回来拾取割剩下的粟米和高粱，将他赶走后，放火烧掉了高粱和粟米田。"

"某某村山谷中发现炊烟，前往检查时发现一家5口人并未撤出'无人地带'。立刻将其房屋烧毁，1名青年男子反抗，立予枪杀，其他4人被赶走。"

"同村以北的山谷有3幢房屋，疑有人居住，经向各方面搜索不见人影，将3幢房屋烧光。"

"马兰峪的南方，发现1名青年男子没有通行证，经扣留刑讯，据称什么也不知道，因形迹可疑，已将他带到迁安继续审查。"

"某村附近发现三四人向山上逃跑，经开枪后，确信击毙1人；其他3人经追缉后不见踪影，决定明天在这一带继续全面搜查。"

……

我见到这样多的报告，认为执行这个赶尽杀绝的制造"无人区"的计划已经发生效果，心中窃然自喜。第二天，又接到来自第一线各联队的报告，这些报告越来越多，不断向我这个步兵师团司令部送呈。但是这些报告都和以前的报告大同小异，即这里赶绝了村民后，那里又发现了小茅屋重新搭盖起来。我发现有些村民仍然分布在这一带。照这样下去，设置"无人地带"的目的是达不成的。

我亲自向各个联队长下令，命他们在各地区务必严密地搜查。

之后，每一天都有一大沓的报告送上来。我的办公桌上堆满了这样的报告。我读了这些杀人放火的报告，很满足于自己的"功绩"。但是实际上，每一份报告都加深了我的侵略罪行。报告书堆得像一座小山，我的罪孽也就像是一座大山。

五

我以各个联队长的报告为基础，将实施制造"无人地带"的情况向原田师团长交了一份报告书，并且当面向原田推荐我的经验：

"为了彻底制造'无人地带'，不仅要从地面上视察，还要从空中视察，如发现有不彻底处随时纠正。我建议给我飞机去'无人地带'上空去看看。"

"对，这办法很好，我同你一起去看看。"原田师团长马上表示欣赏我的建议。

第二天，我就同原田一起坐飞机从天津出发向唐山的方面飞去。途中飞机向偏南飞行，从塘沽上空向下俯瞰，只见无数的白色小丘陵散在各处。

"那是塘沽的盐，每年大约有600万吨运往日本作为日本的工业原料。"原田告诉我这些白色山丘的来由。

我一面听他说，一面俯瞰飞机沿着地面的铁路线向北飞行。地面上的汽车看来就像是火柴匣子一般，频繁地不断向北和向南驶行。机头稍稍向东转去，看见了浩渺的渤海海岸。这一带附近是一片非常广袤的碱地。

"这一带地区是日本大陆政策的重要中心，大陆政策一旦实施，日本的移民将大量地移居到这里来。"

原田以露骨的侵略者的心情说出这番话。

飞机向北飞行，眼睛下面出现了极其广大、肥沃的农田，大小农村散处其间，这里便是著名的冀东平原。平原的偏东面，看到了发源自热河群山之中，蕴藏有丰富的水力和电力资源的滦河，河流一会儿广阔，一会儿又细如游丝，向东蜿蜒曲折流去，宛如一条条的白布，伸向渤海。

飞机从山海关上空附近起机首折向西边，进入大片森林和山岳的地带。山顶上的万里长城有如一条巨大白色的百足虫，蜿蜒盘旋在群山之上。飞机沿着长城线向西飞行再折向南边，不久就飞到迁安县北部地区上空。这里原来青色的森林出现了一块块的红色和黑色的烧毁和烧焦的痕迹。我想："到了，从这里起就是我所制造的'无人地带'了。"我打开地图察看时，飞机已到了遵化县的上空。

看看下方，只见森林中出现无数个烧成红色和黑色的大火后的灾迹。许多处显然是整个村庄焚烧后，大火蔓延烧向山林形成更大的山火，这些灾迹有的呈长方形，有的呈椭圆形，非常之多。一根根光秃秃的烧成黑色的树干，杂乱地林立在山头。

"这里原来有许多的村庄，但现在只剩下烧光的残迹，一户完整的房屋也看不到，证明计划成功！"我一面这样想一面仔细观察地面，突然从森林中看到有些淡紫色和白色的烟雾冒了出来。我想："还是有人，搜查得还是不够严密。"我参照地图确定了它的位置，画下了记号。

机头转向南面，沿着冀东平原中央南下，很快就掠过开滦煤矿的上空。

"'无人地带'大体上是成功的。只要这一带无法住人，无法生存，八路军就不能建立根据地。"

原田师团长用满意的语调说出这番话。我心里不由得感到一阵阵的喜悦。不久飞机又回到天津降陆了。

第二天，我立刻将各联队长召集到我的办公室，对他们说：

"昨天我同原田师团长坐飞机到'无人地带'上空视察过了。大致上已成为'无人地带'，但是你们的搜查还是不充分，我就看到还有人残留在无人区。"

我把地图上的位置告诉联队长，然后下令说：

"你们务必要加强严厉地斩根烧绝，彻底地清出一条无人地区。"

我下命令时，表情严肃，声色俱厉。联队长们连声唯唯退下去了。

之后，各个联队更加每一天都严密地执行搜查和烧光、杀绝、赶绝的政策，把所有遗留的家宅村庄，一栋不剩地烧光毁光，反抗者一律屠杀，把不能反抗的老百姓一律押送到满洲，让他们供给关东军充当劳役和做苦工。

六

原来是一片葱茏翠绿的森林、田畴，现在是一片焦土和荒凉、恐怖的无人秃山，没有一点生机和人的气息，到处是焦黑的枯木，杂乱地散处在山间。原来有成群的飞鸟现在消失了，悦耳的雀鸟的鸣声再也听不到了。

农家一户也不剩了。原来是和平、宁静，一片美丽风光的村落，如今找不到一户完整的人家。到处是烧焦的木头，变黑的断垣和颓壁。它们像是满怀仇恨，寂寞地孤立在荒芜的山野。

每个村庄的中间和周围的池塘小河中，漂满了烧焦的木头、破衣、碎片、破烂的家具杂物和枯木碎叶，废物堵塞了溪流。和平的村镇变成了鬼域。溪流的声音似乎也在喃喃地诅咒着日本鬼子的罪行。

那些年年开花结果的大量果树，都成了一株株的焦炭，其中残存的少数果树，本能地保卫着自己的生命，被熏成黑色的树叶和幼枝在秋风中摇摇曳曳。

在田地里，到处是被烧毁的高粱，粟子散乱在地面。一丈多高的高粱，结满了红色的果实折断倒伏在田地上，被弃置不顾。

老百姓一个也没有，整片土地变成寂无人声的地狱。原来那样多的家畜，连一头小猪也寻找不到。天亮时的鸡叫声也听不到了。

这片沉寂无声的土地，充满了对日本帝国主义的愤恨。

步兵师团下令制造"无人地带"以来，仅仅 20 天就把冀东地区糟蹋成这种样子。

在此期间内，日军强夺了约 640 平方公里的中国老百姓的土地。十几万中国老百姓被迫挨着冻饿流走到他处。一万数千户老百姓的房屋被日军烧成了灰烬，约 200 多名中国农民仅仅因为用愤怒的眼光投向日军而被枪杀。

我的一纸命令就忠实地执行了日本军国主义的侵略战争政策，仅仅在 20 天内制造了一大片地狱。是啊！仅仅是 20 天。

我是这样一次又一次地犯下了极其惨无人道的战争罪行。但是，中国人民并没有屈服。一个通讯员被逮捕，两个通讯员马上递补。两个抗日工作人员被日军处决，四个新的工作人员又出现。日军在这里镇压，反抗就在那里出现。日军到那里镇压，反抗就在这里出现。中国人民不屈不挠的斗争，使我感到非常的头痛。我用加倍的、更彻底的残酷的镇压，更加加倍的反抗必然会接踵而来。

日军制造"无人地带"原来是要扑灭八路军的根据地，抑制八路军的抗日活动，但是我们不仅没有达到目的，反而促使以八路军为中心的中国人民的抗日组织和它的力量更加增强。

我虽然眼睛看不到，但是却能感觉到中国人民无法阻挠的强大的威力，正在加强抵抗着日军的残暴镇压。这一股强大的威力，正是中国人民不屈不挠，任何力量也不能抑止的人民的意志和力量，它是中国人民打倒日本帝国主义的力量，是人民的军队——八路军的伟大的力量。

日本帝国主义军队不论使用任何手段和方法，不仅不能扭转历史进展的方向，甚至连一瞬间停止历史的进展也办不到。

日本帝国主义军队无论采用什么残酷的手段破坏中国人民抗日组织，在中国人民的力量面前，是不发生什么效果的，相反，被破坏的却是日本帝国主义的组织。

日本帝国主义军队力图消灭八路军的根据地，但是被消灭的不是八路军的根据地，而是日本帝国主义军队的盘踞地。

日本帝国主义军队不能制造中国人民的"无人地带"，中国人民反而建起了充满和平、更加幸福和容纳更多人安居乐业的乐土。今天的山岭又恢复了翠绿的青春，美丽的小河和溪流重新奏出和平的乐曲。但是不少日本帝国主义侵略者却永远被埋葬在中国的土地上。中国人民的力量，使帝国主义者无处可以安身。

现在，帝国主义在中国连影子也不见了。当年帝国主义者制造的"无人地带"，现在成了中国劳动人民的乐园——中华人民共和国诞生了。

（选自［日］原岛修一等：《日本战犯回忆录》，毛渠四海出版社1975 年版）

附录二 "无人区"真的不存在吗?①

（1997 年 7 月）

陈 平

（一）

1989 年，日本青木书店出版了姬田光义教授与我合著、丸田孝志先生翻译的《又一个三光作战》一书，揭露了日军在长城线上以"三光"为手段疯狂制造"无人区"的史实。近年来，田道敏雄先生对该书提出了质疑、否定。对此，我谈谈我的看法，与田道先生共同探讨商榷。

田道先生文章中提出这样一个原则："从程序上来讲，理应在听取受害者一方的话时，也应听听加害者一方的话，将双方的话进行分析、判断才对。"

田道先生说他近十多年曾就抚顺、南满矿业、大同煤矿、丰满水坝等地"万人坑"做过调查，走访过日本职员、家属及日本侨民，结果是"他们没有一个人听说过和目睹过'万人坑'。全面否定了报道中所提到的日本人的残酷行为"。所以，田道先生感慨地说："中国是一个'白发三千丈'的大国"，因而可以断言"那是中国捏造出来的""巨大谎言"。由此，田道先生又引申到《又一个三光作战》中揭露的承德水泉沟"万人坑"，自称作了调查。据我所知，田道先生并没有到承德作过实地调查，更没有按照他自己提出的原则，也听听被害者的话，而只是单方面地向当年侵略中国时的日本旧军人组织的"承德宪兵队战友

---

① 谢忠厚等编：《日本侵略华北罪行档案·无人区》，河北人民出版社 2005 年版，第 228—239 页。

会"调查，得到的结果也是"他们彻底否定了（水泉沟）'万人坑'的存在"。田道还摆出盐沢春茂做证，说他在军队生活10年，在兴隆住了7年，"是一位熟知情况的活着的证人"，盐沢看了姬田教授的文章说："太令人气愤了，他（指姬田）怎么不来采访我们这些人，倘有他说的事，我做副官的怎么能不知道呢？不会对事实真相一点也不知道吧！"

继而，田道先生的立论方法也很特别，他离开《又一个三光作战》一书本身，而依据某些新闻报道、电视节目等，找出矛盾，提出质疑说："现在问题是'三光作战'和经过大量屠杀的'无人区'是否真实存在。"他又说："日方没有拿出可称为直接证据的历史资料，但从多方面产生出来的近百人的否定者就是最好的证据。若合乎理论的分析，那样的事实是不存在的，即使有，也是极少的。不是普遍的。"所以说"'无人区'政策是'有计划开展的大量屠杀中国人，抹杀中国人'的说法是不合实际的。"

使我困惑不解的是，田道先生批判《又一个三光作战》一书，总该知道这本书是姬田先生与我合著的，为什么避开我而只把矛头指向姬田先生呢？田道先生怎么也应该读读书中我的文章吧，那么，最起码应该知道，我是"无人区"的亲历者，日军在长城线上制造"无人区"最疯狂的1941—1943年间，我一直坚持在"无人区"里，目睹了日军制造"无人区"的各种残暴罪行。而且我从1962年起，历时30年，致力于"无人区"的研究，为了搜集"无人区"历史资料，跑遍了大半个中国的档案馆、图书馆。为了实地考察"无人区"，我跋山涉水行程数万里，踏遍当年"无人区"的山山水水。按照田道先生的标准，我也算得上是个"熟悉情况的活着的证人"吧！对田道先生提出的一些质疑之点及其否定之依据，在我的论文中都有以确凿的历史资料作依据的阐述，而田道先生却视而不见，只字不提。田道先生提出的"现代史常识"的原则和他所讲的治史"程序"是："在听取受害者一方的话时也应听听加害者一方的话，将双方的话进行分析、判断才对。"可是，田道先生自己却走向了另一个极端，只听"加害者"一方的，而且是专门片面地听取"否定者"的，作为"最好的证据"，来大作翻案文章。用田道先生质问姬田先生的话反问田道先生："这能叫作学问吗？"

田道先生避开我而批判姬田先生,似乎我无须介入。不然!我有权利介入,因为《又一个三光作战》一书,我是著作权人之一;既然这本书是姬田先生与我合著的,批判姬田先生就是在批判我。所以,我就必须阐明我的观点。

(二)

举世共知,当日本宣布投降时,上至皇宫、政府各部门,下至所有日军盘踞的据点,全部销毁档案,消灭罪证。而战后几十年,右派的翻案文章也往往以此为借口,否认罪名。在承德伪省政府大院及日本宪兵队等所有日伪机关,销毁档案的大火足足烧了五天五夜,对这一情况承德日本宪兵队战友会的先生们一定很清楚。访问他们的田道先生于是提出一个论点:"要证明本来不存在的事情,要找到直接的证据资料是不可能的。所以要收集知情者的证据,排斥传说,有必要将重点置于亲历者的证词上。"据此,就有了田道先生访问承德宪兵队战友会的行动,而且得到了"否定者的最好证据"。

可是,历史也会捉弄人的。因为,只要是真实存在的历史,是怎么也抹杀不掉的,总会留下蛛丝马迹的。我在研究"无人区"的过程中,始终注意对日方档案的搜集。特别是1982年,日本发生教科书篡改历史,否认侵略罪行的事件,触动了我的民族感情。因为这是我心灵上绷得最紧、发音最响的一根弦。从此,我更着力于对日军制造"无人区"罪行的揭露,"上穷碧落下黄泉",穷追不舍地搜集日军制造"无人区"的历史档案资料。虽然费了很大力气,但终于收集到大量"直接证据"。上至日本关东军司令部及关东军宪兵司令的有关制造"无人区"的作战命令,下至日本承德宪兵队本部的制造"无人区"的"要纲""对策""战报"等文件,足以证明"无人区"及"三光"的确实存在。

日本承德宪兵队本部于1941年10月间拟订的《国境地带无人区化》方案及嗣后发出的一系列《灭共对策》文件中,把制造"无人区"提高到战略高度。文件中说:

"中共现在所采取的对日战略,是扩大强化抗日民族统一战线,为了坚持抗战,取得最后胜利,积极动员民众参加协力于抗日工作。"

"所谓集家，即将可能成为敌人活动的国境地区的居民，集结于我方据点或近旁地区，使之与敌人活动完全隔离，由我方掌握控制。"又说："民众的支持，乃彼等的依靠，这样就能切断彼等与民众联系的纽带，救命之纲绳，此实乃致命之打击。"

1942 年 10 月，承德日本宪兵队本部一份《灭共对策资料》中还引经据典地说："《孙子兵法》云：上兵伐谋，其次伐交。所谓伐交，即攻伐支持敌人的第三者，在这里来说，即对民众予以讨伐。"日军文件的引证和解释都不尽确切，但却赤裸裸地暴露出把"讨伐"民众作为作战目标的狰狞面目。这是战争史中少见的坦率和可怖，这更是地道的战争犯罪。

我这样说，是有国际法作依据的，这一点常识，连当年发动侵略战争的大战犯也都清清楚楚，东条英机在远东军事法庭受审时曾抗辩说："1942 年 4 月 18 日，由美国上校杜立德指挥的空军中队的飞行员对东京进行了空袭，他们违反国际法，施以暴行。无需提醒，施加给平民百姓的暴行，根据国际法属于战争犯罪。"

一点不错，"施加给平民百姓的暴行，根据国际法属于战争犯罪"。已经是"无需提醒"的常识。那么，日军制造"无人区"而直接地"讨伐民众"，是不是战争犯罪呢？当然，也是"无需提醒"了。

姬田先生对日军制造"无人区"的犯罪行为，有一个精辟的概括：是南京大屠杀、七三一细菌战实验、三光政策等事件集大成的体现，是日本侵华战争思想体系的集中体现。

（三）

这就是日军在长城线上制造的"无人区"，从 1939 年开始一直搞到日本投降。东起山海关西至独石口，长约 1000 公里，北到内蒙古宁城县，南抵长城线内侧，最宽处约 200 公里，总面积约 5 万平方公里，比瑞士国土约大 1/5。制造"无人区"应该说是日本军国主义的一项"发明"，德国纳粹在欧洲没有搞过这种玩意儿。制造"无人区"，是日本侵略者为了对付抗日游击队使出的毒辣手段。其基本措施，就是照日本文件所说，将分散居住在山区的群众驱赶下山，强迫建起"集团部落"，把老百姓控制起来，切断老百姓同抗日游击队的接触，叫作"民匪分离"，以达到最后消灭抗日力量的目的。

1943年的一份日本承德宪兵队的《灭共对策》文件中说：对划为"无住禁作地带"的抗日游击根据地"要实行拔根断源式的摧毁"，就是推行最彻底的"三光政策"。

"耕者有其田，居者有其屋"，这应该是人类生存的最低条件。可是，日军制造"无人区"的主要手段之一，就是彻底地"烧光"。强令划定为"无住地带"的老百姓拆掉自己的住房，毁掉自己的家园，搬到指定的"集团部落"中去居住。限期内不搬就纵火焚烧。特别是在划定的"无住禁作地带"，绝大部分根本没给限期，日军闯进来就一把火将全村化为灰烬了。这样的火，一直烧了几年。烧掉和毁掉5万平方公里范围内的1.7万座村庄，380万间居民住房化为灰烬。不是短期内烧一次两次，有的地方烧过20多次。老百姓就到山洞里去住，到森林里去隐蔽，日军就把山洞炸毁，又连年纵火烧毁森林。大面积的森林被毁殆尽，连一般山场的树木、植被也大部毁于战火，郁郁葱葱的壮丽河山成了片片焦土。"山火蔽日月，天地昏百里，千村一片黑，万户闻鬼泣"就是"无人区"凄惨景象的写照。

抢光：贫苦山民，几经战乱，早已一贫如洗，而日军对山区百姓的抢掠，已经根本不是贪于财物，而是彻头彻尾地毁灭，连半口破锅，一只瓶子也要砸碎，实在搬不动的石碾石磨也给炸碎。

最为老百姓所深恶痛绝的手段，就是日军的连年"割青扫荡"。所谓"无住禁作地带"就是不但不许居住，而且禁止耕作。随着大范围"无住禁作地带"的划定，日军疯狂地割毁庄稼。庄稼刚长起几寸高。就被割掉；季节尚早，根据地抗日军民就翻种上晚茬庄稼，刚刚长起来，又被割了二遍；时令已晚，只能种些萝卜、白菜，日军来了还是给割掉了。总之一句话，就是要彻底摧毁根据地抗日军民的一切生存条件。

杀光：日本侵略者制造"无人区"，就是以血腥屠杀开始的。如前所述，从1941年开始大集家，就伴随着疯狂的大"检举"和大屠杀。及至1943年全面集家并村并且大范围划定"无住禁作地带"以后，对抗日根据地的人民群众见一个杀一个。

兴隆县是日军制造"无人区"的重点,全县被划为"无住禁作地带"地区占总面积的40%多,在连续几年的摧毁下,根据地里被屠杀约1.4万人。

"集团部落"就是特种集中营,外有高墙碉堡,内有严酷的法西斯统治。被驱赶到"部落"中的老百姓失去一切自由,所以群众义愤地称为"人圈"。就是说,猪有猪圈,羊有羊圈,而当了亡国奴的中国老百姓,被侵略者"圈"了起来,过着猪狗不如的生活。

在"部落"中,日军连年不断地搞"大检举"(即大搜捕)。据承德日本宪兵本部大尉特高课长木村光明供认,1943年2月1日,实施"二·一"工作计划,即全面"大检举"。对所有"检举"的部落村从16岁到60岁的男人一齐逮捕。那一次在兴隆县共抓逮5000多人,仅半壁山伪警察署辖境内就逮捕2000多人,就地屠杀400多人。楸木林和大莫峪两个部落,共有130户,一次就屠杀了180名男子,成了两个"寡妇村"。"无人区"里这样的"寡妇村"就有30多个。

田道先生和承德日本宪兵战友会矢口否认的承德水泉沟"万人坑"是确实存在的。

承德监狱和各县的"置留场",都是杀人魔窟。被"检举"捕来的百姓,稍有嫌疑者即当场屠杀。其余大部分都弄到"置留场"或监狱中,反复折磨审讯。特别是承德监狱最为残酷,军犬撕尸、活拔神经、电刑等特种酷刑就有十多种。承德离宫避暑山庄西墙外的水泉沟,就是日军杀人和抛尸的"万人坑",累计有几万多中国人陈尸在那里。

当时日军在热河最大杀人场,就在承德有名的皇帝离宫西墙外的水泉沟。当年尸横满山,天上是鹰隼乌鸦,衔着人肠子满天飞。地下是狗群,叼着人的肢体满街跑。夜间又来了狼群,狼嗥鬼叫,简直是魑魅魍魉世界。

至于"集团部落"里中国老百姓的生活,衣食住行方方面面,都悲惨到了极限,我只说最使中国人难堪的,就是男女老幼衣不蔽体。男人外出或下田劳动,有一条破裤子就是好的了,不少人只是身前挂条破布或围一片麻袋以遮羞。有的人一年到头穿着一张兽皮筒,冬天毛朝里,夏天毛朝外,下田干活还舍不得穿,就脱在地头上,光着身子劳动。女人、儿童更为窘迫,就是十七八岁的大姑娘,也是常年打光身。没奈何,就在屋里挖一个洞,来了人就藏进洞里,顶着锅盖或树枝遮蔽身体,名叫"遮羞坑"。

中国人已失去起码的做人的尊严。

由于日军制造"无人区",耕地面积大为缩小,但日军强制种植鸦片的面积却逐年扩大,年征收量达600万两。当年英国就是用鸦片这种"西方文明"的象征物流毒中国。日本也同样,成为第二次世界大战期间最大的贩毒国。在法西斯统治下,中国人失去了一切做人的权利,独独给吸毒以充分的自由。可是,英国和日本都有着一条严格的律条,就是他们自己绝对不准吸食。这安的是什么心?自我标榜代表现代文明者的心肝比鸦片还黑、比鸦片还毒!

据各方面的调查统计,日军制造"无人区"过程中,共屠杀10万多中国人。被抓当劳工15万,大批死于苦役之中。死于瘟疫和冻饿以及杀人不见血的毒化政策的至少七八万人。

在惨绝人寰的"无人区"环境中,中华民族的增殖繁衍都难以为继了,各地人口锐减。据查到的几个县当年日本人主持编写的方志式的《××县事情》中记载:

青龙县,1934年总人口28万,到1945年下降到25万。

滦平县,1933年总人口24万,到1945年下降到21万。

兴隆县,1933年总人口15万,按旧中国人口增殖率为27‰计算,到1945年,12年半这一期间内,起码应增到20万。可是,在日军制造"无人区"6年多的期间内,在抗日游击区内屠杀1.4万人,在"人圈"中屠杀2万多人,死于瘟疫和冻饿的1万多人,再加上生活极度困苦,绝大多数妇女失去了生育能力。到1945年,总人口已不足10万了。

(四)

对于"无人区"和"集团部落"里中国人的悲惨遭遇,田道和承德日本宪兵队战友会的先生们是矢口否认的。可是,这是事实,日本文件中也有着实在难以回避的记载。1944年,日本关东军军事思想战略研究部写出的《西南地区治安工作之考察》一文中有所披露:

"西南地区的地理及社会各种条件,一般地说,同归屯并户(集家并村），建设集团部落所产生的各种民生问题关系很大。将依赖狭小土地的居民集中到较大部落的结果，肯定会使居民远离耕地。对一草一木都在生活上起作用的贫困居民，生活上必然要产生各种矛盾。如因划定广大的无住地带，使农耕地缩小，本年度规定实施的禁种耕作地区，对百姓影响很大（例如青龙县今年比去年减少耕地面积，据民众申报，约为50%，县当局调查的数目是30%）。"

对于屠杀人的情况，日伪这些文件中是不会公开披露的，在《考察》一文中，只提了一句："近年来，由于该地区治安不良，成为彼我双方争夺对象的居民，牺牲很大。"田道先生等不会正视的。然而，良知未泯的"加害者"们，都是供认不讳的。如铁道警护队少将参谋长原弘志供认，其铁路警护队是配合制造"无人区"的，而在1941年8月至1944年10月3年多一点的期间内就逮捕了9100多名中国人。

日本宪兵队特搜队长田井久二郎供认，他率领的50多人的小小特搜班，在1943年至1944年间，就搜捕中国人1000多名。还有许多许多供词，就不一一摘引了。

田道和承德日本宪兵战友会先生们又会说：他们的供词不可靠。那么，我们还是提供田道先生相信的"直接证据"，从日军销毁文件的余烬中也搜到了许多。仅1941年至1943年中残存的7件战报之类的有关档案中，就记载着几十起搜捕事件，共搜捕11453名中国人。分别遭到刑讯、屠杀、判刑、充劳工以及"特别送致"去充当细菌战实验品等厄运。

我请问田道和宪兵队战友会的先生们，你们面对这些"肯定者"的证人、证言和大量的历史档案记载，又该如何解释你们的否认"无人区""三光"存在的谬误结论呢？

田道先生是做学问的，学者的知识是人类的良知，而学者的灵魂应该是人类的良心。尊重事实是做学问的起码条件。至于承德日本宪兵队战友会的先生们，你们本是历史亲历者，过去都干过些什么，你们自己也最清楚。日本宪兵特别是参与制造惨绝人寰"无人区"的日本宪兵，是什么形象你们也该有自知之明。承德日本宪兵队的一位军官，我不指名你们也会记得的，他从东北东边道一直到长城线上，专门制造

"无人区",日本军人给他起个诨号,叫"魔鬼中的魔鬼"。连日本人见了他都像见了蛇一样毛骨悚然。其实,"魔鬼中的魔鬼"可以说是整个日本宪兵队的形象。在中国人心目中,都是应该下十八层地狱的。尽管如此,中国人宽大为怀,只要正视历史,承认罪行,谢罪于过去,我们同样愿意"伸出谅解的手"。许多日本宪兵战犯同样受到中国政府的宽大待遇和改造教育。至于你们要对那段历史说三道四,也可以,但是最起码的,先洗净你们手上的中国人的血再说话。

(五)

田道先生根据承德日本宪兵队战友会那些老宪兵提供的"否定者的最好的证据",做了一套莫名其妙的推理,对"无人区""三光"等都予以否定后,又引用了一位日本静冈县立大学国际部高木桂藏教授的文章对"无人区"提出的"独到见解",说:"共产党进行屠杀,是作为一种战术,将当地居民全部消灭掉,故意制造无人区,好比较容易发现敌人,防止特务活动。不论怎么说,那里谁也没有。"接着是一通反诬谩骂。

读到这里,我原来对田道只攻击姬田先生而避开我的困惑有点明白了。因为在一些日本人心目中,我们抗日救国的八路军,不但是"侵略者",而且是屠杀中国人制造"无人区"的凶手。学者们探讨知识争论问题时,最忌讳的就是人身攻击。而对高木桂藏的恶毒中伤,田道先生却认为这是对"无人区"的"独到见解",真是见鬼。我怀疑是否真的有这个高木桂藏,是否真有这样的谬论。就是真有的话,我也不打算反驳。因为探讨研究历史能出现这样的诡辩,已经到了不可理喻的程度,也就无须与之理论了。我只推荐两份日本历史文件中对中共领导的军队的评价,就可以说明问题了。就是前边我已引用过的日本承德宪兵队本部拟订的《国境地带无人区化》文中分析的:"中共现在所采取的对日战略,是扩大强化抗日民族统一战线,为了坚持抗战,获得最后胜利,积极地动员民众参加协力于抗战工作。"又说:"民众的支持,乃是彼等的依靠,切断其与民众联系的纽带,救命之纲绳,此实乃致命的打击。"

从正面看,这是日军对制造"无人区"的必要性的分析,从另一个角度看，正好说明了中共与中国人民的鱼水关系。

而且在日本宪兵队的文件中，引经据典地说，"《孙子兵法》云：伐人之计，上兵伐谋，其次伐交"，"在这里来说，即对民众予以讨伐"。

说得很明白，日军制造"无人区"的主要措施，就是"对民众予以讨伐"。也就公开阐明了历史责任。

还是让头号战犯东条英机作证吧！

东条英机 1935 年 9 月任日本关东军宪兵司令官，1937 年 3 月 1 日升任日本关东军参谋长。一直是搞"肃正作战"、建设"集团部落"和制造"无人区"的主要策划者和指挥者。1937 年 6 月 11 日，他炮制一份"关作命第 995 号"《昭和 12 年 7 月至 13 年 3 月东北防卫地区治安肃正计划要纲》。6 月 13 日，他在下达此命令的会议上作了长篇训话。其中一段说："（三江）省内居民与共匪有血缘关系者甚多……匪徒一般重仁义，不侵犯居民，保护居民，每当住宿时，给以较多的费用，以收买民心，故居民对共匪的统治已经习惯，并不感到受害。"

这是在战争当时东条英机对日军的死对头中国共产党与中国人民关系的评价。虽然恨之入骨，也无可奈何承认中共领导的军队是仁义之师。

可是，半个世纪过去了，日本的一些学者居然能这样无中生有血口喷人地公开污蔑谩骂，真是不可思议！我见到这样的东西后，真有点悔于介入这种所谓的历史学术的研讨对话了。

翻译我"无人区"论文的忘年之交朋友丸田孝志，他很关心这场争论，读了《正论》（产经新闻社）上姬田教授与田道的文章，给我来信说："有没有'三光作战'，所谓'侵略''不侵略'等问题，本来问题极为单纯，普通公民也有所认识。历史研究专家也已不再拘泥水平很低、史实很明确的问题。但又是我从小学一直听到这个老问题，使人比较厌烦。右翼分子企图撒谎撒上几百遍，总会歪曲历史事实的。当然要给予反击的。我认为日本国民一般对这些问题有基本上正确的认识的。"他又提出：要看到日本战后发展和人民进步的主流，比如，"日本保持 50 年的和平，拥有世界唯一和平宪法等事实，给学生对自己国家的自信感,并叫他们认识健康的国民意识(也就是健康的爱国心)。"

我深深感动了,我相信日本人民,更相信富有正义感的日本青年一代,看到了日本战后发展进步的主流。所以我依然客观耐心地谈历史,与诸位进步人士对话,与日本人民对话,与日本青年对话,架设精神交流的金桥,为中日世代友好、世界永远和平而共同奋斗!

参考文献

一 档案文献资料

[1] 中央档案馆、中国第二历史档案馆、吉林社会科学院合编：《日本帝国主义侵华档案资料选编·东北大讨伐》，中华书局1991年版。

[2] 中央档案馆、中国第二历史档案馆、吉林社会科学院合编：《日本帝国主义侵华档案资料选编·伪满宪警统治》，中华书局1993年版。

[3] 中央档案馆、中国第二历史档案馆、吉林社会科学院合编：《日本帝国主义侵华档案资料选编·细菌战和毒气战》，中华书局1991年版。

[4] 中共河北省委党史研究室编：《长城线上无人区》，河北人民出版社1993年版。

[5] 中共河北省委党史研究室编：《长城线上千里无人区》（第2卷至第4卷），中央编译出版社2005年版。

[6] 谢忠厚、田苏苏主编：《日本侵略华北罪行档案·无人区》，河北人民出版社2005年版。

[7] 谢忠厚、田苏苏主编：《日本侵略华北罪行档案·损失调查》，河北人民出版社2005年版。

[8] 冀热辽人民抗日斗争史研究会编辑室编：《冀热辽人民抗日斗争文献·回忆录》，天津人民出版社1987年版。

[9] 日本防卫厅战史室编：《华北治安战》（上、下），天津市政协编译组译，天津人民出版社1982年版。

[10] 中共河北省党史资料征集编审委员会编：《侵华日军暴行录 河北惨案史资料选编2》，河北省党史资料征集委员会1985年编印。

[11] 中共承德地委党史资料征集办公室编:《暴行与血泪》,1985年。

[12] 陈建辉:《人间地狱"无人区"》,中央编译出版社2005年版。

[13] 《河北文史资料选辑》(第十二辑),河北人民出版社1983年版。

[14] 《承德文史资料文库》第四卷,中国文史出版社1998年版。

二 学术著作

[1] 陈平:《千里"无人区"》,中共党史出版社1992年版。

[2] 解学诗:《历史的毒瘤 伪满政权兴亡》,广西师范大学出版社
1993年版。

[3] 解学诗:《伪满洲国史新编》,人民出版社1995年版。

[4] 史丁:《日本关东军侵华罪恶史》,社会科学文献出版社2005
年版。

[5] 郭士杰:《日寇侵华暴行录》,联合书店1951年版。

[6] 谢忠厚:《日本侵略华北罪行史稿》,社会科学文献出版社2005
年版。

[7] 江沛:《日伪"治安强化运动"研究(1941—1942)》,南开大学
出版社2006年版。

[8] 《毛泽东选集》(第一、二卷),人民出版社1991年版。

[9] [日]姬田光义:《又一个三光作战》,青木书店1989年版。

[10] [日]姬田光义:《何谓"三光作战"》,岩波书店1995年版。

[11] [日]仁木富美子:《无人区·长城线上的大屠杀——兴隆惨案》,
青木书店1995年版。

[12] 关捷主编:《日本对华侵略与殖民统治》,社会科学文献出版社
2006年版。

[13] 中共中央党史研究室科研管理部编:《日军侵华罪行纪实
(1931—1945)》,中共党史出版社1995年版。

[14] 《李运昌回忆录》编写组编:《李运昌回忆录》,法律出版社2005
年版。

[15] 张皓主编:《铁账难销——日本到底欠中国人民多少》,新华出版
社2005年版。

[16] 中国抗日战争史学会、中国人民抗日战争纪念馆编:《日军侵华

暴行实录》（一），北京出版社 1995 年版。

［17］军事科学院外国军事研究部编著：《日本侵略军在中国的暴行》，解放军出版社 1986 年版。

［18］袁秋白、杨瑰珍编译：《罪恶的自供状：新中国对日本战犯的历史审判》，解放军出版社 2001 年版。

［19］肖一平、王建众等编：《中国共产党抗日战争时期大事记》（1937—1945），人民出版社 1988 年版。

［20］高平等编著：《血债——对日索赔纪实》，国际文化出版公司 1997 年版。

三　学术论文

［1］陈平：《一个特殊的战略地带——"无人区"》，《河北文史资料选辑》（第 12 辑），1983 年 12 月。

［2］彭明生：《千里无人区汇集成中国最大的万人坑》，《承德民族师专学报》2006 年第 3 期。

［3］娄平：《千里无人区》，《中国抗日根据地史国际学术讨论会论文集》，中国档案出版社 1985 年版。

［4］崔明玉：《日伪在延边地区的"集团部落"建设及其影响》，硕士学位论文，延边大学，2006 年。

［5］车霁虹：《沦陷时期日本帝国主义在东北建立的"集团部落"》，《北方文物》1995 年第 3 期。

［6］车霁虹：《日本帝国主义在黑龙江建立"集团部落"剖析》，《黑龙江社会科学》1994 年第 6 期。

［7］周圣亮：《日本侵华历史的罪证：集团部落》，《理论建设》1995 年第 4 期。

［8］周圣亮：《党领导的东北抗战与日伪"集团部落"的推行》，《中共党史研究》2002 年第 1 期。

［9］周圣亮：《东北抗日联军反"集团部落"斗争》，《黑龙江党史》1998 年第 3 期。

［10］李淑娟：《从集团部落看日伪统治下的东北农民》，《史学月刊》2005 年第 6 期。

［11］李倩：《沦陷时期日本在吉林建立"集团部落"剖析》，《东北师范大学学报》（社会科学版）2006 年第 3 期。

［12］刘艳青：《抗战时期侵华日军在冀热辽区的无人区化政策》，硕士学位论文，河南大学，2011 年。

［13］李淑娟：《热河"无人区"的历史考察与文化省思》，《北方论丛》2015 年第 3 期。